Schweizer Schriften zum Handels- und Wirtschaftsrecht

Herausgegeben von Prof. Dr. Peter Forstmoser

Band 157

Die Aufteilung der Konzernleitung zwischen Holding- und Managementgesellschaft

Von

Dr. Ronald U. Ruepp

Rechtsanwalt, M.C.L.

Schulthess Polygraphischer Verlag Zürich

Abdruck der der Rechtswissenschaftlichen Fakultät
der Universität Zürich vorgelegten Dissertation

© Schulthess Polygraphischer Verlag AG, Zürich 1994
ISBN 3 7255 3240 0
Druck: Huber Druck AG, Entlebuch

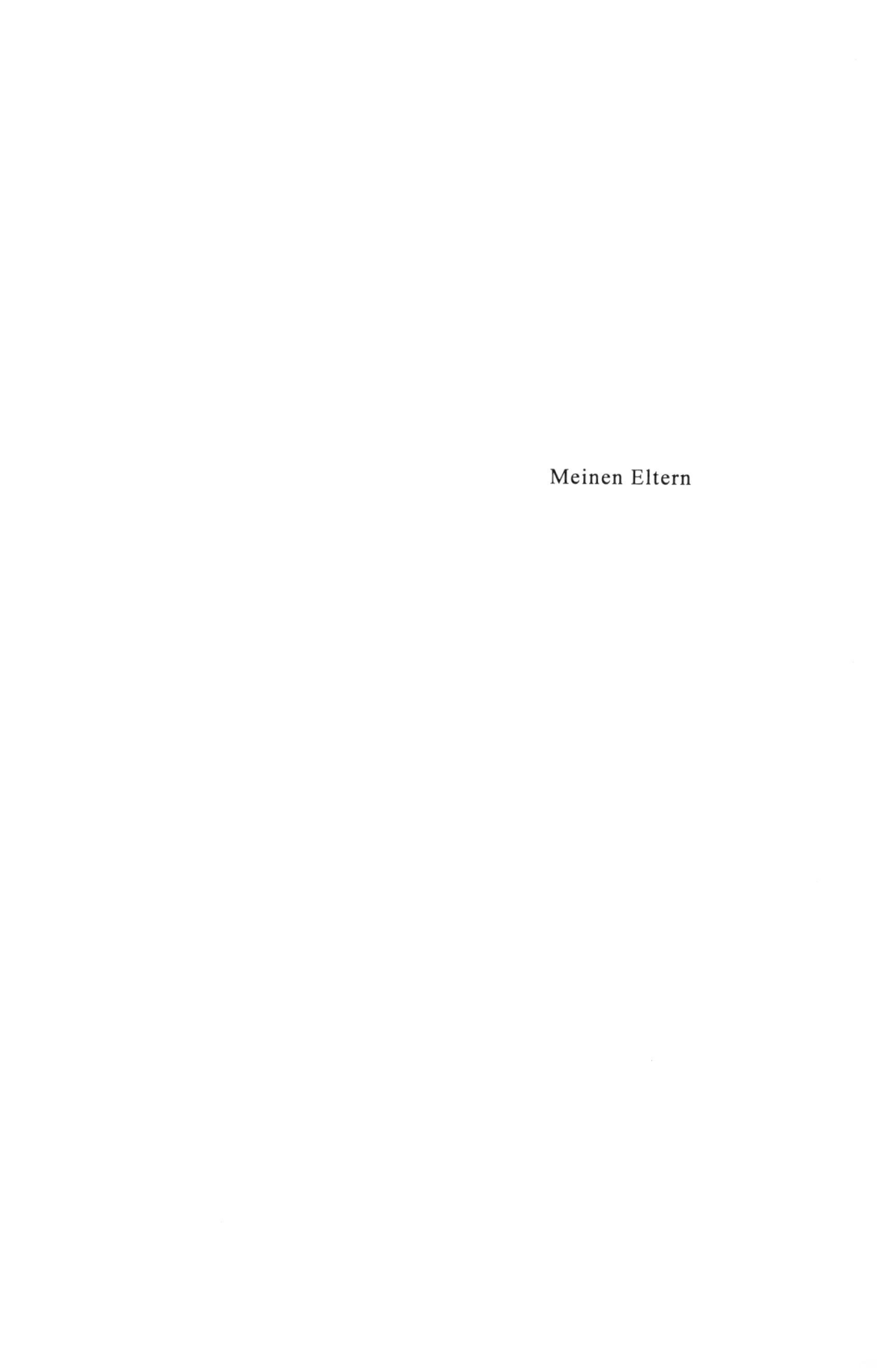

Meinen Eltern

DANK

Vorab danke ich Herrn Prof. Dr. Peter Forstmoser für sein Interesse am vorgeschlagenen Thema sowie für die Freiheit, die er mir bei der Abfassung der Arbeit gewährt hat.

Mein Dank gilt sodann allen Personen, die mich bei meiner Arbeit unterstützt haben. Ich danke besonders Herrn RA lic. iur. Thomas Weber für seine wertvollen Anregungen, meiner Mutter, Frau Edith Ruepp-Affolter, für das sorgfältige Korrekturlesen des Manuskripts und Herrn dipl. El. Ing. ETH Beat Erni für die kompetente EDV-technische Betreuung.

Schliesslich bedanke ich mich herzlich bei meinen Eltern, die mir meine Ausbildung ermöglicht und mich in jeder Hinsicht stets wohlwollend unterstützt haben.

Zürich, im Juni 1994						Ronald Ruepp

INHALTSÜBERSICHT

Inhaltsverzeichnis XI
Literaturverzeichnis XXIII
Abkürzungsverzeichnis XXX

EINLEITUNG   1

1. TEIL: MANAGEMENTGESELLSCHAFT, KONZERN UND KONZERNLEITUNG   2

§ 1 MANAGEMENTGESELLSCHAFTEN   2

    A. Einleitende Eingrenzung und Wesensumschreibung 2
    B. Reale Erscheinungsformen von Managementgesellschaften 3
    C. Gründe für die Bildung von Managementgesellschaften 6
    D. Die Erscheinungsform der Managementgesellschaft als rechtlicher Organisationsform der Konzernleitung insbesondere 12
    E. Abgrenzungen 13
    F. Zusammenfassung 15

§ 2 ZUM KONZERNRECHT   17

    A. Zum Wesen des Konzerns 17
    B. Die Beherrschung der Konzerngesellschaften durch die Holdinggesellschaft 19
    C. Die rechtliche Behandlung des Konzerns 33
    D. Zusammenfassung 37

§ 3 ZUM RECHT DER KONZERNLEITUNG   39

    A. Zum Inhalt der Konzernleitung 39
    B. Die Konzernleitungspflicht 45
    C. Weisungsrechte 50
    D. Konzernleitungstätigkeit durch Doppelorgane 59
    E. Zur Haftung für Konzernleitungstätigkeit 61
    F. Zusammenfassung 70

§ 4 ZUR PROBLEMATIK DER AUFTEILUNG DER KONZERNLEITUNG ZWISCHEN HOLDING- UND MANAGEMENTGESELLSCHAFT   71

    A. Die Integration der Managementgesellschaft in die Konzernleitungsstruktur 71
    B. Zu den Methoden der Aufteilung der Konzernleitung zwischen Holding- und Managementgesellschaft 75
    C. Fragestellungen 75

2. TEIL: DIE ÜBERTRAGUNG VON KONZERNLEITUNGSKOMPETENZEN AUF DIE MANAGEMENTGESELLSCHAFT DURCH DIE HOLDINGGESELLSCHAFT ... 77

§ 5 Zur Übertragung von Konzernleitungskompetenzen auf die Managementgesellschaft in den Holdingstatuten ... 77

A. Die Übertragung von Konzernleitungskompetenzen in den Statuten der Holdinggesellschaft ... 78

B. Zur Übertragung von Konzernleitungsaufgaben durch Zuweisung der "Leitung", "Beratung" und "Koordination" der Konzerngesellschaften an die Managementgesellschaft ... 83

C. Zusammenfassung ... 84

§ 6 Die Delegation von Konzernleitungskompetenzen an die Managementgesellschaft ... 86

A. Die Ungültigkeit der Kompetenzdelegation an die Managementgesellschaft ... 86

B. Nicht gültig an die Managementgesellschaft delegierbare Konzernleitungskompetenzen ... 95

C. Gültig auf die Managementgesellschaft delegierbare Konzernleitungskompetenzen ... 98

D. Zusammenfassung ... 99

§ 7 Die Übertragung von vorbereitenden und ausführenden Konzernleitungsaufgaben auf die Managementgesellschaft ... 101

A. Die Übertragung von Vorbereitungs- und Ausführungsaufgaben auf Verwaltungsratsmitglieder und Dritte ... 101

B. Die Übertragung von vorbereitenden und ausführenden Konzernleitungsaufgaben auf die Managementgesellschaft ... 112

C. Auswirkungen der Übertragung von vorbereitenden und ausführenden Konzernleitungsaufgaben auf die Managementgesellschaft ... 121

D. Zusammenfassung ... 122

3. TEIL: DIE ÜBERTRAGUNG VON KONZERNLEITUNGSKOMPETENZEN AUF DIE MANAGEMENTGESELLSCHAFT DURCH DIE ABHÄNGIGEN KONZERNGESELLSCHAFTEN   123

§ 8 DIE ÜBERTRAGUNG VON KONZERNLEITUNGSKOMPETENZEN DURCH DIE ABHÄNGIGEN KONZERNGESELLSCHAFTEN   123

    A. Keine Übertragung von Weisungsbefugnissen auf die Managementgesellschaft 124
    B. Die Übertragung von Verwaltungs- und Geschäftsführungskompetenzen auf die Managementgesellschaft 124
    C. Übertragbare Konzernleitungskompetenzen 126
    D. Fazit 127

§ 9 DIE ÜBERTRAGUNG VON KONZERNLEITUNGSKOMPETENZEN DURCH DIE ABHÄNGIGEN KONZERNGESELLSCHAFTEN AUF WEISUNG DER HOLDINGGESELLSCHAFT INSBESONDERE   128

    A. Keine Zentralisation von Weisungsbefugnissen bei der Managementgesellschaft 128
    B. Die Zentralisation von Beratungs- und Koordinationsaufgaben bei der Managementgesellschaft 131
    C. Die faktische Zentralisation von Konzernleitungskompetenzen bei der Managementgesellschaft 132
    D. Zu den Besonderheiten der Haftung im Konzern bei der Zentralisation von Konzernleitungskompetenzen in der Managementgesellschaft 133
    E. Zusammenfassung 138

4. TEIL:

§ 10 ZUM VERTRAGSVERHÄLTNIS DER HOLDINGGESELLSCHAFT MIT DER MANAGEMENTGESELLSCHAFT   139

    A. Vorbemerkungen zur wirtschaftlichen Beziehung von Holding- und Managementgesellschaft 139
    B. Mögliche Leistungsversprechen 140
    C. Zu einzelnen Leistungen 143
    D. Rechtsnatur und Rechtsanwendung 147
    E. Hinweis auf andere wirtschaftlich motivierte Übertragungen von Geschäftsführungsaufgaben 148
    F. Zusammenfassung 150

5. TEIL:

§ 11 ZUSAMMENFASSUNG UND FAZIT　　　　　　　　　　　　　　151

　　A. Zusammenfassung 151
　　B. Fazit 155
　　C. Schlussbemerkungen 157

INHALTSVERZEICHNIS

EINLEITUNG   1

1. TEIL: MANAGEMENTGESELLSCHAFT, KONZERN UND KONZERNLEITUNG   2

§ 1 MANAGEMENTGESELLSCHAFTEN   2

   A. EINLEITENDE EINGRENZUNG UND WESENSUMSCHREIBUNG 2

   B. REALE ERSCHEINUNGSFORMEN VON MANAGEMENTGESELLSCHAFTEN 3

      I. Vorbemerkungen zur Untersuchung 3

      II. Charakterisierung der Managementgesellschaften nach Funktionen und Konzernbeziehungen 4

         1. Die Charakterisierung der Funktion von Managementgesellschaften anhand der organisatorischen Konzern(leitungs)struktur 4

         2. Die Charakterisierung von Managementgesellschaften anhand ihrer rechtlichen Konzernbeziehungen 5

            a. Beteiligungsverhältnisse 5
            b. Statutarische Verhältnisse 5
            c. Vertragliche Verhältnisse 5
            d. Personelle Verflechtungen 6
               aa. Die Doppelorganschaft 6
               bb. Das Arbeitsverhältnis 6

      III. Besonderheiten 6

   C. GRÜNDE FÜR DIE BILDUNG VON MANAGEMENTGESELLSCHAFTEN 6

      I. Steuerliche Gründe 6

         1. Gefährdung des Holdingprivilegs 7
         2. Benachteiligung beim Beteiligungsabzug durch die Rohertragsmethode 8
         3. Benachteiligung im internationalen Verhältnis 8
         4. Exkurs: Die Besteuerung der konzerninternen Dienstleistungen 9
         5. Fazit 10

      II. Organisatorische Gründe 10

      III. Führungstechnische Gründe 11

      IV. Publizitätsgründe 12

      V. Fazit 12

D. DIE ERSCHEINUNGSFORM DER MANAGEMENTGESELLSCHAFT ALS RECHTLICHER ORGANISATIONSFORM DER KONZERNLEITUNG INSBESONDERE 12

    I. Typische Funktion 12

    II. Typische Struktur 13

    III. Typische Rechtsbeziehung 13

E. ABGRENZUNGEN 13

    I. Organgesellschaft 13

    II. Betriebsführungsgesellschaft 14

    III. Dienstleistungsgesellschaft 15

F. ZUSAMMENFASSUNG 15

§ 2 ZUM KONZERNRECHT   17

A. ZUM WESEN DES KONZERNS 17

    I. Zum Konzernbegriff 17

    II. Zur Konzernbildung 18

B. DIE BEHERRSCHUNG DER KONZERNGESELLSCHAFTEN DURCH DIE HOLDINGGESELLSCHAFT 19

    I. Vorbemerkungen zu Abhängigkeitsbegriff, Beherrschungsmitteln und Schranken der Beherrschung von Konzerngesellschaften 20

    II. Zu den Schranken der Beherrschung des Verwaltungsrates der Konzerngesellschaft 21

        1. Die Hauptaufgaben des Verwaltungsrates nach OR 716a 21

            a. Die undelegierbaren und unentziehbaren Hauptaufgaben des Verwaltungsrates nach OR 716a 21

            b. Die Entscheidungsfreiheit des Verwaltungsrates 23

            c. Die Organisationspflicht des Verwaltungsrates 23

        2. Die Sorgfalts- und Treuepflichten der Organpersonen 23

        3. Das Gleichbehandlungsgebot 24

    III. Zu den Grundlagen und Grenzen der Beherrschungsmittel im einzelnen 24

        1. Stimmenmacht 24

            a. Stimmenmacht und Konzerninteresse 25

            b. Stimmenmacht und grundlegende geschäftspolitische Entscheide 26

            c. Die Stimmenmacht, Geschäftsführung und Organisation 26

        2. Personelle Verflechtung 27

            a. Zum Begriff der personellen Verflechtung 27

            b. Die Zulässigkeit der Interessenvertretung 27

Inhaltsverzeichnis

        c. Die Interessenvertretung durch die dem abhängigen Verwaltungsrat unterstellten Organpersonen 29
        d. Die Grenzen der Interessenvertretungspflicht 29
    3. Statuten 29
    4. Verträge 32
    5. Faktische Beherrschung des Verwaltungsrats 33

C. DIE RECHTLICHE BEHANDLUNG DES KONZERNS 33

  I. Die Anwendbarkeit des Gesellschaftsrechts 33
  II. Modifizierte Einheitstheorie und Durchgriff 35
    1. Begründung und Voraussetzungen des Durchgriffs 35
    2. Rechtsfolgen des Durchgriffs 35
    3. Durchgriffsformen 36
  III. Zur Konzernrechtsproblematik 36

D. ZUSAMMENFASSUNG 37

§ 3 ZUM RECHT DER KONZERNLEITUNG   **39**

A. ZUM INHALT DER KONZERNLEITUNG 39

  I. Zum Konzernleitungsbegriff 39
  II. Die Konzernleitungsorganisation 39
    1. Die Zentralisation von Verwaltungs- und Geschäftsführungsaufgaben der abhängigen Konzerngesellschaften 39
    2. Träger der Konzernleitung 40
    3. Konzernleitungsbeziehungen 40
  III. Die Konzernleitungsaufgaben 41
    1. Konzerngeschäftspolitik 41
        a. Konzernstrategie 42
        b. Konzernfinanzen 42
        c. Konzerninformationswesen 42
        d. Konzernpersonalwesen 43
    2. Konzernverwaltungsaufgaben 43
    3. Konzernorganisation 43
  IV. Die Konzernleitungstätigkeit 43
  V. Das Konzerninteresse 44
  VI. Konzernleitungskompetenzen 45

B. DIE KONZERNLEITUNGSPFLICHT 45

  I. Die Grundlagen der Konzernleitungspflicht 45
    1. Übersicht 46
    2. Die Sorgfalts- und Treuepflichten der Organpersonen insbesondere 46
        a. Vorbemerkungen zum Organbegriff 46

        b. Die Holdinggesellschaftsinteressen als Grundlage der
           Konzernleitungspflicht 47
        c. Materielles Organhandeln als Grundlage der
           Konzernleitungspflicht 48

  II. Die Konzernleitungssorgfaltspflichten 48

     1. Sorgfältige Beteiligungsverwaltung 48

     2. Sorgfältige Konzernleitung 49

     3. Zum Sorgfaltspflichtsmassstab 49

C. WEISUNGSRECHTE 50

  I. Zum Begriff der Weisung 50

  II. Die Grundlagen des Weisungsrechts 50

     1. Die Sorgfalts- und Treuepflichten der Organpersonen der
       abhängigen Konzerngesellschaften 50

     2. Die Interessenvertretungspflicht der Organpersonen der abhängigen
       Konzerngesellschaften 51

  III. Befugnis zur Weisungserteilung und zum Weisungsempfang
      im konzerninternen Verhältnis 51

     1. Die organschaftliche Vertretungsmacht im allgemeinen 51

     2. Zur Vertretungsmacht im konzerninternen Weisungsverhältnis 53

  IV. Umfang und Grenzen des Weisungsrechts 54

     1. Umfang und Grenzen im allgemeinen 54

        a. Die Einhaltung der zwingenden Rechtsordnung 54
        b. Die Übereinstimmung mit dem Konzerninteresse 55
        c. Die Wahrung von Gläubigerinteressen 55
        d. In der hundertprozentig beherrschten Konzerngesellschaft 55

     2. Zu einzelnen Konzernweisungen 56

        a. Weisungen zur Durchsetzung der Konzerngeschäftspolitik 56
        b. Weisungen zur Durchsetzung der Konzernfinanzierung 56
        c. Weisungen zur Durchsetzung des
           Konzernrechnungswesens 57
        d. Weisungen zur Durchsetzung des Informationswesens 57
        e. Weisungen zur Durchsetzung von Personalentscheiden 59

  V. Durchsetzung der Weisung 59

D. KONZERNLEITUNGSTÄTIGKEIT DURCH DOPPELORGANE 59

  I. Das Organverhältnis zur abhängigen Konzerngesellschaft 59

  II. Zur Auskunfts- und aktienrechtlichen Schweigepflicht von
     Doppelorganen 60

  III. Zur Zurechnung des rechtlich relevanten Wissens des
      Doppelorgans auf die Konzerngesellschaften und deren
      Organpersonen 60

E. ZUR HAFTUNG FÜR KONZERNLEITUNGSTÄTIGKEIT 61
  I. Zur aktienrechtlichen Verantwortlichkeit 62
     1. Der Konzernleitungspersonen 62
     2. Von Organpersonen der abhängigen Konzerngesellschaften 63
     3. Der Holdinggesellschaft 64
  II. Zur Haftung der Holdinggesellschaft für ihre Organpersonen
      nach ZGB 55/OR 722 65
     1. Im allgemeinen 65
     2. Zur Haftung aus Doppelorganschaft 66
  III. Die Geschäftsherrenhaftung nach OR 55 67
     1. Für die Entsendung natürlicher Hilfspersonen in den
        Verwaltungsrat der abhängigen Konzerngesellschaften 67
     2. Für abhängige Konzerngesellschaften 68
  IV. Zur Haftung der Holdinggesellschaft als Aktionärin 69

F. ZUSAMMENFASSUNG 70

§ 4 ZUR PROBLEMATIK DER AUFTEILUNG DER KONZERNLEITUNG
ZWISCHEN HOLDING- UND MANAGEMENTGESELLSCHAFT   71

A. DIE INTEGRATION DER MANAGEMENTGESELLSCHAFT IN DIE
   KONZERNLEITUNGSSTRUKTUR 71
  I. Ausgangslage 71
     1. Die Integration der Managementgesellschaft in die
        Verwaltungsorganisation der Holdinggesellschaft 71
     2. Die Integration der Managementgesellschaft in die
        Konzernleitungsorganisation 72
  II. Die fehlenden selbständigen Einflussmöglichkeiten der
      Managementgesellschaft auf Verwaltung und
      Geschäftsführung in den Konzerngesellschaften 72
     1. Keine Einflussmöglichkeiten aus Stimmenmacht 72
     2. Keine Einflussmöglichkeiten aus einer Interessenvertretungspflicht 73
        a. Keine Interessenvertretungspflicht der Organpersonen der
           Konzerngesellschaften 73
        b. Keine Interessenvertretungspflicht der Doppelorgane von
           Management- und Konzerngesellschaften 73
        c. Fazit 73
     3. Keine statutarischen Weisungsrechte der Managementgesellschaft 74
     4. Keine vertraglichen Weisungsrechte der Managementgesellschaft 74
  III. Problemstellung 75

B. ZU DEN METHODEN DER AUFTEILUNG DER KONZERNLEITUNG ZWISCHEN HOLDING- UND MANAGEMENTGESELLSCHAFT 75

C. FRAGESTELLUNGEN 75

2. TEIL: DIE ÜBERTRAGUNG VON KONZERNLEITUNGSKOMPETENZEN AUF DIE MANAGEMENTGESELLSCHAFT DURCH DIE HOLDINGGESELLSCHAFT 77

§ 5 ZUR ÜBERTRAGUNG VON KONZERNLEITUNGSKOMPETENZEN AUF DIE MANAGEMENTGESELLSCHAFT IN DEN HOLDINGSTATUTEN 77

A. DIE ÜBERTRAGUNG VON KONZERNLEITUNGSKOMPETENZEN IN DEN STATUTEN DER HOLDINGGESELLSCHAFT 78

  I. Zur statutarischen Verankerung der Managementgesellschaft als Kompetenzträgerin in der Organisation der Holdinggesellschaft 78

  II. Statutarisch übertragbare Verwaltungs- und Geschäftsführungsaufgaben in der Holdinggesellschaft 79

   1. Ausserhalb der zwingenden Funktionsausscheidung liegende Gesellschaftsaufgaben 79
   2. Ausserhalb der unübertragbaren und unentziehbaren Hauptaufgaben des Verwaltungsrates der Holdinggesellschaft liegende Verwaltungs- und Geschäftsführungsaufgaben. 80

  III. Statutarisch auf die Managementgesellschaft übertragbare Konzernleitungskompetenzen 82

   1. Keine massgeblichen Konzernleitungsbefugnisse 82
   2. Beratende und überwachende Aufgaben 82
   3. Fazit 83

B. ZUR ÜBERTRAGUNG VON KONZERNLEITUNGSAUFGABEN DURCH ZUWEISUNG DER "LEITUNG", "BERATUNG" UND "KOORDINATION" DER KONZERNGESELLSCHAFTEN AN DIE MANAGEMENTGESELLSCHAFT 83

C. ZUSAMMENFASSUNG 84

§ 6 DIE DELEGATION VON KONZERNLEITUNGSKOMPETENZEN AN DIE MANAGEMENTGESELLSCHAFT 86

A. DIE UNGÜLTIGKEIT DER KOMPETENZDELEGATION AN DIE MANAGEMENTGESELLSCHAFT 86

  I. Die Kompetenzdelegation nach OR 716b im allgemeinen 86

1. Zu Grundlage und Wesen der Kompetenzdelegation 86
2. Voraussetzungen und Zuständigkeit 87
II. Die materiellen Schranken der Kompetenzdelegation im besonderen 88
1. Unübertragbare Aufgaben von OR 716a 88
2. Sorgfalts- und Treuepflichten 88
3. Natürliche Personen als Delegationsempfänger 89
III. Die Wirkung der Kompetenzdelegation 90
IV. Die Ungültigkeit der Delegation von organschaftlichen Geschäftsführungsaufgaben der Holdinggesellschaft an die Managementgesellschaft 92
1. Die Delegation von organschaftlichen Geschäftsführungsaufgaben an die Managementgesellschaft ist ungültig 92
2. Die Managementgesellschaft kann nicht als fakultatives Organ oder als dessen Mitglied in die Verwaltungsorganisation der Holdinggesellschaft integriert werden 93
V. Die Folgen einer ungültigen Kompetenzdelegation an die Managementgesellschaft 93
1. Materielle Organstellung der Organpersonen der Managementgesellschaft 93
   a. In der Holdinggesellschaft 93
   b. In den abhängigen Konzerngesellschaften 94
2. Keine Haftungsentlastung nach OR 754 II 94
   a. Für den Verwaltungsrat der Holdinggesellschaft 94
   b. Für unterstellte Organpersonen der Holdinggesellschaft 94

B. NICHT GÜLTIG AN DIE MANAGEMENTGESELLSCHAFT DELEGIERBARE KONZERNLEITUNGSKOMPETENZEN 95

I. Nicht gültig delegierbare Konzernleitungskompetenzen aus der Geschäftsführung i.e.S. in der Holdinggesellschaft 95
1. Die Bestimmung der Konzerngeschäftspolitik 95
2. Die Bestimmung des Holding- und Konzerninteresses 96
3. Die Bestimmung der Aktionärsinteressen der Holdinggesellschaft in den abhängigen Konzerngesellschaften 96
4. Die Bestimmung der Willensbildung in den Konzerngesellschaften 96
II. Nicht gültig delegierbare Konzernleitungskompetenzen aus der Geschäftsführung i.w.S. in der Holdinggesellschaft 96
1. Massgebliche Weisungskompetenzen 96
2. Zentrale Beratungs- und Koordinationskompetenzen 97
III. Fazit: Keine konzernleitenden Befugnisse der Managementgesellschaft durch Kompetenzdelegation 97

C. GÜLTIG AUF DIE MANAGEMENTGESELLSCHAFT DELEGIERBARE KONZERNLEITUNGSKOMPETENZEN 98

I. Nicht-organschaftliche Geschäftsführungsaufgaben der Holdinggesellschaft 98

II. Vorbereitende und ausführende Konzernleitungsaufgaben (Verweis) 98

III. Zur Haftungsbeschränkung bei der Delegation von Konzernleitungsaufgaben an die Managementgesellschaft (Verweis) 99

D. ZUSAMMENFASSUNG 99

§ 7 DIE ÜBERTRAGUNG VON VORBEREITENDEN UND AUSFÜHRENDEN KONZERNLEITUNGSAUFGABEN AUF DIE MANAGEMENTGESELLSCHAFT 101

A. DIE ÜBERTRAGUNG VON VORBEREITUNGS- UND AUSFÜHRUNGSAUFGABEN AUF VERWALTUNGSRATSMITGLIEDER UND DRITTE 101

I. Die Übertragung von Vorbereitungs- und Ausführungsaufgaben nach OR 716a II auf Verwaltungsratsmitglieder 101

II. Die Übertragung von Vorbereitungs- und Ausführungsaufgaben auf Dritte nach OR 717 103

1. Materielle Rechtsgrundlagen: Die organschaftlichen Organisationspflichten 103
2. Formelle Rechtsgrundlagen 105
    a. Statuten 105
    b. Reglemente 105
    c. Verträge 106
3. Zuständigkeiten 108
4. Übertragung und Bevollmächtigung 108
5. Auswirkungen 110
    a. Keine aktienrechtliche Verantwortlichkeit des Übertragenden 110
    b. Keine materielle Organstellung des Empfängers 111

III. Zur Zulässigkeit der Übertragung von Vorbereitungs- und Ausführungsaufgaben auf die Managementgesellschaft 112

B. DIE ÜBERTRAGUNG VON VORBEREITENDEN UND AUSFÜHRENDEN KONZERNLEITUNGSAUFGABEN AUF DIE MANAGEMENTGESELLSCHAFT 112

I. Voraussetzungen: Organisatorische Rechtfertigung und sorgfältige Durchführung 112

1. Organisatorische Rechtfertigung 112

Inhaltsverzeichnis

  2. Sorgfältige Durchführung 113
   a. Zur Auswahlpflicht 113
   b. Zur Instruktionspflicht 113
   c. Zur Überwachungspflicht 114
   d. Fazit 115
 II. Übertragbare vorbereitende und ausführende
   Konzernleitungsaufgaben 116
  1. Vorbereitende und ausführende Aufgaben aus dem Bereich der
   Geschäftsführung i.e.S. der Holdinggesellschaft 116
   a. Planungsaufgaben 116
   b. Untergeordnete Entscheidungsbefugnisse 116
  2. Vorbereitende und ausführende Aufgaben aus dem Bereich der
   Geschäftsführung i.w.S. der Holdinggesellschaft 116
   a. Anordnungsaufgaben 117
   b. Kontrollaufgaben 118
   c. Exkurs: Aufgaben der Beteiligungsverwaltung 118
 III. Formelle Rechtsgrundlagen 118
  1. Statuten und Reglemente der Holdinggesellschaft (Verweis) 118
  2. Statuten der Managementgesellschaft 119
  3. Vertragliche Abmachungen 119
   a. Die Vertretungsmacht der Organpersonen zum
    Vertragsschluss mit der Managementgesellschaft 119
   b. Zur Gültigkeit des Vertrages 121

C. AUSWIRKUNGEN DER ÜBERTRAGUNG VON VORBEREITENDEN UND AUSFÜHRENDEN KONZERNLEITUNGSAUFGABEN AUF DIE MANAGEMENTGESELLSCHAFT 121

 I. Die Integration der Managementgesellschaft und ihrer
  Organpersonen in die Verwaltungsorganisation der
  Holdinggesellschaft 121
 II. Zur Haftungslage bei der Integration der
  Managementgesellschaft in die Verwaltungsorganisation der
  Holdinggesellschaft (Hinweis) 121

D. ZUSAMMENFASSUNG 122

3. TEIL: DIE ÜBERTRAGUNG VON KONZERNLEITUNGSKOMPETENZEN AUF DIE MANAGEMENTGESELLSCHAFT DURCH DIE ABHÄNGIGEN KONZERNGESELLSCHAFTEN   123

§ 8 DIE ÜBERTRAGUNG VON KONZERNLEITUNGSKOMPETENZEN DURCH DIE ABHÄNGIGEN KONZERNGESELLSCHAFTEN   123

 A. KEINE ÜBERTRAGUNG VON WEISUNGSBEFUGNISSEN AUF DIE MANAGEMENTGESELLSCHAFT 124

B. Die Übertragung von Verwaltungs- und Geschäftsführungskompetenzen auf die Managementgesellschaft 124

    I. Keine Weisungsbefugnisse aufgrund einer Kompetenzübertragung 125

    II. Übertragbare Verwaltungs- und Geschäftsführungskompetenzen 125

C. Übertragbare Konzernleitungskompetenzen 126

    I. Beratungskompetenzen 126

    II. Koordinationskompetenzen 127

    III. Keine massgeblichen Weisungskompetenzen 127

D. Fazit 127

§ 9 Die Übertragung von Konzernleitungskompetenzen durch die abhängigen Konzerngesellschaften auf Weisung der Holdinggesellschaft insbesondere   **128**

A. Keine Zentralisation von Weisungsbefugnissen bei der Managementgesellschaft 128

    I. Die Grundlagen einer Zentralisation 128

    II. Keine Zentralisation von Weisungsbefugnissen bei der Managementgesellschaft 129

        1. Keine Interessenvertretungspflicht der Organpersonen der Konzerngesellschaften 129

        2. Keine Weisungsbefolgungspflicht der Organpersonen der Konzerngesellschaften aufgrund einer Holdingweisung 130

B. Die Zentralisation von Beratungs- und Koordinationsaufgaben bei der Managementgesellschaft 131

    I. Die Grundlagen der Zentralisation von Beratungs- und Koordinationskompetenzen 131

    II. Die Durchsetzung des Konzerninteresses bei der Beratung und Koordination der Konzerngesellschaften 132

        1. Durch Holdingweisung 132

        2. Durch Doppelorgane der Holding 132

        3. Fazit 132

C. Die faktische Zentralisation von Konzernleitungskompetenzen bei der Managementgesellschaft 132

D. Zu den Besonderheiten der Haftung im Konzern bei der Zentralisation von Konzernleitungskompetenzen in der Managementgesellschaft 133
    I. Zur Haftung der Managementgesellschaft und ihrer Organpersonen in der Konzerngesellschaft 134
    II. Zur Verantwortlichkeit der Organpersonen der Managementgesellschaft aus materieller Organstellung in der Holdinggesellschaft 135
        1. Im zentralisierten Unternehmensbereich 135
        2. Im dezentralisierten Unternehmensbereich 135
    III. Zur Geschäftsherrenhaftung der Holdinggesellschaft 136
    IV. Zum Haftungsdurchgriff 137
E. Zusammenfassung 138

4. Teil:

§ 10 Zum Vertragsverhältnis der Holdinggesellschaft mit der Managementgesellschaft   139

A. Vorbemerkungen zur wirtschaftlichen Beziehung von Holding- und Managementgesellschaft 139
B. Mögliche Leistungsversprechen 140
    I. Leistungen der Managementgesellschaft 140
        1. Arbeitsleistung 140
        2. Arbeitnehmerüberlassung 141
    II. Mögliche Leistungen der Holdinggesellschaft 141
        1. Geldleistungen 141
        2. Versprechen zur Kompetenzdelegation 141
        3. Kompetenzübertragung 141
        4. Vollmachtserteilung 142
        5. Einflussrechte auf die Verwaltung und Geschäftsführung 142
        6. Versprechen "zulasten" Dritter 142
    III. Mögliche weitere Ausgestaltung 142
        1. Weisungsabreden 142
        2. Nebenabreden 142
        3. Dauer und Beendigungsmöglichkeiten 143
C. Zu einzelnen Leistungen 143
    I. Die Übertragung von Konzernleitungsaufgaben 143
        1. Durch Kompetenzübertragung 143

　　　　　2. Durch Übernahme von Organfunktionen 143
　　　　II. Die Arbeitnehmerüberlassung 143
　　　　III. Entgeltlichkeit 145
　　D. RECHTSNATUR UND RECHTSANWENDUNG **147**
　　E. HINWEIS AUF ANDERE WIRTSCHAFTLICH MOTIVIERTE
　　　　ÜBERTRAGUNGEN VON GESCHÄFTSFÜHRUNGSAUFGABEN **148**
　　　　I. Interessengemeinschaften 148
　　　　II. Betriebsführung 149
　　　　III. Unternehmensberatung 149
　　F. ZUSAMMENFASSUNG **150**

5. TEIL:

§ 11 ZUSAMMENFASSUNG UND FAZIT　　　　　　　　　　　　　　　　　　　　　151

　　A. ZUSAMMENFASSUNG 151
　　B. FAZIT 155
　　C. SCHLUSSBEMERKUNGEN 157

LITERATURVERZEICHNIS

ALBERS-SCHÖNBERG MAX: Haftungsverhältnisse im Konzern, Diss. Zürich 1980 = Schweizer Schriften Bd. 44

AMSTUTZ MARC: Konzernorganisationsrecht. Ordnungsfunktion, Normstruktur, Rechtssystematik. Diss. Zürich 1993 = Abhandlungen zum schweizerischen Recht N.F. 571.

BÄR ROLF: Grundprobleme des Minderheitenschutzes in der Aktiengesellschaft, in: ZBJV 95 (1959) 369 ff. (zit. BÄR, ZBJV)

-- Aktuelle Fragen des Aktienrechts, in: ZSR 85 (1966) II 321 ff. (zit. BÄR, ZSR)

-- Funktionsgerechte Ordnung der Verantwortlichkeit des Verwaltungsrates, in: SAG 58 (1986/2) 57 ff. (zit. BÄR, SAG)

BINDER ANDREAS: Die Verfassung der Aktiengesellschaft, Diss. Basel 1987

BÖCKLI PETER: Das neue Aktienrecht, Zürich 1992

-- Neuerungen im Verantwortlichkeitsrecht für den Verwaltungsrat, in: SZW 65 (1993) 263 ff. (zit. BÖCKLI, Neuerungen)

BOSMAN ALEDIUS GERARD: Konzernverbundenheit und ihre Auswirkungen auf Verträge mit Dritten, Diss. Zürich 1984 = Schweizer Schriften Bd. 76

BOTSCHAFT: Botschaft des Bundesrates über die Revision des Aktienrechts vom 23. Februar 1983

BUCHER EUGEN: Organschaft, Prokura und Stellvertretung, in: Lebendiges Aktienrecht, Festgabe zum 70. Geburtstag von Wolfhart Friedrich Bürgi, Zürich 1971, 39 ff.

BÜREN ROLAND von: Teilzeitarbeit und temporäre Arbeit als neue Formen von Dienstleistungen im schweizerischen Recht, Diss. Bern u.a. 1971

-- Der Konzern im neuen Aktienrecht, in: Grundfragen des neuen Aktienrechts, Bern 1993, 47 ff. (zit. BÜREN v., Konzern)

BÜRGI RUEDI: Möglichkeiten des statutarischen Minderheitenschutzes in der personalistischen AG, Diss. Zürich 1987 = Schweizer Schriften Bd. 104 (zit. BÜRGI R.)

BÜRGI WOLFHART: Die Aktiengesellschaft, Zürcher Kommentar Bd. V/b/1-3: 1. Halbbd.: Rechte und Pflichten der Aktionäre, OR 660-697, Zürich 1957, 2. Halbbd.: Organisation der Aktiengesellschaft, OR 698-738, Zürich 1969, 3. Halbbd.: Auflösung...; die Kommanditgesellschaft, OR 739-771, Zürich 1970-1979

CAFLISCH SILVIO: Die Bedeutung und die Grenzen der rechtlichen Selbständigkeit der abhängigen Gesellschaft im Recht der Aktiengesellschaft, Diss. Zürich 1961

CAPITAINE GEORGES: Le statut des sociétés holdings en Suisse, in: ZSR 62 (1943) 1a ff.

CONSTANTIN CHARLES: Steuerprobleme der multinationalen Unternehmungen, in: StR 29 (1974) 230 ff.

DALLEVES LOUIS: Problèmes de droit privé relatifs à la coopération et à la concentration des entreprises, in: ZSR 92 (1973) II 559 ff.

DENNLER MARKUS: Durchgriff im Konzern, Diss. Zürich 1984

DROBNIG ULRICH: Haftungsdurchgriff bei Kapitalgesellschaften = Schriftenreihe der Gesellschaft für Rechtsvergleichung Hamburg Bd. 4, Frankfurt a.M. u.a. 1959, 26 ff.

DRUEY JEAN NICOLAS: Aufgaben eines Konzernrechts, in: ZSR 99 (1980) II 273-387 (zit. DRUEY, Aufgaben)

-- Organ und Organisation. Zur Verantwortlichkeit aus aktienrechtlicher Organschaft, in: SAG 53 (1981) 77 ff. (zit. DRUEY, SAG)

-- Company Groups in Swiss Law, in: Groups of Company in Euopean Laws, Legal and Economic Analyses on Multinational Enterprises, Vol. II, Berlin u.a. 1982 (zit. DRUEY; Company Groups)

-- Zentralisierter und dezentralisierter Konzern - ist eine Differenzierung rechtlich wünschbar und realisierbar?, in: Konzernrecht aus der Konzernwirklichkeit, das St. Galler Konzernrechtsgespräch, Bern und Stuttgart 1988, 89 ff. (zit. DRUEY, Konzernwirklichkeit)

-- Das Informationsrecht des einzelnen Verwaltungsratsmitglieds, in: SZW 65 (1993) 49 ff. (zit. DRUEY, Informationsrecht)

EGGENSCHWILER WALTER ANDREAS: Konzernpublizität, Diss. Bern 1984

EIGENMANN ERNST: Das Reglement der Aktiengesellschaft, in: Die AG im neuen OR, Heft 11, Zürich 1952.

EMMERICH VOLKER/ SONNENSCHEIN JÜRGEN: Konzernrecht, 3. A., München 1989

EPPENBERGER MATTHIAS: Information des Aktionärs - Auskunfts- oder Mitteilungspflicht, Diss. St. Gallen 1990 = St. Galler Studien zum Privat-, Handels-, und Wirtschaftsrecht Bd. 23

EXNER HERBERT: Beherrschungsvertrag und Vertragsfreiheit, Diss. Göttingen 1983

FLACH ROBERT E.: Aktienrechtliche Verantwortlichkeit im Konzern, in: Der Schweizer Treuhänder 64 (1992) 535 ff.

FORSTMOSER PETER: Schweizerisches Aktienrecht Bd. I/1, Grundlagen, Gründung und Änderung des Grundkapitals, Zürich 1981 (zit. FORSTMOSER, Aktienrecht)

-- Die Verantwortlichkeit der Verwaltungsräte, in: Die Verantwortung des Verwaltungsrates in der AG = Schweizer Schriften Bd. 29, Zürich 1978, 27 ff. (zit. FORSTMOSER, Verwaltungsräte)

-- Kritische Beurteilung der Reformvorschläge für die Verwaltung, in: Aktienrechtsreform - Zu Entwurf und und Botschaft 1983, Bd. 59 der Schriftenreihe der Treuhand-Kammer, Zürich 1984, 57 ff. (zit. FORSTMOSER, Beurteilung)

-- Würdigung der Aktienrechtsreform aus der Sicht der Rechtswissenschaft, in: Rechtliche und betriebswirtschaftliche Aspekte der Aktienrechtsreform, Zürich 1984 = Schweizer Schriften Bd. 74 109 ff. (zit. FORSTMOSER, Würdigung)

-- Die aktienrechtliche Verantwortlichkeit, 2. A., Zürich 1987 (zit. FORSTMOSER, Verantwortlichkeit)

-- Die Verantwortlichkeit der Organe, in: Der Schweizer Treuhänder 65 (1991) 592 ff. (zit. FORSTMOSER, Organe)

-- Vom alten zum neuen Aktienrecht, in: SJZ 88 (1992) 137 ff. und 157 ff. (zit. FORSTMOSER, zum neuen Aktienrecht)

-- Ungereimtheiten und Unklarheiten im neuen Aktienrecht, in: SZW 64 (1992) 58 ff. (zit. FORSTMOSER, Ungereimtheiten)

-- Organisation und Organisationsreglement nach neuem Aktienrecht = Schriften zum neuen Aktienrecht, Bd. 2, Zürich 1992 (zit. FORSTMOSER, Organisation)

FORSTMOSER PETER/ MEIER-HAYOZ ARTHUR: Aktienrecht, 3. A., Bern 1983

FREY MARTIN: Statutarische Drittrechte im schweizerischen Aktienrecht, Diss. Bern 1979

GAUCH PETER/SCHLUEP WALTER R.: Obligationenrecht Allgemeiner Teil, 5. A., Zürich 1991

GAUTSCHI GEORG: Der einfache Auftrag, in: Berner Kommentar, Bd. VI 2/4, OR 394-406, Bern 1960 (zit. GAUTSCHI OR)

-- Fiduziarische Rechtsverhältnisse besonderer Art, in: SJZ 45 (1949) 301 ff.

GEHRIGER PIERRE-OLIVIER: Faktische Organe im Gesellschaftsrecht unter Berücksichtigung der strafrechtlichen Folgen, Diss. Zürich 1979 = Schweizer Schriften Bd. 34

GLAUS BRUNO U.: Unternehmensüberwachung durch schweizerische Verwaltungsräte, Bd. 93 der Schriftenreihe der Treuhand-Kammer, Zürich 1991

GRAF HANSJÖRG: Verträge zwischen Konzerngesellschaften unter besonderer Berücksichtigung der Sanierungsleistungen und Sicherungsgeschäfte, Diss. Bern 1988 = Abhandlungen zum schweizerischen Recht N.F. 515

GRAFFENRIED ANDRE von: Über die Notwendigkeit einer Konzerngesetzgebung, Diss. Bern 1976

GREYERZ CHRISTOPH von: Die Aktiengesellschaft, in: Schweizerisches Privatrecht, Bd. VIII/2, Basel u.a. 1982, 1 ff.

GUTZWILLER MAX: Die Verbandsperson - Grundsätzliches, in: Schweizerisches Privatrecht, Bd. II, Basel u.a. 1967

HAEBERLI ADRIAN: Gewinnverlagerungen im internationalen Verhältnis, in: ASA 41 (1972) 209 ff.

HANDSCHIN LUKAS: Der Konzern im geltenden schweizerischen Privatrecht, Zürich 1994

HAUNREITER LEO: Die Beteiligung an Aktiengesellschaften: Begriff, Funktion und Bewertung, Diss. Bern 1981

HIRZEL HEINRICH: Management Consulting im schweizerischen Recht, Diss. Zürich 1984 = Schweizer Schriften Bd. 75

HOLZACH CHRISTOPH: Der Ausschuss des Verwaltungsrates der Aktiengesellschaft und die Haftungsverhältnisse bei verwaltungsratsinterner Delegierung - Das Verhältnis von Art. 714 II zu 717 OR, Diss. Basel 1960

HORBER FELIX: Die Kompetenzdelegation beim Verwaltungsrat der Aktiengesellschaft und ihre Auswirkung auf die aktienrechtliche Verantwortlichkeit, Diss. Zürich 1986 = Schweizer Schriften Bd. 84

HUBER ULRICH: Betriebsführungsverträge im Konzern, in: Zeitschrift für das gesamte Handels- und Wirtschaftsrecht 152 (1988) 128 ff.

HÜPPI DAVID: Die Methode zur Auslegung von Statuten, Diss. Zürich 1971

HÜTTE KLAUS: Die Sorgfaltspflichten der Verwaltung und Geschäftsleitung im Lichte der aktienrechtlichen Verantwortlichkeit, Versuch einer Analyse der schweizerischen Rechtsprechung, ZGR 15 (1986) 1 ff.

HUTTERLI CLAUS: Der leitende Angestellte im Arbeitsrecht, in: Schriften zum schweizerischen Arbeitsrecht, Heft 17, Bern 1982

KAUFMANN MARKUS: Personengesellschaften als Konzernspitze, Diss. Bern 1988

KEHL DIETER: Der sogenannte Durchgriff, eine zivilistische Studie zur Natur der juristischen Person, Zürich 1991.

KLEINER BEAT: Die Organisation der grossen Aktiengesellschaft unter dem Aspekt der Verantwortlichkeit, in: SAG 50 (1978) 3 ff.

KOPPENSTEINER HANS-GEORG, in: Kölner Kommentar zum AktG, 2. A., Köln u.a. 1986

LANGENEGGER ERNST: Konzernunternehmenspolitik. Grundlagen, Grundfragen und Zielsetzungen, Bern 1967 = Prüfen und Entscheiden, Schriftenreihe des Betriebswirtschaftlichen Instituts der Universität Bern Bd. 4

LANZ ULRICH P.: Die Organisation der Verwaltung der Aktiengesellschaft im Spannungsfeld zwischen Gesetz und betrieblicher Notwendigkeit, in: SAG 42 (1970) 183 ff.

LINDENMEYER CHRISTOPH: Die Unternehmenspacht, Diss. Bern 1983

LOCHER ERNST R.: Die Gewinnverwendung in der Aktiengesellschaft, Diss. Bern 1983

LUSTENBERGER THOMAS: Die Verwaltung der Aktiengesellschaft und ihre Sorgfaltspflichten im englischen und schweizerischen Recht, Diss. Bern 1983

MASSHARDT HEINZ: Kommentar zur direkten Bundessteuer, 2. A., Zürich 1985

-- Besteuerung der Holding- und Beteiligungsgesellschaften in der Schweiz, in: ASA 36 (1968) 353 ff. (zit. MASSHARDT, ASA)

MAUTE WOLFGANG: Die Durchführung der Generalversammlung, in: Schriften zum neuen Aktienrecht, Bd. 4, 1993

MEIER-HAYOZ ARTHUR/FORSTMOSER PETER: Grundriss des schweizerischen Gesellschaftsrechts, 7. A., Bern 1993

MEIER-WEHRLI JÖRG: Die Verantwortlichkeit der Verwaltung einer Aktiengesellschaft bzw. einer Bank gemäss Art. 754 ff. OR/41 ff. BankG, Diss. Zürich 1968

MERZ HANS: Berner Kommentar, I. Bd., Einleitung, Kommentar zu ZGB 2, Bern 1966

MESTMÄCKER E.J.: Verwaltung, Konzerngewalt und Recht der Aktionäre, Karlsruhe 1958

MÜLLER MARIE-THERESE: Unübertragbare und unentziehbare Verwaltungsratskompetenzen und deren Delegation an die Generalversammlung, in: AJP 1 (1992) 784 ff.

NAEGELI EDUARD: Die Doppelgesellschaft, Bd. I, Zürich/Berlin 1936; Bd. II, Zürich 1941

NEF URS: Temporäre Arbeit, Diss. Bern 1971 = Abhandlungen zum schweizerischen Recht N.F. 404

NENNINGER JOHN: Der Schutz der Minderheit in der Aktiengesellschaft, Diss. Basel 1969

NIGGLI ADRIAN: Die Aufsicht über die Verwaltung der Aktiengesellschaft im schweizerischen Recht, Diss. Bern 1981

NOBEL PETER: Aktienrechtliche Entscheide, 2. A., Bern 1981

OESCH FRANZ PETER: Der Minderheitenschutz im Konzern nach schweizerischem und amerikanischem Recht, Diss. Bern 1971 (zit. OESCH F.P.)

OESCH RICHARD: Die Holdingbesteuerung in der Schweiz, Diss. Zürich 1976 = Schweizer Schriften Bd. 11 (zit. OESCH R.)

OFTINGER KARL/STARK EMIL W.: Schweizerisches Haftpflichtrecht, Bd. II/1, Verschuldenshaftung, gewöhnliche Kausalhaftungen, Haftung aus Gewässerverschmutzung, 4. A., Zürich 1987

OTT WALTER: Die Problematik einer Typologie im Gesellschaftsrecht, dargestellt am Beispiel des schweizerischen Aktienrechts, Diss. Zürich 1972

PETITPIERRE-SAUVAIN ANNE: Droit des sociétés et groupes de sociétés, Genève 1972

PICENONI VITO: Rechtsformen konzernmässiger Abhängigkeit, in: SJZ 51 (1955) 321 ff.

PLANTA ANDREAS von: Die Haftung des Hauptaktionärs, Diss. Basel 1981 = Basler Studien zur Rechtswissenschaft, Reihe A Bd. 3 (zit. A. von PLANTA)

-- Doppelorganschaft im aktienrechtlichen Verantwortlichkeitsrecht, in: Festschrift Vischer, Zürich 1983, 597 ff. (zit. A. von PLANTA, Doppelorganschaft)

PLANTA FLURIN von: Der Interessenkonflikt des Verwaltungsrates der abhängigen Konzerngesellschaft, Diss. Zürich 1988 = Zürcher Studien zum Privatrecht Bd. 59 (zit. F. von PLANTA)

PLÜSS MARTIN: Der Schutz der freien Aktionäre im Konzern, Diss. St. Gallen 1977 (zit. PLÜSS M.)

PLÜSS ADRIAN: Die Rechtsstellung des Verwaltungsratmitgliedes, Diss. Zürich 1990 = Schweizer Schriften Bd. 130 (zit. PLÜSS A.)

PORTMANN PETER: Organ und Hilfsperson im Haftpflichtrecht, Bern 1958 = Abhandlungen zum schweizerischen Recht N.F. 335

PROBST DIETER: Die verdeckte Gewinnausschüttung nach schweizerischem Handelsrecht, Diss. Bern 1981

RASCH HAROLD: Deutsches Konzernrecht, 5. A., Köln u.a. 1974

REHBINDER ECKARD: Konzernaussenrecht und allgemeines Privatrecht. Eine rechtsvergleichende Untersuchung nach deutschem und amerikanischem Recht = Wirtschaftsrecht und Wirtschaftspolitik Bd. 8, Bad Homburg u.a. 1969 (zit. REHBINDER E.)

REHBINDER MANFRED: Schweizerisches Arbeitsrecht, 10. A., Bern 1991

-- Der Arbeitsvertrag, Berner Kommentar VI 2/2/1, OR 319-330a, Bern 1985 (zit. REHBINDER OR)

REICH MARKUS: Ein Besteuerungskonzept für Holding- und Domizilgesellschaften, in: ASA 48 (1980) 289 ff. (zit. REICH, ASA 48)

-- Verdeckte Vorteilszuwendungen zwischen verbundenen Unternehmen, in: ASA 54 (1986) 609 ff. (zit. REICH, ASA 54)

-- Die Besteuerung der Holding-, Beteiligungs- und Verwaltungsgesellschaften im Kanton Zürich, in: StR 37 (1982) 541 ff. (zit. REICH, StR)

REIFF FELIX: Beiräte als Beratungs- und Führungsgremien bei schweizerischen Aktiengesellschaften, Diss. Zürich 1988 = Schweizer Schriften Bd. 115

RUEDIN ROLAND: Vers un droit suisse des groupes de sociétés? ZSR 99 (1980) II 151 ff. (zit. RUEDIN, ZSR)

-- Propositions pour un droit suisse des groupes de sociétés, SAG 54 (1982) 99 ff. (zit. RUEDIN, SAG)

RÜHLI EDWIN: Unternehmensführung und Unternehmenspolitik, Bd.1, 2. A., Bern und Stuttgart 1985

SCHÄRER HEINZ: Die Vertretung der Aktiengesellschaft durch ihre Organe, Diss. Freiburg 1981

SCHEFFLER EBERHARD: Zur Problematik der Konzernleitung, in: Bilanz- und Konzernrecht, Festschrift für Reinhard Goerdeler, Düsseldorf 1987, 469 ff.

SCHEURER THOMAS: Die Besteuerung von Hilfs- und Dienstleistungsgesellschaften in der Schweiz, Diss. Zürich 1987

SCHLEIFFER PATRICK: Der gesetzliche Stimmrechtsausschluss im schweizerischen Aktienrecht, in ASR 545 (1993).

SCHLENK FRANZ: Bilanzvorschriften im Konzern, Diss. Zürich 1962

SCHLUEP WALTER R.: Privatrechtliche Probleme der Unternehmenskonzentration und -kooperation, Referate und Mitteilungen zum Schweizerischen Juristentag 1973, in: ZSR 92 (1973) 155 ff. (zit. SCHLUEP, ZSR)

-- Über privatrechtliche Freiheit und Verantwortung des kartellähnlichen Konzerns, in: Festschrift zum 60. Geburtstag von Arthur Meier-Hayoz, Bern 1982 (zit. SCHLUEP, Freiheit und Verantwortung)

-- Die wohlerworbenen Rechte des Aktionärs und ihr Schutz nach schweizerischem Recht, in: Veröffentlichungen der Handelshochschule St. Gallen, Reihe A, Heft 12, Zürich und St. Gallen 1955 (zit. SCHLUEP, wohlerworbene Rechte)

-- Schutz der Aktionäre auf neuen Wegen?, in: SAG 33 (1960/61) 137 ff., 170 ff., 188 ff. (zit. SCHLUEP, SAG)

-- Innominatverträge, in: Schweizerisches Privatrecht, VII/2, Basel u.a. 1979, 763 ff.

SCHLÜTER ANDREAS: Management- und Consulting-Verträge, in: Recht des internationalen Wirtschaftsverkehrs, Bd. 4, Berlin u.a. 1987

SCHOOP KATHARINA: Die Haftung für die Überbewertung von Sacheinlagen bei der Aktiengesellschaft, Diss. Bern 1981 = Schweizer Schriften Bd. 52

SCHUCANY EMIL: Zur Frage der rechtlichen Stellung des "abhängigen" Verwaltungsrates, in: SAG 27 (1954/55) 109 ff.

SCHUCANY GIOVANNI: Die Vertreter juristischer Personen im Verwaltungsrat einer Aktiengesellschaft, Diss. Zürich 1949

SCHULTHESS BERNHARD: Funktionen der Verwaltung einer Aktiengesellschaft, Diss. Zürich 1967

SCHWARZ HORST: Betriebsorganisation als Führungsaufgabe, 9. A., Landsberg am Lech 1983

SIEGER KURT: Das rechtlich relevante Wissen der juristischen Person des Privatrechts, Diss. Zürich 1979 = Schweizer Schriften Bd. 33

SIEGWART ALFRED: Die Aktiengesellschaft, Zürcher Kommentar Bd. V/a, OR 620-659, Zürich 1945

SLINGERLAND ERIK: Die Aufsicht über die Geschäftsführung bei Kapitalgesellschaften nach schweizerischem, niederländischem, deutschem und europäischem Recht, Bd. 16 der Reihe Handels- und Wirtschaftsrecht, Diessenhofen 1982

SLONGO BRUNO: Der Begriff der einheitlichen Leitung als Bestandteil des Konzernbegriffes, Diss. Zürich 1980

SONNENSCHEIN JÜRGEN: Organschaft und Konzernrecht, Baden-Baden 1976

SPIRO KARL: Zur Haftung für Doppelorgane, in: Festschrift für Frank Vischer zum 60. Geburtstag, Zürich 1983, 639 ff.

-- Verwaltungsrat und Aktienbuch, in: SAG 31 (1958/59) 1ff. (zit. SPIRO, Aktienbuch)

STAEHELIN THOMAS: Die "unübertragbaren Aufgaben" einer Familienaktiengesellschaft, in: SZW 64 (1992) 200 ff.

STAUBER ERIC: Das Recht des Aktionärs auf gesetzes- und statutenmässige Verwaltung, Diss. Zürich 1985 = Schweizer Schriften Bd. 79

STEBLER MARKUS P.: Konzernrecht in der Schweiz - ein Überblick über den Stand von Lehre und Rechtsprechung, in: Konzernrecht aus der Konzernwirklichkeit, das St. Galler Konzernrechtsgespräch, Bern und Stuttgart 1988

STEIGER FRITZ von: Zur Frage der rechtlichen Stellung des "abhängigen" Verwaltungsrates, in: SAG 21 (1954/55) 33 ff./113 ff. (zit. F. von STEIGER, SAG)

-- Das Recht der Aktiengesellschaft in der Schweiz, 4. A., Zürich 1970 (zit. F. von STEIGER, AG)

STEIGER WERNER von: Die Rechtsverhältnisse der Holdinggesellschaften in der Schweiz, in: ZSR 62 (1943) 195a ff. (zit. W. von STEIGER)

-- Betrachtungen über die rechtlichen Grundlagen der Aktiengesellschaft, in: ZBJV 91 bis (1955) 334 ff. (zit. W. von STEIGER, Grundlagen)

STUTZ HANS-RUDOLF: Management Consulting, Bern u.a. 1988 = Schriftenreihe des Instituts für betriebswirtschaftliche Forschung an der Universität Zürich Bd. 60

THALMANN ANTON: Die Treuepflicht der Verwaltung der Aktiengesellschaft, Diss. Bern 1975

TAPPOLET KLAUS: Schranken konzernmässiger Abhängigkeit im schweizerischen Aktienrecht, Diss. Zürich 1973 = Zürcher Beiträge zur Rechtswissenschaft Bd. 414

UTTENDOPPLER KURT: Die Durchsetzung des Konzerninteresses im schweizerischen Aktienrecht, Diss. Bern 1986

VEELKEN WINFRIED: Der Betriebsführungsvertrag im deutschen und amerikanischen Aktien- und Konzernrecht, Baden-Baden 1975

VISCHER FRANK/RAPP FRITZ: Zur Neugestaltung des schweizerischen Aktienrechts, Bern 1968

VISCHER FRANK: Die Stellung der Verwaltung und die Grenzen der Delegationsmöglichkeit bei der grossen AG, in: Festgabe für Wilhelm Schönenberger, Freiburg 1968, 345 ff. (zit. VISCHER, Delegationsmöglichkeit)

-- Die Aktienrechtsreform aus der Sicht des Verwaltungsrates, in: Rechtliche und betriebswirtschaftliche Aspekte der Aktienrechtsreform, Zürich 1984 = Schweizer Schriften Bd. 74, 155 ff. (zit. VISCHER, Aktienrechtsreform)

VOLLMAR JÜRG: Grenzen der Übertragung von gesetzlichen Befugnissen des Verwaltungsrates an Ausschüsse, Delegierte und Direktoren, Diss. Bern 1986

WATTER ROLF: Die Verpflichtung der AG aus rechtsgeschäftlichem Handeln ihrer Stellvertreter Prokuristen und Organe, Diss. Zürich 1985 = Schweizer Schriften Bd. 81

WEBER ROLF H.: Vertrags- bzw. Statutengestaltung und Minderheitenschutz, Schriftenreihe SAV 11 (1992) 71 ff.

-- Minderheitenschutz im neuen Aktienrecht, in: AJP 2 (1993) 117 ff. (zit. WEBER, Minderheitenschutz)

WEIDEMANN BERND: Konzernleitung multinationaler Unternehmungen: Betriebswirtschaftliche Funktionen und Strukturen, Berlin 1975 = Grundlagen und Praxis der Betriebswirtschaft Bd. 35

WENNINGER RENATE: Die aktienrechtliche Schweigepflicht, Diss. Zürich 1983 = Schweizer Schriften Bd. 70

WIEGAND WOLFGANG: Die Verantwortlichkeit des Verwaltungsrats, in: Grundfragen des neuen Aktienrechts, Bern 1993, 1 ff.

WOERNLE GÜNTER: Die organähnliche Haftung des machtausübenden Hauptaktionärs gegenüber Gläubigern der abhängigen Aktiengesellschaft, Diss. Lausanne 1970

WOHLMANN HERBERT: Die Treuepflicht des Aktionärs, Diss. Zürich 1968

WÖRN HANS-JOACHIM: Konzernorganisation: Organisationsprobleme von Unternehmungsverbindungen im Spannungsfeld statutarischer und organisatorischer Gestaltung, Diss. Giessen 1985

WÜRDINGER HANS: Aktiengesetz, Grosskommentar, 3. A., Erster Band, §§ 1-75, Berlin u. New York 1973 (zit. WÜRDINGER § Anm.)

-- Aktienrecht und das Recht verbundener Unternehmen, 4. A., Karlsruhe 1981

WYSS ULRICH: Das Anstellungsverhältnis leitender Arbeitnehmer, Diss. Bern 1976

ZFU: Seminarunterlagen des Zentrums für Unternehmensführung für das Seminar "Holdinggesellschaft" vom 13./14. Juni 1988

ZOBL DIETER: Probleme organschaftlicher Vertretungsmacht, in: ZBJV 125 (1989) 289 ff.

-- Zur Frage der Einsichtnahme in das Aktienbuch, in: SZW 64 (1992) 49 ff. (zit. ZOBL, Aktienbuch)

ZÜND ANDRE: Einheitliche Leitung - Bedeutung und Tauglichkeit des Begriffs, in: Konzernrecht aus der Konzernwirklichkeit, das St. Galler Konzernrechtsgespräch, Bern und Stuttgart 1988, 77 ff.

-- Die steuerliche Zuordnung von Ausgaben bei internationalen "arm's length" - Transaktionen verbundener Unternehmen, in: StR 30 (1975) 95 ff. (zit. ZÜND, StR)

-- Ansätze der Geschäftsführungsprüfung im Aktienrecht, in: Geschäftsführungsprüfung, Zürich 1984 = Schriftenreihe der Treuhand-Kammer Bd. 61, 89 ff. (zit. ZÜND, Geschäftsführungsprüfung)

ZÜRCHER WOLFGANG: Der Gläubigerschutz im schweizerischen Aktienrechts-Konzern, Diss. Zürich 1993 (= ASR 547)

ZWEIFEL MARTIN: Holdinggesellschaft und Konzern, Diss. Zürich 1973 = Schweizer Schriften Bd. 1

ABKÜRZUNGEN

A.	Auflage
a.a.O.	am angeführten Ort
AJP	Aktuelle juristische Praxis (ab 1992)
AktG	(Deutsches) Aktiengesetz von 6.9.1965
a.M.	anderer Meinung
Anm.	Anmerkung
aOR	Obligationenrecht vom 30.3.1911/18.12.1936
Art.	Artikel
AS	Amtliche Sammlung der Bundesgesetze und Verordnungen
ASA	Archiv für schweizerisches Abgaberecht, Bern
ASR	Abhandlungen zum schweizerischen Recht N.F., Bern
Bbl.	Bundesblatt, Bern
Bd.	Band
BdBSt	Beschluss über die direkte Bundessteuer vom 9.12.1940
BezGer.	Bezirksgericht
BGB	(Deutsches) Bürgerliches Gesetzbuch vom 18.8.1896
BGE	Bundesgerichtsentscheid
BGer	Bundesgericht
DBG	Bundesgesetz über die direkte Bundessteuer vom 14.12.1990, in AS 1991 II 1184 ff.
ders.	derselbe (Autor)
d.h.	das heisst
Diss.	Dissertation
f., ff.	folgende
FN	Fussnote
GV	Generalversammlung
h.L.	herrschende Lehre
HRegV	Verordnung über das Handelsregister vom 7.6.1937
i.d.R.	in der Regel
i.e.S.	im engeren Sinne
insb.	insbesondere
i.S.v.	im Sinne von
i.Verb.m.	in Verbindung mit
i.w.S.	im weiteren Sinne
lit.	Litera
m.a.W.	mit anderen Worten
m.E.	meines Erachtens
m.w.N.	mit weiteren Nachweisen
N	Note, Randnote

OR	Obligationenrecht vom 30.3.1911/18.12.1936/4.10.1991 in seiner am 1. Juli 1992 bzw. hinsichtlich der Artikel 663e, 663f und 663g am 1. Juli 1993 geltenden Fassung
RevOR	Revision des 26. Titels des Obligationenrechtes vom 4.10.91
S.	Seite
SAG	Die schweizerische Aktiengesellschaft (1.-61. Jg., 1928-1990), Zürich
Schweizer Schriften	Schweizer Schriften zum Handels- und Wirtschaftsrecht, Zürich
SJZ	Schweizerische Juristen-Zeitung, Zürich
sog.	sogenannt
StHG	Bundesgesetz über die Harmonisierung der direkten Steuern der Kantone und Gemeinden vom 14.12.1990, in AS 1991 II 1256 ff.
StG ZH	Steuergesetz, Kanton Zürich, vom 8.7.1951
StR	Steuer Revue, Bern
SZW	Schweizerische Zeitschrift für Wirtschaftsrecht, Zürich (früher: Die Schweizerische Aktiengesellschaft, SAG)
u.a.	unter anderem
u.s.w.	und so weiter
v.a.	vor allem
vgl.	vergleiche
VR	Verwaltungsrat
z.B.	zum Beispiel
ZBJV	Zeitschrift des Bernischen Juristenvereins, Bern
ZfU	Zentrum für Unternehmensführung, Kilchberg-Zürich
ZGB	Schweizerisches Zivilgesetzbuch vom 20. Dezember 1907
ZGR	Zeitschrift für Unternehmens- und Gesellschaftsrecht, Berlin
Ziff.	Ziffer
zit.	zitiert
ZR	Blätter für zürcherische Rechtsprechung, Zürich
ZSR	Zeitschrift für schweizerisches Recht, Bern
z.T.	zum Teil

EINLEITUNG

In der Vergangenheit haben zahlreiche Schweizer Aktiengesellschafts-Konzerne Managementgesellschaften gegründet und in die Konzernleitungsorganisation eingegliedert. In der Konzernleitungsorganisation übt die Holdinggesellschaft die strategische Konzernleitung aus und weist der Managementgesellschaft spezifische Konzernleitungsaufgaben zu[1]. Diese Leitungsstruktur wird aus steuerlichen, organisatorischen und führungstechnischen Gründen als vorteilhaft und zukunftweisend angesehen[2].

Diese Arbeit befasst sich mit der Frage, wie die Konzernleitung zwischen Holding[3] und Managementgesellschaft aufgeteilt werden kann. In erster Linie werden die Methoden einer solchen Aufteilung dargestellt. Zusätzlich wird untersucht, ob die Managementgesellschaft selbständig konzernleitend tätig sein darf, welche Konzernleitungskompetenzen ihr übertragen werden können und wie sich eine Aufteilung der Konzernleitung auf die Kompetenz- und Haftungsordnung in Holding und Managementgesellschaft auswirkt.

Dazu wird im **ersten Teil** der Arbeit das Vorkommen und das Wesen der Managementgesellschaft erklärt. Danach wird dargelegt, welche Rechtsregeln für den Konzern und die konzernleitende Holdinggesellschaft gelten. Schliesslich wird auf die Methoden hingewiesen, mit denen die Konzernleitung zwischen Holding- und Managementgesellschaft theoretisch aufgeteilt werden könnte. Diese Methoden werden in den folgenden Teilen der Arbeit auf ihre Recht- und Zweckmässigkeit hin überprüft.

Im **zweiten Teil** wird danach gefragt, ob und wie die Holdinggesellschaft ihre Konzernleitungskompetenzen an die Managementgesellschaft übertragen kann. Die übertragbaren Kompetenzen werden anschliessend aufgezeigt.

Im **dritten Teil** wird behandelt, ob und wie die Konzerngesellschaften - allenfalls auf Weisung der Holdinggesellschaft - der Managementgesellschaft Konzernleitungskompetenzen einräumen können. Die Kompetenzen, mit denen die Managementgesellschaft betraut werden darf, werden ebenfalls geschildert.

Im **vierten Teil** wird auf ein mögliches Vertragsverhältnis hingewiesen, das der Aufteilung der Konzernleitung zwischen Holding- und Managementgesellschaft zugrunde gelegt werden könnte.

Im **fünften Teil** werden schliesslich die Ergebnisse zusammengefasst und erläutert.

---

1 Vgl. unten 2 ff., § 1.A.; JAKOB WALTER, Strukturveränderungen bei Schweizer Konzernen 218 in: Der Schweizer Treuhänder, 66 (1992) 215 ff.

2 Vgl. JAKOB 216; BEHR GIORGIO, Dezentrale Führungsstrukturen, in: Der Schweizer Treuhänder, 66 (1992) 226 ff.; unten 6 ff., § 1.C.

3 Die Bezeichnungen Holdinggesellschaft und Holding werden in dieser Arbeit gleichbedeutend verwendet; vgl. zum Begriff der Holdinggesellschaft unten 19, § 2.A.II.

1. TEIL: MANAGEMENTGESELLSCHAFT, KONZERN UND KONZERNLEITUNG

§ 1 MANAGEMENTGESELLSCHAFTEN

In diesem Paragraphen wird erläutert, was in dieser Arbeit unter Managementgesellschaften verstanden wird, welche Erscheinungsformen von Managementgesellschaften in der Praxis auftreten und welches die Gründe für ihr Vorkommen sind. Dann wird eine Managementgesellschaft in ihrer typischen Erscheinungsform als rechtlich verselbständigter Ausschnitt der Konzernleitungsorganisation beschrieben und von ähnlichen Gesellschaftsformen abgegrenzt.

A. EINLEITENDE EINGRENZUNG UND WESENSUMSCHREIBUNG

Ein allgemein anerkannter Begriff der Managementgesellschaft existiert nicht. Entsprechend den vielfältigen Wortbedeutungen von "managen" sind die Unternehmenstätigkeiten der unter Zuhilfenahme dieses Wortes firmierenden Gesellschaften verschiedenartig[1]. Diese Arbeit befasst sich mit Managementgesellschaften, die Konzernleitungstätigkeiten ausüben. Die Thematik wird dabei eingeschränkt auf die in der Praxis vorherrschende Konzernstruktur, eine Holdingstruktur mit Aktiengesellschaften als Konzerngliedern[2].

Mit Managementgesellschaften werden hier die im Rahmen der Konzernorganisation gebildeten, konzernabhängigen Aktiengesellschaften gemeint, welche für die Holdinggesellschaft oder anstelle von ihr Konzernleitungsaufgaben im Konzern übernehmen[3]. Kriterien einer Abgrenzung von anderen Dienstleistungsgesellschaften[4] sind vorderhand die Konzernzugehörigkeit[5], die Leistung zugunsten der übrigen Konzerngesellschaften[6] und die Besorgung von Konzernleitungsaufgaben[7].

---

1 "Managen" bedeutet u.a. jemanden betreuen, etwas bewerkstelligen und in der Betriebswissenschaft auch gleichviel wie "führen" und "leiten"; vgl. Der Grosse Duden, Sinn- und sachverwandte Wörter und Wendungen, Mannheim 1972; RÜHLI 31 m.w.N.

2 Dazu unten 18 f., § 2.A.II.

3 Nicht wesenserheblich ist, in welchem Interesse oder auf wessen Name und Rechnung die Besorgung der Konzernleitungsaufgaben erfolgt.

4 Zum steuerrechtlichen Begriff der Dienstleistungsgesellschaft vgl. SCHEURER 36 und unten 15, § 1.E.III.; Dienstleistungen sind Leistungen, die in einem Tun bestehen und nicht Sachleistungen sind, vgl. GAUCH/SCHLUEP N 37; zum wirtschaftswissenschaftlichen Begriff der Dienstleistung vgl. STUTZ 33 ff.

5 Z.B. für die Abgrenzung von konzernunverbundenen Unternehmensberatungsgesellschaften.

6 Z.B. für die Abgrenzung von konzernabhängigen Dienstleistungsgesellschaften, die gegenüber Dritten technische oder kommerzielle Beratungsleistungen erbringen.

7 Z.B. für die Abgrenzung von Hilfsgesellschaften, die nur Hilfsfunktionen wie Buchführung, Fakturierung oder Inkasso besorgen; oder von Immobilien- und Finanzgesellschaften ohne Konzernleitungsaufgaben.

Der rechts- und betriebswissenschaftlichen Praxis ist diese Erscheinungsform von Aktiengesellschaften unter uneinheitlicher Terminologie grundsätzlich bekannt[8]. Das fehlende Konzernrecht, die "Elastizität des Aktienrechts"[9] sowie die unterschiedlichen Arten und Funktionen der Konzernleitung in der unternehmerischen Wirklichkeit führen jedoch zu einem uneinheitlichen Erscheinungsbild der Managementgesellschaften; dies gilt v.a. hinsichtlich ihrer Funktionen und Strukturen sowie ihrer Rechtsverhältnisse zu den übrigen Konzerngesellschaften.

B. REALE ERSCHEINUNGSFORMEN VON MANAGEMENTGESELLSCHAFTEN

I. VORBEMERKUNGEN ZUR UNTERSUCHUNG

Eine repräsentative Darstellung der Erscheinungsformen und der Verbreitung von Managementgesellschaften scheitert am Ungenügen der allgemein zugänglichen Quellen. Statuten von Holdinggesellschaften weisen keinen Bezug auf Managementgesellschaften auf. Geschäftsberichte erwähnen in der Regel nur die Beteiligung an einer derartigen Gesellschaft und allenfalls kurz deren Tätigkeitsgebiet[10]. Zum Teil wird bei Konzernumstrukturierungen in Pressemitteilungen auf die Existenz und Aufgabe von Managementgesellschaften hingewiesen. Deren Firma, statutarischer Zweck oder Statuteninhalt geben über ihre Funktion im Konzern jedoch regelmässig keine genügende Auskunft. Sodann handelt es sich bei Managementgesellschaften um zu 100 % beherrschte Konzerngesellschaften, weshalb Geschäftsberichte, Generalversammlungsbeschlüsse usw. nicht publik werden.

Vorliegend konnten dank Hinweisen aus Unternehmensmitteilungen, Wirtschaftspresse und Wirtschaftskreisen Informationen bei 19 Konzernen mit Managementgesellschaften direkt erfragt werden[11]. Die im folgenden genannten Untersuchungsobjekte mögen dabei einen groben Anhaltspunkt über die Verbreitung von Managementgesellschaften in der Schweiz geben: Von den untersuchten Konzernen sind 95 % im verarbeitenden Wirt-

---

8 ALBERS-SCHÖNBERG 32 erwähnt "Gestionsgesellschaften", denen alle Leitungsfunktionen im Konzern übertragen werden; BEHR Giorgio: Holding mit Konzernleitungsfunktion, in: ZfU, 1. Teil, Beilagen 4, versteht unter "Managementgesellschaften" den "organisatorischen Rahmen der zentralen und Stabsfunktionen" im Konzern; LANDOLF Urs: Steuerliche Aspekte beim Betrieb einer Holding, in: ZfU, 7. Teil 8, verweist auf das Entstehen von "Management-Gesellschaften" durch "Ausgliederung der Konzernleitungstätigkeit"; MÜLLER Felix: Planung, Organisation und Struktur der Holding, in: ZfU, 5. Teil Ziff. 4.2., sieht in der "Holding mit separater Management-Gesellschaft" eine besondere Organisationsform einer Holding; vgl. auch OESCH R. 77 Anm. 258, der "Konzernverwaltungsgesellschaften" unterscheidet, welche die Vereinheitlichung der Konzernführung sowie die Konzentration der wirtschaftlichen Kräfte und nicht der Kapitalbeteiligungen anstreben.
9 Dazu FORSTMOSER/MEIER-HAYOZ § 2 N 1 f.
10 Zum Geschäftsbericht vgl. OR 662; BOTSCHAFT 141 f.; BÖCKLI N 1573 ff.
11 Ansprechpartner war in jedem Fall die Holdinggesellschaft. Fünf Befragungen wurden mittels eines Fragebogens und einer Besprechung durchgeführt, die übrigen Auskünfte erfolgten nur mündlich. Schriftliche Informationsträger wie Reglemente, Verträge, Organigramme u.ä. von Holding- und Managementgesellschaften wurden jedoch oft als Interna bezeichnet und nur selten zur Verfügung gestellt bzw. zur Einsicht offengelegt. Die Untersuchung wurde im Zeitraum von 1988 bis 1991 mit Schwergewicht in den Randjahren vorgenommen.

schaftssektor tätig und 5% im Dienstleistungssektor[12]. Alle weisen ausnahmslos eine reine Holdingstruktur auf und sind international tätig[13]. Die Holdinggesellschaften sind domiziliert in neun verschiedenen Kantonen, verteilt auf die deutsch- und französischsprachigen Landesteile.

II. CHARAKTERISIERUNG DER MANAGEMENTGESELLSCHAFTEN NACH FUNKTIONEN UND KONZERNBEZIEHUNGEN

1. Die Charakterisierung der Funktion von Managementgesellschaften anhand der organisatorischen Konzern(leitungs)struktur

Die Funktionen von Managementgesellschaften können durch deren Stellung in der Konzern(leitungs)organisation erklärt und beschrieben werden[14]. Diese Stellung kann systematisiert werden nach:

- der Eingliederung der Managementgesellschaften als **Grund- oder Zwischeneinheiten** in den Konzernaufbau[15],
- dem Inhalt der bei ihnen **zentralisierten Konzernleitungsaufgaben**[16] und
- den unterschiedlichen **Weisungs-, Beratungs- und/oder Koordinationskompetenzen** gegenüber den übrigen Konzerngesellschaften[17].

In der Praxis lassen sich hauptsächlich kategorisieren:

a. Die Managementgesellschaft als **Organisationsform der Stabsdienste** im Konzern[18].

---

12 Zu dieser Sektoreinteilung vgl. die Systematik des Bundesamtes für Statistik und STUTZ 37; vertreten sind u.a. die Nahrungsmittel-, Pharma-, Chemie-, Maschinenbau-, Metallverarbeitungs-, Möbel- und Bürobedarfs-, Verpackungs- sowie die Baubranche.

13 Die untersuchten Holdinggesellschaften sind zu:
- ca. 30 % Publikumsgesellschaften mit einem Aktienkapital zwischen 70 und 560 Mio. Franken.
- ca. 50 % Aktiengesellschaften mit Mehrheits- oder Alleinaktionären und einem Aktienkapital von 1 bis 350 Mio. Franken.
- ca. 20 % Aktiengesellschaften mit starken Minderheitsaktionären und einem Aktienkapital von 65 bis 225 Mio. Franken.

14 Zur Konzernleitungsorganisation unten 39 ff., § 3.A.II. Vgl. dazu zudem die Arbeiten von: KRÄHE Walter/HARDACH Wilhelm: Konzernorganisation, verfasst vom Arbeitskreis Prof. Dr. Krähe der Schmalenbachgesellschaft, 2. A., Köln u.a. 1964; REHBINDER E. 38 ff.; LANGENEGGER; WEIDEMANN.

15 Als Elemente des Konzernaufbaus sind Grundeinheiten (operative Einheiten, die durch konkrete Leistung den Zweck des Konzerns erfüllen), Zwischeneinheiten (zwischen Spitzeneinheit und Operationseinheiten eingeschaltete Einheiten mit Leitungs- oder Koordinationsfunktionen) und die Spitzeneinheit (Konzernleitung) auszumachen; diese Elemente können rechtlich selbständig oder unselbständig sein; vgl. dazu WÖRN 10 ff. mit Beispielen; WEIDEMANN 16 ff.

16 Dazu unten 39 f., § 3.A.II.1. Unterschieden wird etwa nach der Art der betroffenen Unternehmensbereiche (Information, Finanzen, Personal usw.) oder nach den Phasen der Entscheidbildung (Planung, Entscheidung, Ausführung usw.); vgl. zu den Prinzipien der Zentralisation von Unternehmensaufgaben im allgemeinen SCHWARZ 52 ff.

17 Vgl. dazu unten 40 f., § 3.A.II.3.

18 Stäbe sind permanente, unternehmensinterne Hilfspersonen oder -gremien mit Beratungs- und

§ 1   5

Sie erscheint dann als Grundeinheit, die Hilfsfunktionen der Geschäftsführung von der Holdinggesellschaft übertragen erhält und/oder solche Hilfsfunktionen von allen konzernverbundenen Gesellschaften zentralisiert, dabei aber keine Entscheidungs- und Weisungsbefugnisse besitzt (oder höchstens funktionelle gegenüber unterstellten Stäben).

b. Die Managementgesellschaft als **Organisationsform der Konzernleitung** oder von Teilen davon. Sie zeichnet sich aus als Zwischeneinheit, die Geschäftsführungsfunktionen von Holdinggesellschaft und Konzerngesellschaften zentralisiert, und der dabei hauptsächlich leitende, koordinierende und beratende Funktionen zukommen, wobei sie u.a. Entscheidungs- und Weisungskompetenzen besitzt[19].

2. Die Charakterisierung von Managementgesellschaften anhand ihrer rechtlichen Konzernbeziehungen

a. Beteiligungsverhältnisse

Am Kapital der Managementgesellschaft ist in der Regel allein die Holdinggesellschaft (direkt oder indirekt über vollständig beherrschte Subholdings) zu 100% beteiligt[20].

b. Statutarische Verhältnisse

Die Statuten der Managementgesellschaften enthalten ausnahmslos keinen Gesellschaftszweck, der ihnen eine Gesellschaftstätigkeit "im Interesse" eines Dritten vorschreibt. Dagegen wird der Gesellschaftszweck oft auf Tätigkeiten gegenüber konzernverbundenen Gesellschaften festgeschrieben[21]. Ansonsten unterscheiden sich die Statuten regelmässig nicht von anderen konzernabhängigen oder -unabhängigen Aktiengesellschaften jedwelcher Branche. Desgleichen weisen Statuten der Holdinggesellschaften keinen Bezug auf Managementgesellschaften auf.

c. Vertragliche Verhältnisse

Oft bestehen zwischen der Management- und der Holdinggesellschaft keine schriftlichen vertraglichen Beziehungen[22]. Dagegen findet man solche der Managementgesellschaften

---

Dienstleistungsaufgaben, ohne Entscheidungs- und Weisungsbefugnisse, vgl. RÜHLI 196 ff.; SCHWARZ 32.

19 Vgl. dazu die statutarischen Zwecke von: Adia International SA, Chéserex: "...organiser, diriger, coordonner et contrôler l'activité administrative et l'exploit des enterprises... du groupe Adia..."; Sibra Managementgesellschaft AG, Fribourg: "...Direction et gestion centralisée des sociétés du groupe Sibra..."; Mestra AG, Reinach BL: "...Steuerung, Koordination und Verwaltung der in der Mestra Holding AG zusammengefassten Beteiligungen. (Fassung 1992).

20 Ausnahmsweise sind nur der oder die Alleinaktionäre der Holdinggesellschaft an der Managementgesellschaft beteiligt, vgl. dazu das Beispiel der Kühne & Nagel AG, Luxemburg, zit. bei STAEHELIN THOMAS, in: Konzernrecht aus der Konzernwirklichkeit, das St. Galler Konzernrechtsgespräch, Bern und Stuttgart 1988, 172.

21 Vgl. FN 19 und die Statuten u.a. von: Feintool Engineering AG, Lyss; Forbo International AG, Eglisau; Gaba International AG, Basel; Stamm Managementgesellschaft AG, Basel. (Fassung 1992).

22 Eher ausnahmsweise finden sich kurze Vereinbarungen, z.B.:"Es wird hiermit bestätigt, dass die...

mit den abhängigen Konzerngesellschaften über die an letztere zu erbringenden Leistungen und die entsprechende Vergütung[23].

d. Personelle Verflechtungen[24]

aa. Die Doppelorganschaft

Regelmässig finden sich Doppelorganschaftsverhältnisse zwischen Holding- und Managementgesellschaft[25]. Die Mitglieder des Gesamtverwaltungsrats, des Verwaltungsratsausschusses oder der Verwaltungsratsdelegierte der Holding bilden dabei - allenfalls mit weiteren Personen - den Verwaltungsrat der Managementgesellschaft. Die Geschäftsführer der Holdinggesellschaft nehmen regelmässig ebenfalls Einsitz in die Geschäftsführung (ausnahmsweise auch in den Verwaltungsrat) der Managementgesellschaft. Weniger häufig ist hingegen das Doppelorganschaftsverhältnis zwischen Managementgesellschaft und Konzerngesellschaften zu finden.

bb. Das Arbeitsverhältnis

Erfüllen Konzernleitungspersonen ihre Konzernleitungsaufgaben aufgrund eines Arbeitsverhältnisses, so besteht dieses in der Regel mit der Managementgesellschaft[26].

III. BESONDERHEITEN

Die Managementgesellschaft hat ihren Gesellschaftssitz oft an demselben Ort wie die Holdinggesellschaft. Regelmässig wird die Firma der Managementgesellschaft durch die Kombination der Firma der Holdinggesellschaft mit den Zusätzen "Management AG", "Services AG" oder "International AG" gebildet.

C. GRÜNDE FÜR DIE BILDUNG VON MANAGEMENTGESELLSCHAFTEN

I. STEUERLICHE GRÜNDE

1. Gefährdung des Holdingprivilegs

Zur Vermeidung der dreifachen Besteuerung der ausgeschütteten Unternehmensgewinne gelten in Bund und Kantonen Sonderbestimmungen für die Besteuerung von Holdinggesellschaften[27]. Zu unterscheiden sind[28]:

(Holding).. der ...(Managementgesellschaft) am ... mit Wirkung ab... die kommerzielle Oberleitung ihrer sämtlichen Konzerngesellschaften übertragen hat."

23 Der Leistungsaustausch kann die Übertragung und Überlassung von materiellen und immateriellen Wirtschaftsgütern, Dienstleistungen oder den Kapitalverkehr zum Inhalt haben, vgl. SCHEURER 37; REICH, ASA 54 613 m.w.N.; zu den in einer Konzernleitungsbeziehung möglichen einzelnen Leistungen vgl. auch unten 9 f., § 1.C.I.4.

24 Zum Begriff der personellen Verflechtung unten 27, § 2.B.III.2.a.

25 Zum Begriff der Doppelorganschaft unten 27, § 2.B.III.2.a.

26 Zum Begriff der Konzernleitungspersonen unten 40, § 3.A.II.2.

27 Zur Holdingbesteuerung vgl. REIMANN/ZUPPINGER/SCHÄRRER: Kommentar zum Zürcher

- **Holdingprivilegien**, die eine vollständige Befreiung von der Ertragssteuer und allenfalls eine teilweise Ermässigung der Kapitalsteuer beinhalten[29] und
- **Beteiligungsabzüge**, die eine Steuerermässigung auf den Erträgen von massgeblichen Beteiligungen und allenfalls bei der Kapitalsteuer vorsehen[30].

Werden die Kosten der Konzernleitung von der Holdinggesellschaft getragen, so werden sie aus zum Teil bereits besteuertem Holdingertrag (Dividendenertrag aus Gewinnen nach Steuern der Konzerngesellschaften) bezahlt. Bei den Konzerngesellschaften hingegen schmälern diese Kosten den normal besteuerten Gewinn vor Steuern. Im ersten Fall kommen die Dienstleistungen den Konzern wegen der steuerlichen Privilegierung der Holdinggesellschaften und wegen eines allfälligen (v.a. internationalen) Steuergefälles teurer zu stehen. Konzerninterne Dienstleistungen sind daher nach Möglichkeit den abhängigen Konzerngesellschaften zu belasten[31]. Die an die Holdinggesellschaft zu entrichtenden Vergütungen können jedoch deren von den steuerrechtlichen Holdingprivilegien geforderte Ertragsstruktur gefährden. Diese Privilegien setzen - neben dem allgemeinen Erfordernis des Holdingzweckes[32] - voraus:

- ein gewisses prozentuales Verhältnis von Beteiligung und übrigen Aktiven und/oder von Beteiligungserträgen und übrigen Erträgen oder
- die Massgeblichkeit der Beteiligungen an einer anderen Gesellschaft, gemessen an deren Grund- oder Stammkapital oder dem Verkehrswert der Beteiligung.

Die Gefährdung der geforderten Zusammensetzung der Erträge ist v.a. bei zurückhaltender Dividendenausschüttung im Konzern und/oder bei hohem Zinsertrag auf konzernintern gewährten Krediten zu befürchten. Ihr wird durch die Ausgliederung von Konzernleitungstätigkeiten in eine Managementgesellschaft begegnet. Damit fallen die Kosten bei ihr an, weshalb sie die Vergütungen vereinnahmt.

Steuergesetz, 4 Bde., Bern 1961-1969, § 50; ZUPPINGER/SCHÄRRER/FESSLER/REICH: Ergänzungsband zum Kommentar zum Zürcher Steuergesetz, 2. A. Bern 1983, §§ 50 und 50bis; MASSHARDT 367 ff.; EGGER Wolfgang: Die Besteuerung der Holdinggesellschaft, unter besonderer Berücksichtigung des Steuerrechts des Kantons Zürich und des Bundes, Diss. Zürich 1976 = Schweizer Schriften Bd. 13, 5 ff.; OESCH R. 93 ff.; ZWEIFEL 131 ff.; SCHEURER 32 ff.

28 Zu den auf nachfolgender Unterscheidung basierenden steuerrechtlichen Begriffen von Holdinggesellschaften und Beteiligungsgesellschaften vgl. REIMANN/ZUPPINGER/SCHÄRRER StG 50 N 3; REICH, ASA 48 291.

29 Z.B. StG ZH 50 I; StHG 28 II. Neben Beteiligungserträgen werden auch übrige Einkünfte freigestellt, also v.a. auch Lizenz- und Zinserträge; man spricht daher von subjektiver Steuerbefreiung.

30 Z.B. BdBSt 59; StG ZH 50 II; StHG 28 I (je nur Ertragssteuer).

31 Zur Umlagemöglichkeit der Konzernleitungskosten auf die abhängigen Konzerngesellschaften vgl. unten 9 f., § 1.C.I.4.

32 Der statutarische Zweck und die tatsächliche Zweckverfolgung einer Gesellschaft müssen zur Hauptsache die dauernde Beteiligungsverwaltung zum Inhalt haben, vgl. StG ZH 50 I. Nebensächlich kann nur eine Geschäftstätigkeit ausgeübt werden, die mit der Beteiligungsverwaltung im Zusammenhang steht, so z.B. die Finanzierungstätigkeit im Zusammenhang mit Beteiligungen sowie die Lizenzvergabe; die Besorgung von Konzernleitungsaufgaben kann dazu (immerhin) mittelbar gezählt werden, REIMANN/ZUPPINGER/SCHÄRRER § 50 N 7 und 19.

2. Benachteiligung beim Beteiligungsabzug durch die Rohertragsmethode

Die Steuerermässigung beim Beteiligungsabzug erfolgt:

- bei der **Rohertragsmethode** im Verhältnis der Beteiligungserträge zum gesamten Rohertrag der Gesellschaft[33],
- bei der **Reinertragsmethode** im Verhältnis der Nettobeteiligungserträge zum gesamten Reinertrag[34].

Bei der **Rohertragsmethode** ist bei der Berechnung des Rohertrags der Abzug der Verwaltungs- und Finanzierungskosten nicht gestattet[35]. Zum nicht abzugsfähigen Verwaltungsaufwand gehören insbesondere Kosten der Gesellschaftsorgane (VR, GV), des Verwaltungspersonals (Saläre und Sozialaufwendungen) sowie der Verwaltungseinrichtungen (Miete oder Unterhalt usw.). Je grösser dieser Aufwand ist, desto kleiner wird das Verhältnis des Beteiligungsertrags zum Rohertrag und damit auch die Steuerermässigung. Nach der Rohertragsmethode wirken sich daher die Konzernleitungskosten, die nicht vom Rohertrag in Abzug gebracht werden können, negativ auf den Beteiligungsabzug aus. Dies wird verhindert, wenn die Kosten bei der Managementgesellschaft anfallen.

3. Benachteiligung im internationalen Verhältnis

Da Vergütungen für konzerninterne Dienstleistungen in der Praxis ein Mittel der verdeckten Vorteilszuwendung darstellen, unterliegen sie - v.a. in internationalen Verhältnissen - einer strengen steuerlichen Prüfung auf ihre geschäftsmässige Begründetheit[36]. Dies zwingt schweizerische Gesellschaften regelmässig zu einer detaillierten Ausweisung der tatsächlich erbrachten Dienstleistungen und der dadurch verursachten Kosten[37].

Die Untersuchung hat jedoch gezeigt, dass im internationalen Verhältnis in der Praxis bei Vergütungen an Schwestergesellschaften weniger Misstrauen besteht als bei Vergütungen an steuerlich privilegierte Holdinggesellschaften. Es sollen diesbezüglich bessere Chancen der Weiterbelastung von Dienstleistungskosten ins Ausland bestehen.

---

33 Vgl. BdBSt 59 I und dazu REICH, ASA 48 293 ff.; vgl. zum Begriff der Beteiligungserträge: MASSHARDT, ASA 365 f.; REIMANN/ZUPPINGER/SCHÄRRER § 50 N 22 ff.; zum Begriff des Rohertrags: Merkblatt der Eidg. Steuerverwaltung vom 31. Juli 1967, in: ASA 36 (1968) 19 ff.; MASSHARDT, ASA 367 ff.

34 Vgl. ZH StG 50 II; vgl. zum Begriff des Reinertrages BGE 98 1b 408.

35 Merkblatt der Eidg. Steuerverwaltung vom 31. Juli 1967, Ziff. 3.31-33; MASSHARDT, ASA 369; vgl. DBG 69 f.; demgegenüber erlaubt die Reinertragsmethode deren anteilige Verlegung auf die Beteiligungserträge, REICH, ASA 48 294 f.; vgl. DBG 70 I; StHG 28 I.

36 ZÜND, StR 104 f.; CONSTANTIN 242 f.; zum Begriff der verdeckten Vorteilszuwendung vgl. REICH, ASA 54 612; WEIDMANN Heinz/BÜHLER Josef: Die steuerliche Behandlung verdeckter Gewinnausschüttungen und verdeckter Kapitaleinlagen, in StR 39 (1984) 319 ff. und unten 145 ff., § 10.C.III.

37 Die - auch betriebswirtschaftlich nötige - Schaffung der Kostentransparenz führt zudem oft zu einer organisatorischen Verselbständigung von Konzernleitungstätigkeiten, welcher auch eine rechtliche Verselbständigung folgen kann; vgl. dazu unten 10 f., § 1.C.II.

4. Exkurs: Die Besteuerung der konzerninternen Dienstleistungen

In der Schweiz wird die geschäftsmässige Begründetheit konzerninterner Dienstleistungen und ihre Zuordnung auf die einzelnen Konzerngesellschaften regelmässig nach dem Prinzip des "dealing at arm's length" geprüft[38]: Abgestellt wird auf einen Drittvergleich mit unabhängigen Gesellschaften unter Berücksichtigung der konkreten Tätigkeit und Verhältnisse. Gestützt darauf ist für die Weiterbelastung von Dienstleistungen von ihrem Marktwert auszugehen. Sie müssen für mindestens denjenigen Betrag in Rechnung gestellt werden, den eine unabhängige Gesellschaft unter gleichen Verhältnissen für die gleiche Tätigkeit fordern würde[39]. Daneben wird auch eine Bewertung nach dem Kostendeckungsprinzip, d.h. auf der Basis der Selbstkosten mit oder ohne Gewinnaufschlag zugelassen[40].

Mangels besonderer Regeln ist die Umlagefähigkeit der Konzernleitungskosten auf die Gesellschaften und deren Bewertung auch nach dem **Grundsatz des Drittvergleichs** vorzunehmen. Ein Drittvergleich wird aber aufgrund der Komplexität und der individuellen Ausgestaltung der Konzernleitungsbeziehung erschwert. Für die Kostenumlage werden daher in der Literatur üblicherweise Assistenz-, Kontroll- und Managementkosten unterschieden. Die Unterscheidungskriterien bilden dabei soweit als möglich das Interesse und der Nutzen an der Dienstleistung[41]:

Assistenzkosten fallen bei marktmässigen Dienstleistungen an (Werbung, Marktforschung, Entwicklung u.s.w.), die auch von konzernunabhängigen Dritten erbracht werden könnten. Sie werden i.d.R. auf Veranlassung der Konzerngesellschaft in deren Nutzen und Interesse erbracht. Für solche umlagefähigen Kosten kann ein Marktpreis bestimmt werden.

Kontrollkosten entspringen aus der Konzernverbundenheit. Dazu gehören die Kosten der gesellschaftsrechtlichen (Leistungs-)Beziehung zwischen Holdinggesellschaft als Aktionär und den von ihr beherrschten Konzerngesellschaften. Zu erwähnen sind insbesondere die Kosten der Überwachung. Diese Leistungen sind als Ausfluss der unmittelbaren Interessen der Holdinggesellschaft nicht umlagefähig.

---

38 REICH, ASA 54 617 f. m.w.N.; GRAF 168 m.w.N.; FAIST Th.: Vermeidung der Doppelbesteuerung..., in: StR 24 (1961) 276. Man spricht auch vom Grundsatz des Drittvergleichs; dieser ergibt sich aus den Bestimmungen über die Berechnung der Ertragssteuern des Bundes und der Kantone, vgl. ZÜND, StR 96, SCHEURER 125.

39 Verstösse gegen dieses Prinzip werden als verdeckte Vorteilszuwendung behandelt und zeitigen steuerrechtliche Folgen, z.B. nach BdBSt 49 I lit. b und 21 I lit. c; StG ZH 45 I lit. b; vgl. dazu REICH, ASA 54 619 ff.; zu den handelsrechtlichen Folgen von verdeckten Gewinnausschüttungen vgl. die Arbeit von PROBST und unten 145 ff, § 10.C.III.

40 Vgl. SCHEURER 51 ff.; ZÜND, StR 96; BOSS WALTER: Steuerliche Aspekte konzerninterner Verrechnungspreise, in : NZZ 1991 Nr. 171 35; GRAF 168 f.; zur Abgrenzung des Kostendeckungsprinzips vom Grundsatz des "dealing at arm's length" vgl. CONSTANTIN 240 f.

41 Zum folgenden vgl. HAEBERLI 218 f.; ZÜND, StR 106 f.; SCHEURER 18 ff., insb. 21 ff. zur Praxis der kantonalen Steuerverwaltungen bei der Umlage von konzerninternen Dienstleistungen.

Managementkosten entstehen durch die verwaltende und leitende Tätigkeit der Konzernleitung. Problematisch für eine Zuordnung ist, dass diese Tätigkeit sowohl auf Veranlassung der Holdinggesellschaft als auch der Konzerngesellschaften erbracht werden und im beiderseitigen Interesse und Nutzen liegen kann. Sie beinhaltet zumeist ein Leistungsbündel und eine individuelle gegenseitige Leistungsbeziehung, was einen Drittvergleich praktisch ausschliesst. Solche Kosten sind daher grundsätzlich zu Selbstkosten umzulegen, d.h. weiterzubelasten[42].

5. Fazit

Die Bildung von Managementgesellschaften erweist sich in der Regel als steuerlich vorteilhaft. Wenn die von ihr vereinnahmten Vergütungen jedoch mehr als kostendeckend sind, ist zu berücksichtigen, dass zusätzliches Steuersubstrat geschaffen wird[43].

II. ORGANISATORISCHE GRÜNDE

Wo organisatorische Gründe für die Bildung von Managementgesellschaften genannt wurden, stellten sich diese als rechtliche Reflexwirkung einer organisatorischen **Aufgabenzentralisation** dar.

Die untersuchten Aufgabenzentralisationen **bezweckten** hauptsächlich:

- die Trennung von **beteiligungsverwaltender und konzernleitender Tätigkeit**[44] und
- die **Zentralisierung von Stabsdiensten**.

---

42 Vgl. dazu SCHEURER 54.

43 Zur Besteuerung von Dienstleistungsgesellschaften vgl. SCHEURER, ganze Arbeit. Die angefragten Managementgesellschaften werden durchwegs nicht wie Dienstleistungsgesellschaften im Sinne des Kreisschreibens Nr. 14, der Eidg. Steuerverwaltung, Abt. Wehrsteuer, vom 29. Juni 1959, besteuert. Bei solchen inländischen "Dienstleistungsgesellschaften" ausländischer Konzerne, "die die technische oder wirtschaftliche Überwachung der Geschäfte einer ihr nahestehenden Unternehmung oder in deren Interesse sonstige Aufgaben besorgen" (MASSHARDT 355), wird für den steuerbaren Ertrag gemäss einem Gewinnaufschlagsverfahren von einem Zehntel der gesamten Selbstkosten ausgegangen. Dadurch erübrigt sich der Drittvergleich für die einzelnen Leistungen (HAEBERLI 219). Die Kantone sollen dieser Praxis folgen, soweit keine Sonderbestimmungen bestehen (vgl. ZÜND, StR 97; ZUPPINGER/SCHÄRRER/FESSLER/REICH N 107 zu § 45). Es scheint zudem, dass die kantonale Einschätzungspraxis zum Teil dieses Gewinnaufschlagsverfahren auch auf solche Dienstleistungsgesellschaften inländischer Konzerne anwendet und es damit dem Drittvergleich auf Marktpreisbasis vorzieht (vgl. ALTENBURGER PETER, EG-untaugliche Holdingbesteuerung, in: NZZ Nr. 279 [28.11.88] 9). Dort wo eine Auskunft erhältlich war, erwies sich die Besteuerung nach dem Gewinnaufschlagsverfahren auf der Basis der Selbstkosten als üblich. Genannt wurden Aufschläge von 2 bis 5% auf die Selbstkosten.
Zur Abgrenzung dieser Dienstleistungsgesellschaften von den Verwaltungsgesellschaften im Sinne von StG ZH 50 bis, vgl. REICH, StR 552 f.; SCHEURER 28 ff.

44 Zur Konzernleitungstätigkeit unten 43, § 3.A.IV.; unter Beteiligungsverwaltung kann die Wahrnehmung der aus der Beteiligung fliessenden Aktionärsrechte, insbesondere der Stimm- und Wahlrechte, verstanden werden sowie im wirtschaftlichen Sinn u.a. die Entscheide über die Finanzierung der Beteiligungen und über Finanzgeschäfte mit Gesellschaften, an denen Beteiligungen gehalten werden.

Die festgestellten **Motive** dafür - und zugleich für die Bildung einer Managementgesellschaft - lagen u.a.:

- in der Verbesserung der internen Kostenkontrolle und der Kosteneinsparung durch Kostentransparenz,
- in einer Steigerung der Effizienz der Dienstleistungstätigkeit dadurch, dass diese nachfrageorientiert zu erbringen und leistungsgemäss zu verrechnen ist,
- in einer klaren und transparenten Kompetenz- und Verantwortungsordnung[45],
- in einer Abgrenzung der einzelnen Konzernleitungsfunktionen,
- in einer faktischen Einflussbeschränkung der Organe der Holdinggesellschaft oder der Konzerngesellschaften,
- in der örtlichen Verlegung einzelner konzernleitender Tätigkeiten nach steuerlichen, führungstechnischen oder anderen Gesichtspunkten sowie
- darin, dass spezifische Aufgaben für einzelne Tochtergesellschaften schwerpunktmässig vorgenommen werden können.

III. FÜHRUNGSTECHNISCHE GRÜNDE

Zu führungstechnischen Motiven für die Bildung von Managementgesellschaften gehören:

- dass in Managementgesellschaften ausgegliederte Konzernleitungstätigkeiten unter eigener Rechtspersönlichkeit und Firma vorgenommen werden dürfen oder müssen[46],
- dass die gesetzliche Vertretungsmacht der Konzernleiter mit Organstellung in der Managementgesellschaft auf diese beschränkt ist und sich nicht auf die Holdinggesellschaft erstreckt[47],
- dass bei dezentral organisierten Konzernen der Managementgesellschaft die Rolle des "Vermittlers" zwischen den Interessen der Holdinggesellschaft und den Konzerngesellschaften zukommen kann. Dies ist vor allem sinnvoll bei gespannter Lage im Zusammenhang mit Resultatdispositionen und konzerninternen Gewinnverschiebungen.

IV. PUBLIZITÄTSGRÜNDE

Die bei der Managementgesellschaft anfallenden Konzernleitungskosten gehen in der konsolidierten Holdingrechnung unter und bleiben dem Publikum und der Konkurrenz verborgen. Allein- oder Hauptaktionäre einer Holdinggesellschaft[48] können sich oder ihre Vertreter statt in deren Verwaltungsrat, in denjenigen der konzernleitenden Management-

---

45 Dabei wurden insbesondere die Organisationspflichten der Verwaltung und die Buchführungspflicht mit den entsprechenden aktienrechtlichen Verantwortlichkeiten bewusst als Organisationsinstrumente verstanden.
46 Z.B. die Vorbereitung und Durchführung von konzernweiten Strategien oder Ausbildungsprogrammen.
47 OR 718a I.
48 Dies gilt v.a. auch für Aktionäre ausländischer Holdinggesellschaften bezüglich inländischer Subholdings und Managementgesellschaften.

gesellschaft wählen lassen: Die Zusammensetzung des Verwaltungsrats der Holdinggesellschaft gibt demzufolge über die faktische Machtsituation keine Auskunft.

V. Fazit

In erster Linie sind steuerliche Gründe für die Bildung von Managementgesellschaften ausschlaggebend. Daneben scheinen organisatorische Motive nur mittelbar zu ihrer Bildung Anlass zu geben. Den anderen Gründen kommt eher die Bedeutung willkommener positiver Nebeneffekte zu.

Die Bildung von Managementgesellschaften bezweckt die Veränderung der rechtlichen Struktur von Konzern und Konzernleitung und nicht die Modifikation der organisatorischen Konzernleitungsstruktur[49]. In der Praxis geht es somit darum, die rechtliche Leitungsstruktur mit Managementgesellschaft möglichst gut mit der durch die Holdingstruktur gekennzeichneten Konzernleitungsorganisation zu vernetzen[50].

D. Die Erscheinungsform der Managementgesellschaft als rechtlicher Organisationsform der Konzernleitung insbesondere

I. Typische Funktion

Die Managementgesellschaft stellt die Konzernleitungspersonen an und ermöglicht sowie vergütet ihnen die Ausübung der Konzernleitungsfunktionen. Ihre Gesellschaftstätigkeit besteht daneben in organisatorischer Hinsicht aus den bei ihr zentralisierten Geschäftsführungsaufgaben der Holding- und/oder Konzerngesellschaften. An wessen Gesellschaftsinteresse sie dabei diese Tätigkeit orientiert, ist eine Frage der konkreten Konzernleitungsorganisation. Die Managementgesellschaft verschafft der Holdinggesellschaft somit spezifische finanzielle und organisatorische Vorteile, ohne dieser notwendigerweise durch das Erzielen und Ausschütten von Gewinnen zu dienen[51].

---

49 Diese Folgerung kann aus der grossen Anzahl der personellen Verflechtungen zwischen Holding- und Managementgesellschaft gezogen werden. Denn die personellen Verflechtungen erlauben u.a. die reibungs- und formlose Durchsetzung von Anordnungen über verschiedene Stufen der Leitungsorganisation.

50 Dazu unten 71 f., § 4.A.I.

51 Damit verfolgt die Managementgesellschaft zwar einen wirtschaftlichen Zweck, doch nicht unbedingt eine gewinnstrebige Geschäftsführung; vgl. zu diesen Begriffen FORSTMOSER, Aktienrecht § 1 N 221 ff. Auf Gewinnstrebigkeit kann mit Zustimmung aller Aktionäre verzichtet werden, OR 706 II Ziff. 4 e contrario. Obwohl diese Bestimmung das Genügen eines GV-Beschlusses nahelegt, ist wohl diesfalls zudem ein entsprechender Statuteneintrag notwendig. Denn die Gewinnstrebigkeit der Aktiengesellschaft wird aufgrund von OR 620 III und 660 I gesetzlich vermutet, FORSTMOSER, Aktienrecht § 1 N 235 mit Verweis auf SCHREIBER Christian: Die Zweckbindung bei der Aktiengesellschaft, Diss. Zürich 1974, 2.

II. TYPISCHE STRUKTUR

Die Struktur einer Managementgesellschaft lässt sich organisatorisch als rechtlich verselbständigter Ausschnitt aus der Konzernleitungsorganisation begreifen. Sie wird bestimmt durch die Doppelorganschaft bzw. Personalunion der Verwaltungsräte der Managementgesellschaft bezüglich der Holdinggesellschaft. Regelmässig werden dabei Organpersonen der Holdinggesellschaft in den Verwaltungsrat der Managementgesellschaft gewählt bzw. in deren weitere fakultative Organe bestellt.

III. TYPISCHE RECHTSBEZIEHUNG

Die Rechtsbeziehung ist durch das Abhängigkeitsverhältnis gekennzeichnet, das sich aufgrund der hundertprozentigen Kapitalbeteiligung und der personellen Verflechtung zwischen Holdinggesellschaft und Managementgesellschaft ergibt[52]. Insbesondere die Doppelorganschaft hat die vollständige Interessenausrichtung des Verwaltungshandelns in der Managementgesellschaft auf das Holdinginteresse zur Folge: Die Willensbildung in beiden Gesellschaften ist notgedrungen dieselbe, und der Wille der Holdinggesellschaft wird auch tatsächlich in der Managementgesellschaft durchgesetzt. Die Managementgesellschaft hat dabei ihre innere Organisation in den Dienst der Konzern(leitungs)organisation zu stellen. Sie ist somit finanziell, organisatorisch, aber auch wirtschaftlich vollständig von der Holdinggesellschaft abhängig.

E. ABGRENZUNGEN

Die Managementgesellschaft soll vorliegend nicht als Organgesellschaft bezeichnet werden, ist keine Betriebsführungsgesellschaft, kann aber als Dienstleistungsgesellschaft besteuert werden.

I. ORGANGESELLSCHAFT

Der Begriff der Organgesellschaft entstammt der deutschen Steuerrechtspraxis[53]. Er wird dadurch gekennzeichnet, dass eine abhängige juristische Person einem herrschenden Unternehmen - dem sog. Organträger - finanziell, organisatorisch und wirtschaftlich derart eingegliedert ist, dass sie nur noch als unselbständige Betriebsabteilung der übergeordneten Wirtschaftseinheit erscheint[54]. Daraus zieht das Steuerrecht auf dem Gebiet der Körperschaftssteuer, der Gewerbesteuer und der Umsatzsteuer die Folgerung, die zivilrechtlich selbständigen Unternehmen zu einer Besteuerungseinheit zusammenzufassen[55].

---

52 Zum Abhängigkeitsbegriff vgl. unten 20 f., § 2.B.I.
53 NAEGELI, II 330.
54 Vgl. SONNENSCHEIN 42.
55 Der Vorteil liegt u.a. in der Beseitigung der Doppelbesteuerung des Konzerngewinnes, im Verlustausgleich innerhalb des Organschaftsverhältnisses sowie in der Übertragung von Steuervergünstigungen für bestimmte Einkommensteile der Organgesellschaft auf den Organträger, BRÖNNER /BAREIS/BRÖNNER/RUX, Die Besteuerung der Gesellschaften, 15. A., Stuttgart 1984, 310.

Diese Normierung hat sich dabei weitgehend unabhängig vom Konzerngesellschaftsrecht entwickelt, wobei gegenseitige Beeinflussungen stattfanden[56].

Ein zivilrechtlicher Begriff der Organgesellschaft hat sich in der Schweiz jedoch nicht gefestigt und ist m.E. insbesondere nur terminologisch bedeutsam[57]. Mit Organgesellschaft werden etwa abhängige juristische Personen bezeichnet, die besonders intensiv mit dem beherrschenden Unternehmen verflochten sind und ihren Zweck zumindest teilweise in dessen Dienst oder in den verbundener Unternehmen stellen[58]. Beispielsweise wird die juristische Person, die in einer Doppelgesellschaft geschäftsführend tätig ist, mit Organgesellschaft benannt[59]. Als solche führt sie die Geschäfte der an ihr beteiligten natürlichen oder juristischen Personen, die untereinander regelmässig zu einer einfachen Gesellschaft verbunden sind, nach deren Willen[60]. Da auch "Organgesellschaften" letztlich abhängige juristische Personen sind, stellen sich für diese grundsätzlich keine anderen Probleme als für die abhängigen Managementgesellschaften[61]. Auf eine terminologische Unterscheidung wird daher verzichtet.

II. BETRIEBSFÜHRUNGSGESELLSCHAFT

Managementgesellschaften sind von Gesellschaften abzugrenzen, die aufgrund eines Betriebsüberlassungs- oder Pachtvertrags das Unternehmen einer anderen Gesellschaft auf eigene Rechnung (in fremdem oder eigenem Namen) führen[62]. Denn dadurch wird letztere zu einer reinen Rentnergesellschaft, die sich der Einflussnahme auf die Geschäftsführung entsagt und deren Zweck allein in der Gewinnerzielung durch Entschädigung seitens des Betriebsführers liegt[63]. Dies ist im Verhältnis der Holdinggesellschaft zur Managementgesellschaft aber nicht der Fall.

Betriebsführer ist jedoch auch, wer das Unternehmen einer anderen Gesellschaft gesamthaft oder hinsichtlich einzelner Bereiche aufgrund eines Betriebsführungsvertrages auf deren Rechnung betreibt[64]. Im Konzernverhältnis kann sowohl die herrschende wie auch

---

56 Zur Entwicklung der Organschaft vgl. SONNENSCHEIN 27 f.
57 So schon W. von STEIGER 245a Anm. 84.
58 NAEGELI, II 341 und 346; W. von STEIGER 245a Anm. 84; ein gegenseitiges Vertragsverhältnis ist jedoch nicht vorauszusetzen; a.M. Dennler 19.
59 NAEGELI, II 229 f.; W. von STEIGER 234a; SCHLUEP, ZSR 338 f. und 470 ff. Doppelgesellschaften entstehen, wenn zwei oder mehrere Personen zwei Gesellschaften bilden und diese zu einem wirtschaftlich einheitlichen Gebilde verschweissen, wobei die eine Gesellschaft als abhängiges, geschäftsführendes Organ der anderen tätig ist, NAEGELI, I 9 f.
60 A. von PLANTA 31. Holding- und Managementgesellschaft sind keine Doppelgesellschaft, da sie nicht von denselben Mitgliedern gebildet werden, sondern letztere von ersterer gegründet wird.
61 Vgl. DENNLER 43 für den Haftungsdurchgriff.
62 Vgl. zu diesen Unternehmensverträgen WÜRDINGER 309 f.; MEIER-HAYOZ/FORSTMOSER § 5 N 275.
63 Vgl. dazu TAPPOLET 122 f.; A. von PLANTA 32 f.; OESCH F.P. 160.
64 Zu diesen v.a. in Deutschland bekannten Betriebsführungsverträgen vgl. VEELKEN, ganze Arbeit und unten 149, § 10.E.II.

eine abhängige Gesellschaft Betriebsführer sein[65]. Letzternfalls ist die Übertragung von Unternehmensfunktionen mehrerer Konzerngesellschaften auf den Betriebsführer Ausfluss einer dezentralen Unternehmensführung, die sich in einer divisionalen Konzernstruktur zeigt[66].

Die Managementgesellschaft ist nicht "Betriebsführer" der Holdinggesellschaft oder der anderen Konzerngesellschaften: Ihr wird weder in der Holding noch in den Konzerngesellschaften die Oberleitung über die laufende Geschäftsführung im Namen und auf Rechnung dieser Gesellschaften übertragen. Hingegen ist abzuklären, inwieweit der Managementgesellschaft vertraglich Unternehmensaufgaben zugewiesen und die entsprechenden rechtsgeschäftlichen Vollmachten erteilt werden können[67].

III. DIENSTLEISTUNGSGESELLSCHAFT

Die "Dienstleistungsgesellschaft" ist ein Begriff des Steuerrechts[68]. Im Konzernverhältnis kann sie als abhängige Gesellschaft bezeichnet werden, die in der Regel zugunsten der übrigen Konzernglieder "Beiträge zur Erfüllung des Unternehmenszweckes im Bereich der Assistenz, des Managements oder der Kontrolle leistet"; daneben kann sie noch Hilfsaufgaben der Beteiligungs- oder Lizenzverwaltung ausüben[69].

F. ZUSAMMENFASSUNG

Diese Arbeit untersucht Managementgesellschaften in einem Konzern mit Holdingstruktur und Aktiengesellschaften als Konzerngliedern. Managementgesellschaften werden im Rahmen der Konzernorganisation gebildet und nehmen für die Holdinggesellschaft oder anstelle von ihr Konzernleitungsaufgaben wahr. Sie sind typischerweise als rechtlich verselbständigter Ausschnitt aus der Konzernleitungsorganisation zu betrachten. Managementgesellschaften zeichnen sich daher besonders durch eine weitgehende personelle Verflechtung mit der Holdinggesellschaft aus. Sie sind ihrer Funktion gemäss organisatorisch, wirtschaftlich und finanziell vollständig von der Holdinggesellschaft abhängig.

In erster Linie werden Managementgesellschaften aus steuerlichen Erwägungen heraus gebildet; die Sicherstellung von Holdingprivilegien und internationale Steuervorteile gelten als vorrangige Gründe. Nur von zweitrangiger Bedeutung für die Bildung von Managementgesellschaften sind organisatorische, finanzielle und führungstechnische Gründe.

Die Managementgesellschaft muss in die von der Holdingstruktur gekennzeichnete Konzernleitungsstruktur integriert werden. Wie die Konzernleitungsaufgaben bei dieser Inte-

---

65 VEELKEN 35 ff.
66 EMMERICH/SONNENSCHEIN 193; HUBER 149.
67 Vgl. unten 143, § 10.C.I.
68 Dazu SCHEURER, ganze Arbeit und oben 9 f., § 1.C.I.4.
69 SCHEURER 36.

gration zwischen Holding- und Managementgesellschaft aufgeteilt werden können, ist unten näher zu prüfen[70].

Bevor auf die Aufteilung der Konzernleitung eingegangen werden soll, ist auf das Recht hinzuweisen, das für die Holdinggesellschaft gilt, wenn sie Gesellschaften konzerniert und leitet[71].

---

70 Unten 2. und 3. TEIL, 77 ff. und 123 ff.
71 Unten §§ 2. und 3., 17 ff. und 39 ff.

§ 2 ZUM KONZERNRECHT

In der Schweiz gibt es kein eigentliches Konzernrecht. Der Konzerntatbestand wird jedoch in Gesetz, Lehre und Praxis nicht ignoriert: Die Holdinggesellschaft findet Beachtung im Aktienrecht[1]. Aus allgemeinen privatrechtlichen Grundsätzen sind spezifische Regeln für Konzerntatbestände entwickelt worden.[2] Mit der RevOR wurde neu die Konzernrechnungslegung gesetzlich geregelt[3].

Dieser Paragraph handelt zuerst vom Wesen des Konzerns und dem Konzernbegriff. Danach wird untersucht, wie die Holdinggesellschaft die Willensbildung und Willensdurchsetzung in den Konzerngesellschaften beherrschen kann und welche Grenzen der Beherrschungsmöglichkeit gesetzt sind. Anschliessend wird auf die rechtliche Behandlung von Konzernen in der Schweiz eingegangen. Insbesondere wird die Durchgriffshaftung im Konzern beleuchtet. Zum Schluss wird kurz darauf verwiesen, welche Problematik das Fehlen eines Konzernrechts aufwirft und wie ihr begegnet werden könnte.

A. ZUM WESEN DES KONZERNS

I. ZUM KONZERNBEGRIFF[4]

Der Konzern kann umschrieben werden als Zusammenfassung von zwei oder mehreren rechtlich selbständigen Unternehmen unter wirtschaftlich einheitlicher Leitung[5].

Die **einheitliche Leitung** verwirklicht das Ziel der Konzernierung, die Schaffung einer wirtschaftlichen Einheit[6]. Dementsprechend hat sie die unternehmerische Entscheidung über die Unternehmensführung im Konzern zum Gegenstand[7]. Als ihr Mindestgehalt

---

1 OR 671 IV (Reservefonds) und OR 708 I (Nationalität und Wohnsitz).

2 Vgl. dazu MEIER-HAYOZ/FORSTMOSER § 19 N 33 ff.; BÖCKLI N 1177 ff.

3 OR 663e ff.; dazu BÖCKLI N 1163 ff.

4 Vgl. dazu folgende Autoren, alle m.w.N.: ALBERS-SCHÖNBERG 7 f.; BINDER 336 f.; BOSMAN 23 ff.; DALLEVES 581 ff.; DENNLER 16; DRUEY, Aufgaben 281 ff.; EGGENSCHWILER 9 ff.; FORSTMOSER/MEIER-HAYOZ § 44 N 28 ff; GRAFFENRIED 22 ff.; HANDSCHIN 21 ff.; KAUFMANN 5 ff.; OESCH F.P. 128 f.; OESCH R. 66 ff.; F. von PLANTA 5 ff.; PLÜSS M. 6; RUEDIN, ZSR 164 ff.; TAPPOLET 3 ff.; UTTENDOPPLER 4 ff.; ZWEIFEL 61 ff.; OR 663e I; BOTSCHAFT 73; § 18 AktG und zu dessen Geschichte ZUEND 78.

5 Vgl. OR 663e I; DENNLER 16. Gemeint wird "Unternehmen einer rechtlich selbständigen juristischen Person", denn diese ist Träger des Unternehmens, F. von PLANTA 7. MEIER-HAYOZ/ FORSTMOSER § 5 N 273 bezeichnen das Unternehmen als "Summe der zu einer organisatorischen Einheit zusammengefassten Sachen, Rechte und Chancen". Zum Unternehmensbegriff vgl. auch SCHLUEP, ZSR 251 f.; BINDER 38 ff.; W. von STEIGER: Zur Problematik eines "Unternehmensrechts", in: SAG 53 (1981) 1 ff., 3 mit Anm. 10 f.

6 BOSMAN 28; GRAFFENRIED 22; HANDSCHIN 33 und 56 ff.; LANGENEGGER 11. Der Begriff der einheitlichen Leitung ist unbestimmt; vgl. dazu BOSMAN 30 ff. und HANDSCHIN 42 ff. über den Stand der diesbezüglichen Lehrmeinungen in der Schweiz; auch das AktG enthält keine Begriffserklärung.

7 WÜRDINGER § 18 Anm. 5.

wird bereits die lockere Koordinierung der Konzerngesellschaften in den wichtigsten Fragen der Unternehmenspolitik genannt[8]. Die grösstmögliche Intensität erreicht die einheitliche Leitung dann, wenn alle unternehmerischen Funktionen der Konzerngesellschaften zentral zusammengefasst werden[9]. Bei der Konkretisierung des Begriffs ist grundsätzlich davon auszugehen, dass die einheitliche Leitung die Festsetzung eines Gesamtplanes voraussetzt, der die Konzerngesellschaften als Ganzes und nicht nur in einzelnen Teilen oder Funktionen erfasst und aufgrund dessen diese einer dauernden Einwirkung ausgesetzt sind[10]. Als Bereiche der Unternehmenspolitik, die von den Entscheiden der Konzernleitung betroffen sein müssen, damit von einheitlicher Leitung gesprochen werden kann, werden überwiegend die Finanz-, Investitions- und Personalpolitik genannt[11]. Dabei herrscht weitgehend Einigkeit darüber, dass bei einer zentralen Finanzplanung und -kontrolle bereits einheitliche Leitung gegeben ist[12]. Vorliegend genügt es, wenn die einheitliche Leitung umschrieben wird als einheitliche Festsetzung der Konzerngeschäftspolitik und deren Durchsetzung bei allen Konzerngesellschaften[13].

II. ZUR KONZERNBILDUNG

Der Konzern bildet sich regelmässig aus der Ausgliederung von Tochtergesellschaften oder aus einer Unternehmenskonzentration[14]. Zu den regelmässig unter wirtschaftswissenschaftlichen Aspekten diskutierten Gründen für die Konzernbildung sei dabei auf die Literatur verwiesen[15].

Anhand rechtlicher Kriterien können die Konzerne (je) eingeteilt werden in Gleichordnungs- und Unterordnungskonzerne sowie in Vertragskonzerne und faktische Konzerne[16]: Während im Gleichordnungskonzern die Unternehmen gleichberechtigt neben-

---

8 EMMERICH/SONNENSCHEIN 80 f.; auf jeden Fall sollen die Konzerngesellschaften im Konfliktfall eigene Zielvorstellungen gegen den Willen der Konzernleitung nicht durchsetzen können, BOSMAN 29.
9 MESTMÄCKER 303 f.
10 F. von PLANTA 9 m.w.N.
11 ALBERS-SCHÖNBERG 30 m.w.N.; GRAFFENRIED 24 f. m.w.N.; UTTENDOPPLER 14; vgl. dazu auch SLONGO 46 ff., 68 ff. und 185 ff.
12 KOPPENSTEINER § 18 Anm. 20; SLONGO 187. Zentrale Finanzplanung und -kontrolle ist allerdings für eine einheitliche Leitung auch notwendig, KOPPENSTEINER, a.a.O.
13 KAUFMANN 9. Die Konzerngeschäftspolitik entspricht der einzelgesellschaftlichen Geschäftspolitik bezogen auf die Konzernebene, ALBERS-SCHÖNBERG 70; sie beinhaltet Entscheide über die Grundlagen und Ziele der Gesamtunternehmung sowie über die Mittel und Strategien zur Zielerreichung, vgl. RÜHLI 34.
14 BOSMAN 18 f. Über den Grad der Konzernierung in der Schweiz vgl. die Zahlen bei: STEBLER 10 m.w.N.
15 Dazu SCHLUEP, ZSR 191 ff.; BOSMAN 17 ff.; HANDSCHIN 6 ff.; F. von PLANTA 17 ff.; RUEDIN, ZSR 161 ff. Andere Formen von Unternehmenskonzentrationen sind die Fusion und das Kartell; zu deren Begriff und Abgrenzung vom Konzern vgl. F. von PLANTA 13 f. m.w.N.; zur Abgrenzung des Konzerns von Unternehmenskooperationen vgl. SCHLUEP, ZSR 266 f. und 284 f.; UTTENDOPPLER 44 ff.
16 Vgl. ZWEIFEL 71 ff. Nach wirtschaftswissenschaftlichen Kriterien wird u.a. unterschieden zwischen

einander stehen, fasst beim Unterordnungskonzern ein herrschendes Unternehmen ein oder mehrere andere Unternehmen unter seiner Leitung zusammen[17]. Im Vertragskonzern beruht die Zusammenfassung unter einheitlicher Leitung auf einem sog. Unternehmensvertrag[18]. Im faktischen Konzern erfolgt die einheitliche Leitung dagegen auf der Grundlage der tatsächlichen Abhängigkeit einer oder mehrerer Konzerngesellschaften von einer anderen.

In der Schweiz ist die Aktiengesellschaft aufgrund ihrer Bedeutung für Konzernbildung wie auch -tätigkeit die vorrangige Rechtsform für Konzerngesellschaften[19]. Es herrscht der faktische **Unterordnungskonzern** vor, an dessen Spitze grösstenteils eine Holdinggesellschaft steht[20].

Die **Holdinggesellschaft** kann umschrieben werden als Gesellschaft, deren Zweck u.a. im dauernden Halten und Verwalten der Beteiligungen an anderen rechtlich selbständigen Gesellschaften und in deren Kontrolle und Leitung besteht[21]. Man unterscheidet sog. reine Holdinggesellschaften, deren Zweck sich in Beteiligungen erschöpft, sowie gemischte Holdinggesellschaften, die daneben noch einen eigenen Betrieb führen[22]. Die Holdinggesellschaft wird durch die dauernde kapitalmässige Beteiligung an den Konzerngesellschaften und deren Beherrschung zum Träger der Konzern- und Konzernleitungsstruktur; man spricht von einem Konzern mit Holdingstruktur[23].

B. DIE BEHERRSCHUNG DER KONZERNGESELLSCHAFTEN DURCH DIE HOLDINGGESELLSCHAFT

Will die Holding die Konzerngesellschaften einheitlich leiten, muss sie deren Willensbildung und -durchsetzung im Sinne der Konzerngeschäftspolitik beeinflussen können. Gelingt der Holdinggesellschaft diese Beeinflussung mittelbar oder unmittelbar, auf rechtlicher oder tatsächlicher Basis, kann von Beherrschung gesprochen werden.

---

horizontalen, vertikalen und diagonalen Konzernen (aufgrund der wirtschaftlichen Produktions- oder Handelsstufe der betroffenen Unternehmen) sowie nationalen, multinationalen und supranationalen Konzernen (aufgrund des Internationalisierungsgrads), vgl. BOSMAN 20 f.; F. von PLANTA 12 f.

17 Kritisch zur konzernrechtlichen Relevanz des Gleichordnungskonzerns in der Schweiz BOSMAN 50 f.
18 Vgl. dazu AktG 291 ff. und unten 32 f., § 2.B.III.4.
19 Vgl. STEBLER 11; BOSMAN 1 f.; HANDSCHIN 84; OESCH R. 47; F. von PLANTA 7; SCHLUEP, ZSR 212 f.; UTTENDOPPLER 30; ZWEIFEL 45 und 64.
20 ALBERS-SCHÖNBERG 9; KAUFMANN 14; F. von PLANTA 11 und 15; STEBLER 12 und 21; zu den Gründen vgl. OESCH R. 20 ff. Zum Vorkommen von Personengesellschaften als Konzernspitze vgl. KAUFMANN 2 f.
21 FORSTMOSER/MEIER-HAYOZ § 44 N 31; ZWEIFEL 51 ff.; z.T. geschieht dies auch über weitere abhängige Holdinggesellschaften, sog. Subholdings. Vgl. auch OESCH R. 73 für eine Abgrenzung von Beteiligungs-, Kapitalanlage- und Vermögensverwaltungsgesellschaften.
22 Vgl. ZWEIFEL 51; OESCH R. 48 m.w.N. und 58 ff.; diese Unterscheidung ist jedoch im Zivilrecht - ungleich wie im Steuerrecht - ohne Bedeutung, OESCH R. 49.
23 Vgl. ZWEIFEL 41; OESCH R. 68; F. von PLANTA 15. Zusätzlich konzentriert die Holdinggesellschaft die Kapitalanleger im Konzern.

Dieser Abschnitt handelt von den Grundlagen, Mitteln und Schranken der rechtlichen Beherrschung von Konzerngesellschaften im allgemeinen. Erst später wird behandelt, ob und inwieweit die Holding nicht nur die Willensbildung und -durchsetzung in den Konzerngesellschaften beeinflussen darf, sondern auch die Konzerngeschäftspolitik dort rechtlich durchsetzen kann[24].

I. VORBEMERKUNGEN ZU ABHÄNGIGKEITSBEGRIFF, BEHERRSCHUNGSMITTELN UND SCHRANKEN DER BEHERRSCHUNG VON KONZERNGESELLSCHAFTEN[25]

Die unmittelbare oder mittelbare Beherrschung der Willensbildung und Willensdurchsetzung bei der Konzerngesellschaft auf rechtlicher oder tatsächlicher Basis führt zur **Abhängigkeit der Konzerngesellschaften**[26]. Die Abhängigkeit der Konzerngesellschaften wird somit zur Voraussetzung der einheitlichen Leitung. Die Grenzen der Abhängigkeit einer Konzerngesellschaft bedeuten die Grenzen der Konzernierungsmöglichkeiten.

Die Beherrschung der Konzerngesellschaften soll hauptsächlich einen **Einfluss auf die Bestellung der Organe und die Geschäftsführung** ermöglichen[27]. Denn nur wenn die Organe der Gesellschaft diese tatsächlich im Sinne der Konzerngeschäftspolitik führen, wird die einheitliche Leitung im Konzern verwirklicht. Vorrangige Beherrschungsobjekte sind folglich die Generalversammlung der Konzerngesellschaft sowie deren Verwaltung[28]. Als **Beherrschungsmittel** bieten sich vor allem die Stimmenmacht, die personelle Verflechtung, das Recht zur Festsetzung der Statuten sowie vertragliche Vereinbarungen an[29].

Die **Schranken** der rechtlichen Abhängigkeit der Konzerngesellschaften und damit der Beherrschungsmöglichkeit durch die Holding ergeben sich allgemein aus der Analyse:
- der zwingenden Normen der Rechtsordnung[30],

---

24 Unten 50 ff., § 3.C.
25 Vgl. dazu insbesondere: ALBERS-SCHÖNBERG 12 ff.; BOSMAN 34 ff.; CAFLISCH, ganze Arbeit; FORSTMOSER, Aktienrecht § 1 N 64 ff.; FREY 101 ff.; GEHRIGER 22 ff.; GRAF 16 ff.; GRAFFENRIED 33 ff.; HAUNREITER 2 ff.; OESCH F.P. 133 ff.; OESCH R. 103 ff.; A. von PLANTA 9 ff.; F. von PLANTA 91 ff.; W. von STEIGER 278a ff.; TAPPOLET 12 ff.; UTTENDOPPLER 77 ff.; WOERNLE 11 ff.
26 Vgl. AktG 17 I; F. von PLANTA 92 f. m.w.N.
27 Vgl. BOSMAN 35; HANDSCHIN 31 mit Verweis auf DRUEY, Aufgaben 348. Dem in der Literatur zudem genannten Einfluss auf die Verwendung des Reingewinns geht als blosse "vermögensrechtliche Ergänzung bereits bestehender Unterordnungsverhältnisse" die Bedeutung als selbständiges Konzernierungsmittel ab, OESCH F.P. 165.
28 Langfristig kann die einheitliche Leitung nur über die Beherrschung von Generalversammlung **und** Verwaltungsrat sichergestellt werden, HANDSCHIN 48.
29 Vgl. ALBERS-SCHÖNBERG 33; CAFLISCH 109 ff.; FREY 111; OESCH F.P. 141; OESCH R. 117; A. von PLANTA 9; F. von PLANTA 93; W. von STEIGER 291a ff.; TAPPOLET 12 ff.
30 Z.B. OR 19 und 20; ZGB 2 (Gesetzesumgehung und Rechtsmissbrauchsverbot; zu deren Zusammenhang: MERZ, ZGB 2 N 89 ff. und 93) und ZGB 27. Heute wird vermehrt die Meinung vertreten, dass sich eine juristische Person ungeachtet ZGB 27 in Abhängigkeit einer anderen natürlichen oder juristischen Person begeben kann, solange die zwingenden Schranken des Aktienrechts beachtet werden,

- der Rechte und Pflichten, d.h. der Machtbefugnisse der Funktionsträger der Aktiengesellschaft[31], sowie
- der Rechtsmittel, welche von der Rechtsordnung zur Verfügung gestellt werden und die durch ihren Anwendungsbereich die Durchsetzbarkeit und die Grenzen der Abhängigkeit einer Aktiengesellschaft festlegen[32].

Insbesondere wird die **Beherrschung des Verwaltungsrates** durch dessen zwingende Organpflichten **eingeschränkt**. Darauf ist zuerst einzugehen. Danach werden die Grundlagen und Grenzen der einzelnen Beherrschungsmittel dargestellt[33].

II. ZU DEN SCHRANKEN DER BEHERRSCHUNG DES VERWALTUNGSRATES DER KONZERNGESELLSCHAFT

1. Die Hauptaufgaben des Verwaltungsrates nach OR 716a

Die vom Gesetz zum Ausdruck gebrachte Paritätstheorie[34] ordnet dem Verwaltungsrat den Funktionskreis der Verwaltung und Geschäftsführung zu[35]. Dem beherrschenden Einfluss auf die verwaltungsrätlichen Funktionen sind dadurch Schranken gesetzt, dass der Verwaltungsrat bestimmte Hauptaufgaben undelegierbar und unentziehbar selber zu erfüllen hat:

a. Die undelegierbaren und unentziehbaren Hauptaufgaben des Verwaltungsrates nach OR 716a

Das Aktienrecht auferlegt dem Verwaltungsrat in OR 716a undelegierbare und unentziehbare unternehmerische Aufgaben, die mit Oberleitung, Oberaufsicht und Kontrolle um

---

vgl. DRUEY, Aufgaben 304; STEBLER 13; FREY 74; TAPPOLET 117. A.M. FORSTMOSER, Aktienrecht § 1 N 64; OESCH F.P. 134 ff.; A. von PLANTA 24.; MAURER Hans, Das Persönlichkeitsrecht der juristischen Person bei Konzern und Kartell, Diss. Zürich 1953, 98 ff.

31 Vgl. dazu SCHMITT PETRA: Das Verhältnis von Generalversammlung und Verwaltung in der Aktiengesellschaft, Diss. Zürich 1991 = Schweizer Schriften Bd. 137; MAUTE, ganze Arbeit.

32 HAUNREITER 37. Vgl. dazu die Klagen auf Feststellung der Nichtigkeit eines GV- oder VR-Beschlusses (OR 706b bzw. 714), auf Anfechtung eines GV-Beschlusses (OR 706 f.), auf Auflösung der AG aus wichtigen Gründen (OR 736 Ziff. 4) sowie die Verantwortlichkeits- und Schadenersatzklage (OR 752 ff., 41).

33 Unten 24 ff., § 2.B.III.

34 Vgl. OR 716a I; BÖCKLI N 1256; BOTSCHAFT 98; BINDER 149; FORSTMOSER, Beurteilung 64 mit Verweis auf BGE 100 II 387 ff.; VISCHER, Aktienrechtsreform 159 f.; MEIER-HAYOZ/FORSTMOSER § 12 N 215 ff.
Auch vor der RevOR vertrat die h.L. die Paritätstheorie; dazu ALBERS-SCHÖNBERG 88 f.; BINDER 115 ff. und 148 f.; FORSTMOSER/MEIER-HAYOZ § 16 N 6; A. von PLANTA 11 ff.

35 OR 716 II, 716a I und 716b I; BÖCKLI N 1525 ff. Der Verwaltungsrat ist für die Geschäftsführung zuständig oder zu deren Übertragung ermächtigt. Eine statutarische Zuweisung von Geschäftsführungsbefugnissen an die Generalversammlung ist daher nicht zulässig. Deren kompetenzwidrige Beschlüsse sind zudem nichtig, OR 706.

schrieben werden können[36]. Diese Aufgaben beinhalten u.a. die Festlegung der Geschäftspolitik, die Organisation der Gesellschaft sowie die Auswahl, Instruktion und (letzte) Kontrolle der Geschäftsführer[37].

aa. Die Hauptaufgaben des Verwaltungsrates sind undelegierbar. Aus OR 716a folgt, dass der Verwaltungsrat seine Hauptaufgaben materiell selber erfüllen muss[38]. Er hat alle massgeblichen Entscheidungen in diesen Aufgabenbereichen selbständig zu treffen. Eine Delegation dieser Hauptaufgaben an einzelne Verwaltungsratsmitglieder oder Geschäftsführer ist unzulässig. Nur Vorbereitungs- und Ausführungsaufgaben sind übertragbar[39].

bb. Die freiwillige Vorlage von Hauptaufgaben an die Generalversammlung ist grundsätzlich unstatthaft[40] und im Hinblick auf die aktienrechtliche Verantwortlichkeit des Verwaltungsrats bedeutungslos. Immerhin muss der Verwaltungsrat solche geschäftspolitischen Entscheide der Generalversammlung vorlegen, die faktisch den Zweck oder Gegenstand der Gesellschaft zu ändern vermögen[41]. Auch Einzelentscheide von grundlegender Tragweite, die innerhalb des Gesellschaftszweckes liegen, soll der Verwaltungsrat der Generalversammlung vorlegen dürfen, wenn dazu eine statutarische Grundlage besteht[42].

cc. Die Hauptaufgaben des Verwaltungsrates sind unentziehbar[43]. Die Möglichkeit der Generalversammlung oder Dritter, auf die Aufgabenerfüllung des Verwaltungsrates Einfluss zu nehmen, ist daher beschränkt[44]. Die Einflussmöglichkeit ist insbesondere dadurch eingeschränkt, dass die **Entscheidungsfreiheit** des Verwaltungsrates in seinem Aufgabenbereich gewahrt bleiben muss und der Verwaltungsrat zwingend zuständig ist, die **Organisation** der Gesellschaft festzulegen. Darauf ist im folgenden kurz einzugehen:

---

36 Vgl. dazu BÖCKLI N 1525 ff.; FORSTMOSER, Organisation 17 ff.; VISCHER, Aktienrechtsreform 161 f.

37 Andere als die in OR 716a aufgeführten Aufgaben, welche der Verwaltungsrat selbst zu erfüllen hat, betreffen die Einberufung nachträglicher Leistungen von Einlagen auf nicht voll liberierte Aktien (OR 634a I), die Durchführung der Kapitalerhöhung (OR 651 IV, 651a, 652g, 652h, 653g, 653h), die Erteilung der Vertretungsbefugnis (OR 721) und die Abberufung aller Personen mit delegierten Kompetenzen (OR 726 I); vgl. dazu BÖCKLI N 1518a, FORSTMOSER, Organisation 18 f.

38 FORSTMOSER, Organisation 19.

39 Vgl. OR 716a II; FORSTMOSER, Organisation 19.

40 Vgl. BOTSCHAFT 98 und 177 und dazu die Kritik bei FORSTMOSER, Beurteilung 64, FORSTMOSER, Organisation 21 ff., und BINDER 150.
Zur diesbezüglichen Literatur vor der RevOR vgl. ALBERS-SCHÖNBERG 89 mit Verweisen auf BGE 100 II 369; STAUBER 113 ff.; FORSTMOSER, Verantwortlichkeit § 1 N 548 Anm. 1084; BINDER 116 ff. mit Anm. 271.

41 FORSTMOSER, Organisation 21 mit Verweis auf BGE 100 II 384 ff.

42 FORSTMOSER, Organisation 21 ff.; MÜLLER 787.

43 Vgl. BÖCKLI N 1520.

44 Unten 26, § 2.B.III.1.b.

b. Die Entscheidungsfreiheit des Verwaltungsrates

Der Verwaltungsrat hat die massgeblichen Entscheidungen in seinem undelegierbaren und unentziehbaren Aufgabenbereich selber zu treffen. Er darf die massgeblichen Entscheidungen nicht delegieren[45], nicht nach Weisungen richten[46] und keine Genehmigungsvorbehalte oder Vetorechte gewähren[47]. Inwieweit die Generalversammlung, einzelne Aktionäre oder Dritte in die Entscheidungsfreiheit des Verwaltungsrates eingreifen dürfen, wird unten näher zu prüfen sein[48].

c. Die Organisationspflicht des Verwaltungsrates

Seit der RevOR kann die Generalversammlung die Aufgaben des Verwaltungsrates nicht mehr in den Statuten oder Reglementen regeln[49]. Nach der Konzeption des Gesetzes hat der Verwaltungsrat vielmehr seine Aufgaben, insbesondere seine unternehmerischen Oberleitungsaufgaben, weitgehend selbständig zu konkretisieren[50]. Auch ist der Verwaltungsrat dafür verantwortlich, die Geschäfte der Gesellschaft zu führen oder allenfalls die Geschäftsführung zu delegieren[51]. Er muss daher die Organisation der Verwaltung selbständig festlegen und auch seine Stellung in der Gesellschaftsorganisation bestimmen können.

Die Organisationspflicht des Verwaltungsrats ist in OR 716a I Ziff. 2 vorgezeichnet: Der Verwaltungsrat muss die zur Aufgabenerfüllung erforderlichen Stellen schaffen, die Kompetenzen festlegen und die Berichterstattung regeln. Jede substantielle Einflussnahme seitens der Generalversammlung, einzelner Aktionäre oder Dritter auf diese Organisation verletzt die zwingende Kompetenz des Verwaltungsrates, die Organisation der Gesellschaft festzulegen[52]. Inwieweit eine Einflussnahme auf die Organisation der Gesellschaft möglich ist, wird nachfolgend konkretisiert[53].

2. Die Sorgfalts- und Treuepflichten der Organpersonen

Alle Organpersonen der Konzerngesellschaften haben die Geschäfte der Gesellschaft gemäss dem Gesellschaftszweck mit aller Sorgfalt zu führen und die Interessen der Gesellschaft zu wahren[54]. Die Sorgfalts- und Treuepflichten sowie die damit korrelierende

---

45 FORSTMOSER, Organisation 19.
46 BÖCKLI N 1637.
47 Vgl. STAEHELIN 201; FREY 127, 179 f. und 187 f.
48 Unten 24 ff., § 2.B.III.1 und 80 f., § 5.A.II.2.
49 Vgl. aOR 712 II.
50 VISCHER, Aktienrechtsreform 161 f.
51 OR 716b I und III; dazu BÖCKLI N 1583 ff.
52 Vgl. BÖCKLI N 1551.
53 Unten 26 f., § 2.B.III.1.c.
54 OR 717 I. Vgl. dazu BÖCKLI N 1613 ff.; WOHLMANN 39 ff.; PLÜSS A. 35 ff. und 40 ff.; THALMANN, ganze Arbeit. Zum Begriff der Organperson unten 46 f., § 3.B.I.2.a.

aktienrechtliche Verantwortlichkeit lassen wegen ihres zwingenden Charakters eine Einflussnahme auf das Organhandeln nur in engen Grenzen zu[55]: Jede Einflussnahme muss den Organpersonen zumindest die Möglichkeit erhalten, ihre spezifischen Organpflichten sorgfältig und im Interesse der Gesellschaft wahrzunehmen.

3. Das Gleichbehandlungsgebot

Nach OR 717 II haben Verwaltungsratsmitglieder die Aktionäre unter gleichen Voraussetzungen gleich zu behandeln. Dieses relative Gleichbehandlungsgebot ist zentral für den Minderheitenschutz in der Aktiengesellschaft[56]. Eine Abweichung von der Gleichbehandlung ist nur rechtens, wenn die Interessen der Gesellschaft die Abweichung zulassen, und die Ungleichbehandlung erforderlich, sachlich begründet und nicht übermässig ist[57].

Als Minderheitsschutznorm ist OR 717 II zugleich zentrale Konzernrechtsnorm[58]: Nicht nur ist die relative Gleichbehandlung der Aktionäre **direkt** in der Interessenabwägung in den Konzerngesellschaften zu berücksichtigen. Dem Gleichbehandlungsgebot unterliegen auch die Entscheidungen des Verwaltungsrates darüber, welche Informationen an die Holdinggesellschaft oder an deren Vertreter im Verwaltungsrat weitergegeben werden dürfen[59]. Weil der Informationsfluss im Konzern eine Voraussetzung der einheitlichen Leitung ist, wirkt sich das Gleichbehandlungsgebot **indirekt** auf die Möglichkeit zur Beherrschung von Konzerngesellschaften aus.

III. Zu den Grundlagen und Grenzen der Beherrschungsmittel im Einzelnen

1. Stimmenmacht

Die Stimmenmacht hängt von der Kapitalbeteiligung[60] und von Stimmrechtsprivilegien[61]

---

55 Die zu wahrende Sorgfalt nach OR 717 gebietet einerseits die Erfüllung spezifischer Organpflichten und bestimmt andererseits den Massstab, nach welchem allgemein die Organpflichten zu erfüllen sind, vgl. WENNINGER 99 f.
Die Treuepflicht verpflichtet mehr "zur Unterlassung von gesellschaftsschädigenden Handlungen" als zu weiteren Tätigkeiten, PLÜSS A. 43 m.w.N. Konkret darf das Verwaltungsratsmitglied insbesondere keine Geschäfte einseitig zulasten der Gesellschaft abschliessen, dieser Kunden abspenstig machen oder das in der Unternehmung erworbene Insiderwissen missbräuchlich verwenden, BÖCKLI N 1627 ff.
Dem aktienrechtlichen Verantwortlichkeitsrecht kommt schliesslich eine "Präventivwirkung" gegen pflichtwidrige Aufgabenerfüllung durch Organpersonen zu, ALBERS-SCHÖNBERG 27.

56 Vgl. zum Minderheitenschutz im Aktienrecht die Arbeiten von BÖCKLI, Neuerungen 274; HANDSCHIN 134 ff.; WATTER, Minderheitenschutz; WEBER; ZÜRCHER.

57 BÖCKLI N 1651 ff. und 1905 ff.

58 BÖCKLI, Neuerungen 274; HANDSCHIN 147 f.

59 Vgl. DRUEY, Informationsrecht 52; unten 60 f., § 3.D.II. und III.

60 OR 692 I. Zu Begriff und Arten von Beteiligungen vgl. HAUNREITER 46 ff.; unterschieden werden Minderheitsbeteiligungen, Sperrbeteiligungen, Mehrheitsbeteiligungen und hundertprozentige Beteiligungen, ZWEIFEL 53 ff.

ab. Sie ermöglicht, in der Generalversammlung Beschlüsse - und Wahlen von Verwaltungsratsmitgliedern - vorzunehmen, die laut Gesetz oder Statuten eine (qualifizierte) Stimmenmehrheit erfordern und/oder bestimmten Quorenbestimmungen genügen müssen.

Die Grenzen der Stimmenmacht ergeben sich aus der aktienrechtlichen Fundamentalordnung[62], den zwingenden aktienrechtlichen Zuständigkeitsnormen, den unentziehbaren Hauptaufgaben des Verwaltungsrates[63], dem Aktionärsschutz[64] sowie den allgemeinen, insbesondere aus Treu und Glauben fliessenden Schranken der Ausübung der Mehrheitsmacht[65].

Im folgenden soll konkretisiert werden, wie durch Stimmenmacht auf die Gesellschaftsinteressen der Konzerngesellschaft, auf grundlegende geschäftspolitische Entscheide sowie auf die Organisation und Geschäftsführung der Gesellschaft Einfluss genommen werden darf:

a. Stimmenmacht und Konzerninteresse

Zulässig ist, durch die Stimmenmacht dem Konzerninteresse in der Konzerngesellschaft Nachdruck zu verschaffen. Ist das Konzernverhältnis im Sinne von OR 663e bekanntgemacht, so ist die einheitliche Leitung im Konzern legitim[66]. Der Verwaltungsrat der Konzerngesellschaften hat die Konzerninteressen neben den eigenen Gesellschaftsinteressen in die **Interessenabwägung** einzubeziehen[67].

Wird die Konzerngesellschaft **zu hundert Prozent beherrscht** und ist der Gesellschafts-

---

61 Zu den Ausnahmen vom Grundsatz der Übereinstimmung von Stimmenmacht und Kapitalbeteiligung vgl. die Stimmrechtsbeschränkung (OR 692 II und 627 Ziff. 10), die Stimmrechtsaktien (OR 693 I) sowie Stimmrechtsvereinbarungen, in denen sich Aktionäre verpflichten, ihr Stimmrecht nach der Weisung Dritter auszuüben; vgl. FORSTMOSER/MEIER-HAYOZ § 20 N 23 ff. und 35 ff.
Die abhängigkeitserzeugende Wirkung von Aktionärbindungsverträgen wird zwar aufgrund der rechtlich unverbindlichen Wirkung für die Gesellschaft verneint, vgl. BÖCKLI N 1442 f.; OESCH R. 130; OESCH F.P. 162. Immerhin kann aber die Vertragspflicht aus der Stimmrechtsvereinbarung vor einem Gesellschaftsbeschluss mittels Leistungsklage durchgesetzt werden, vgl. GLATTFELDER H.: Aktionärbindungsverträge, in: ZSR 78 (1959) 144a ff., 314a f.; ZR 83 Nr. 53; FORSTMOSER, Aktionärbindungsverträge, in: Festgabe Walter R. Schluep, Zürich 1988, 359 ff., 373 f.

62 Vgl. OR 706b Ziff. 3

63 Vgl. oben 21 ff., § 2.B.II.

64 Vgl. dazu PLÜSS M. 19 ff.; BÜRGI R. 42 ff. Das OR bietet heute allgemein einen erhöhten Schutz für Minderheitsaktionäre dank Verbesserung der Transparenz, Verstärkung des Bezugsrechts, Erleichterung der Übertragbarkeit von Aktien und Erweiterung der Klagerechte, vgl. FORSTMOSER, Neues Aktienrecht, 137 ff. und die Arbeiten von WATTER, Minderheitenschutz, WEBER und ZÜRCHER.

65 Vgl. zu letzterem ALBERS-SCHÖNBERG 141 ff.; FORSTMOSER/MEIER-HAYOZ § 21 N 1 ff.; PLÜSS M. 41 ff.; TAPPOLET 18 ff.; OR 706 II Ziff. 2 und 3.

66 BÖCKLI N 1634; BÜREN v., Konzern 66.

67 Dazu unten 55 f., § 3.C.IV.

zweck in den Statuten entsprechend formuliert, sind die Konzerninteressen mit den Gesellschaftsinteressen gleichzusetzen. Der Verwaltungsrat muss seine Handlungen nach OR 717 I mit aller Sorgfalt auf das Gesellschaftsinteresse ausrichten. Solange die Gläubigerinteressen gewahrt bleiben und die Rechtsordnung eingehalten wird[68], hat er Generalversammlungsbeschlüsse grundsätzlich als Ausdruck der Konzerninteressen aufzufassen[69]. Befolgt er sie nicht, kann er aus Sorgfaltspflichtverletzung aktienrechtlich verantwortlich werden[70].

b. Stimmenmacht und grundlegende geschäftspolitische Entscheide

Umstritten ist, inwieweit die Generalversammlung ohne Willen des Verwaltungsrates in die grundlegenden geschäftspolitischen Entscheidungen eingreifen darf[71]: Vor der RevOR wurde der Generalversammlung eine Einflussnahme auf die Verwaltung und Geschäftsführung aufgrund von aOR 721 I und II i.Verb.m. aOR 698 Ziff. 5 ausnahmsweise bei wichtigen Gründen zugestanden. Im einzelnen waren die Voraussetzungen jedoch unklar[72].

Zu beachten ist, dass die Generalversammlung über Statutenvorschriften Zweck und Gegenstand der Gesellschaft festlegen kann. Auch die Einflussnahme auf grundlegende Einzelentscheide, die innerhalb des Gesellschaftszweckes liegen, könnte der Generalversammlung daher zumindest aufgrund einer statutarischen Basis erlaubt werden[73].

c. Die Stimmenmacht, Geschäftsführung und Organisation

aa. Die Generalversammlung kann **nicht direkt mit Beschlüssen in die Geschäftsführung der Konzerngesellschaft eingreifen**[74]: Der Verwaltungsrat hat die Geschäfte der Gesellschaft sorgfältig zu führen oder die Geschäftsführung sorgfältig zu delegieren[75]. Eine Einflussnahme der Generalversammlung darf die eigenverantwortliche und daher notwendigerweise selbständige Willensbildung des Verwaltungsrates in diesem Aufgabenbereich nicht verunmöglichen[76]. Die Generalversammlung kann weder massgebliche noch untergeordnete Geschäftsführungsentscheide selbständig treffen. Sie darf sich in

---

68 Dazu FORSTMOSER, Organisation 16 und unten 32 f., § 2.B.III.4.
69 Vgl. unten 55 f., § 3.C.IV.1.d. und HANDSCHIN 52.
70 OR 754 ff. i.Verb.m. OR 716a I Ziff. 6.
71 Dazu FORSTMOSER, Organisation 21 ff.
72 A. von PLANTA 12 f. m.w.N. Vgl. dazu: ALBERS-SCHÖNBERG 88 f.; BÜRGI OR 721 N 12; FORSTMOSER/MEIER-HAYOZ § 16 N 12 mit Verweis auf BGE 78 II 374 f.; FORSTMOSER, Verantwortlichkeit § 1 N 548 Anm. 1084; A. von PLANTA 13; STAUBER 30 f. und zum sog. Notgeschäftsführungsrecht 115 m.w.N. und 130 ff.; F. von STEIGER, AG 199 ff.; SCHULTHESS 8; BGE 100 II 388.
73 FORSTMOSER, Organisation 22; vgl. OR 698 II Ziff. 6.
74 Vgl. oben 23, § 2.B.II.1.b.
75 OR 716 II und 716b I.
76 Vgl. FORSTMOSER, Organisation 20.

bezug auf Geschäftsführungsentscheide auch keine Weisungsrechte, Genehmigungsvorbehalte oder Vetorechte ausbedingen.

bb. Jede **substantielle Einflussnahme** der Generalversammlung auf die **Organisation der Gesellschaft verletzt die zwingenden Organisationskompetenzen des Verwaltungsrates**[77]. Der Verwaltungsrat ist zuständig, Geschäftsführungsaufgaben wie auch deren Vorbereitung und Ausführung zu übertragen[78]. Die Hilfsaufgaben, welche die Generalversammlung "organisieren" kann, werden im Zusammenhang mit der statutarischen Abhängigkeit von Konzerngesellschaften[79] und der statutarischen Übertragung von Konzernleitungskompetenzen[80] näher beleuchtet.

2. Personelle Verflechtung

a. Zum Begriff der personellen Verflechtung

Die personelle Verflechtung entsteht dadurch, dass eine entsendende Gesellschaft eine natürliche Person in den Verwaltungsrat einer anderen, sog. aufnehmenden Gesellschaft wählen lässt, und durch die Verpflichtung des Verwaltungsratsmitgliedes zur Ausübung seiner Funktion in fremdem Interesse, d.h. zur Interessenvertretung[81]. Das Verwaltungsratsmitglied wird damit zum abhängigen Verwaltungsrat, der in einem "doppelten Pflichtnexus" zum Dritten und zur aufnehmenden Gesellschaft steht[82]. Nimmt er bei der entsendenden Gesellschaft Organstellung ein, treffen zwei Organverhältnisse aufeinander, und es kommt zur "Doppelorganschaft"; ist er dort ohne Organfunktion angestellt, spricht man von "Personalunion"[83].

b. Die Zulässigkeit der Interessenvertretung[84]

Das Verwaltungsratsmitglied hat aufgrund seiner Sorgfalts- und Treuepflichten seine Entscheide nach Gesetz, Satzung und dem Gesellschaftsinteresse zu richten. Es muss insbesondere Individualinteressen von Aktionären, Gläubigern oder Dritten dem Interesse der

---

77 Oben 23, § 2.B.II.1.c.

78 Vgl. BÖCKLI N 1588; unten 81, § 5 A.II.2.b. Die Delegation von Geschäftsführungsaufgaben bedarf aber einer statutarischen Grundlage, OR 716b I.

79 Unten 29 ff., § 2.B.III.3.

80 Unten 78 ff., § 5.A.

81 Vgl. OR 707 III. Unterschieden werden - nach der Offenkundigkeit des Handelns im Drittinteresse - offene und verdeckte (fiduziarische) Vertreter, F. von PLANTA 103 ff.

82 GAUTSCHI 301 ff.

83 Vgl. A. von PLANTA, Doppelorganschaft 600; ALBERS-SCHÖNBERG 35 ff.; es besteht auch die Möglichkeit der personellen Verflechtung bezüglich der Geschäftsführer der abhängigen Gesellschaft.

84 In der Literatur wird diese Frage mehrheitlich mit der Stellungnahme zur Zulässigkeit des "fiduziarischen" Verwaltungsrates beantwortet. Dabei steht im Vordergrund, ob dem treuhänderisch tätigen Verwaltungsrat aufgrund der aktienrechtlichen Regelung rechtsverbindliche Anordnungen, sog. Weisungen, erteilt werden können bzw. wann er durch die Befolgung der Weisung eine Pflichtwidrigkeit begeht, vgl. dazu A. von PLANTA 62 f.; F. von PLANTA 102 ff.; ALBERS-SCHÖNBERG 90 ff.; BOSMAN 45 f.; FORSTMOSER, Verantwortlichkeit § 2 N 698.

Gesellschaft unterordnen[85]. Eine Vertretung der Individualinteressen kann daher nur im Rahmen des Gesellschaftsinteresses zulässig sein[86].

Die herrschende Lehre befürwortet m.E. zurecht die Zulässigkeit einer Interessenvertretung bei Verwaltungshandlungen im freien Ermessensbereich[87]. Zwar sind die Gesellschaftsinteressen und die diesen nicht zuwiderlaufenden Individualinteressen bei jedem Entscheid pflichtgemäss, d.h. gesellschaftsinteressenkonform, abzuwägen und zu gewichten[88]. Das Verwaltungsratsmitglied darf aber einzelne Interessen bevorzugen, solange es andere nicht sorgfaltspflichtwidrig benachteiligt[89].

Der vertrags- oder gesellschaftsrechtlichen Begründung einer Interessenvertretung im freien Ermessensbereich steht die zwingende aktienrechtliche Ordnung somit nicht entgegen[90]. Die Pflicht zur Interessenvertretung kann in Weisungsverträgen mit abhängigen Verwaltungsratsmitgliedern gültig vereinbart werden[91]. Nimmt das Verwaltungsratsmitglied Organstellung beim Dritten ein, ist die Interessenvertretung dort auch auf innergesellschaftlicher Basis als Organ- und/oder arbeitsvertragliche Pflicht statuierbar[92].

---

85 OR 717 I; F. von PLANTA 109.
86 Vgl. BÖCKLI N 1640; OESCH R. 126 f. Anm. 139; HANDSCHIN 52.
87 BÖCKLI N 1639 f.; PLÜSS A. 62 mit den dort erwähnten Autoren; vgl. GAUTSCHI 301 ff.; FORSTMOSER, Verantwortlichkeit § 2 N 698.

   Ein Teil der h.L. sieht jedoch v.a. aufgrund der Schutzbedürftigkeit der Minderheitsaktionäre und deren latenter Gefährdung den freien Ermessensbereich nur im Fall gegeben, wenn sich die Gesellschaftsinteressen mit denjenigen des Dritten decken, d.h. keine Interessenkollision bestehe. Da dies nur bei der Einmanngesellschaft oder der Ausrichtung des Gesellschaftszweckes auf das Drittinteresse zutreffe, soll die Rechtsverbindlichkeit der Weisungserteilung demnach auf diese Fälle beschränkt sein, A. von PLANTA 45 f. m.w.N.; HANDSCHIN 53; vgl. ZR 58 (1959) Nr. 70; JÄGGI Peter: Ein Gerichtsurteil über den "abhängigen" (fiduziarischen) Verwaltungsrat, in: SJZ 56 (1960) 1 ff.

88 PLÜSS A. 37; vgl. zur Interessenabwägung auch BINDER 161 ff. CAFLISCH 145, BOSMAN 45, HANDSCHIN 51 f. und ALBERS-SCHÖNBERG 91 f. sprechen daher dem Verwaltungsrat grundsätzlich einen freien Ermessensbereich ab.
89 PLÜSS A. 62 f.; F. von PLANTA 114; dies ist u.a. der Fall, wenn er aus mehreren unternehmenspolitisch gleichwertigen Varianten wählen kann oder das Dritt- und das Gesellschaftsinteresse gleichgerichtet sind, vgl. CAFLISCH 145; HANDSCHIN 52. Da diese Interessenkonstellation jedoch nicht grundsätzlich vom Vorliegen einer Einmanngesellschaft bzw. einer zweckgebundenen Gesellschaft abhängt, kann eine diesbezügliche Unterscheidung kein Kriterium für die Zulässigkeit des Weisungsverhältnisses darstellen.
90 Auch im Aktienrecht herrscht Privatautonomie, PLÜSS A. 61 m.w.N. Der aktienrechtlichen Ordnung widersprechende Vertragsabreden sind dagegen nichtig, PLÜSS A. 62 m.w.N.
91 BÖCKLI N 1636 ff. Zu solchen Weisungsverträgen vgl. GEHRIGER 79 Anm. 69; PLÜSS A. 63 Anm. 327.
92 GRAF 46; ALBERS-SCHÖNBERG 83 und 87; F. von PLANTA 117. Die Organtätigkeit kann durch gesellschaftsinterne Bestimmungen im Rahmen der zwingenden gesetzlichen Vorschriften fixiert und modifiziert werden (PLÜSS A. 60 f.), m.E. auch im Sinne der Interessenvertretung; vgl. dazu auch eine entsprechende Klausel im Anstellungsvertrag mit einem Vorstandsmitglied, dargestellt in: Beck'sches Formularbuch zum Bürgerlichen, Handels- und Wirtschaftsrecht, München 1991, 1209; a.M. PLÜSS A. 78 f., wonach auch mit Organpersonen, die als Vertreter nach OR 707 III bestellt werden, in der Regel ein zusätzlicher und selbständiger Interessenwahrungsauftrag geschlossen werde.

c. Die Interessenvertretung durch die dem abhängigen Verwaltungsrat unterstellten Organpersonen

Auch dem Verwaltungsrat unterstellte Organpersonen müssen in ihrem Aufgabenbereich die Gesellschaftsinteressen im Rahmen von Gesetz, Statuten, Reglementen und Weisungen selbständig und eigenverantwortlich wahren[93]. Die Zulässigkeit der Interessenvertretung könnte deshalb mit der gleichen Argumentation wie für den abhängigen Verwaltungsrat bejaht werden.

Die Interessenvertretung ist hauptsächlich durch die Überwachungspflicht des Verwaltungsrates eingeschränkt[94]. Der Verwaltungsrat muss die Geschäftsführung zwingend auf Rechtmässigkeit[95] und betriebswirtschaftliche Angemessenheit hin überprüfen[96]. Die Art und Weise des Zustandekommens von Geschäftsführungsentscheiden müssen dem Verwaltungsrat bekannt sein, damit er nötigenfalls korrigierend eingreifen kann. Insbesondere die Befolgung widerrechtlicher Weisungen durch die Geschäftsführer hat der Verwaltungsrat zu verhindern[97].

Die Interessenvertretung durch unterstellte Organpersonen ist nur zulässig, wenn sie dem Verwaltungsrat die Möglichkeit zur sorgfältigen Wahrung seiner Überwachungspflichten belässt. Der Abschluss des Interessenvertretungsverhältnisses und dessen Ausgestaltung ist demnach von der - nach pflichtgemässem Ermessen zu erteilenden - Zustimmung des Verwaltungsrats abhängig zu machen[98].

d. Die Grenzen der Interessenvertretungspflicht

Abhängige Verwaltungsratsmitglieder können sich dazu verpflichten, die Drittinteressen bei der Interessenabwägung im Rahmen ihrer freien Ermessensausübung zu vertreten. Nie kann die Interessenvertretung jedoch die Pflicht beinhalten, konkrete Weisungen im Bereich der zwingenden Hauptaufgaben vorbehaltlos zu befolgen[99]. Dies gilt ebenfalls - wie noch gezeigt wird - für Weisungen in Konzernverhältnissen[100].

3. Statuten

a. Die **Hauptfunktion** der Statuten besteht in der internen Organisation der Aktiengesell-

---

93 OR 716a I Ziff. 5 i.Verb.m. 717 I und 754 I.
94 OR 716 a I Ziff. 5.
95 Vgl. BÖCKLI N 1569. Dem Verwaltungsrat obliegt es, auf die Einhaltung der Gesetze durch die Geschäftsführer zu achten sowie unrechtmässige Geschäftsführerbeschlüsse aufzuheben und durch rechtmässige zu ersetzen, vgl. STAUBER 80.
96 Vgl. BÖCKLI N 1568; BOTSCHAFT 179; VOLLMAR 203; NIGGLI 43; HORBER 119.
97 F. von PLANTA 165.
98 Daher können auch abhängige Verwaltungsräte nicht vorbehaltlos zur Zustimmung angewiesen werden.
99 BÖCKLI N 1640.
100 Unten 54 ff., § 3.C.IV.

schaft durch die Festlegung der Organe, der Kompetenzverteilung und des Gesellschaftszwecks[101]. Der Statuteninhalt kann allein von der Generalversammlung in den Schranken des zwingenden Aktienrechts frei gewählt werden[102].

b. Grundsätzlich kann durch **Statutenvorschrift** die Abhängigkeit einer Gesellschaft herbeigeführt werden. Wenn der Gesellschaftszweck auf die Wahrung von Aktionärs- oder Drittinteressen festgeschrieben wird, hat sich das Verwaltungshandeln vollumfänglich nach diesen Interessen zu richten[103]. Auch die Abhängigkeit von Dritten, die nicht Aktionäre sind, kann statuiert werden[104].

c. **Statutarisch begründbare Einflussrechte** auf die Willensbildung und -durchsetzung in der Konzerngesellschaft werden insbesondere **durch die aktienrechtliche Kompetenzordnung und die organschaftlichen Sorgfalts- und Treuepflichten eingeschränkt:**

aa. Die **aktienrechtliche Zuständigkeitsordnung** verbietet, dass Dritte zur Bestellung oder Abberufung von Organen der Gesellschaft statutarisch berechtigt werden können[105]. Die Statuierung von unverbindlichen Vorschlags- oder Mitwirkungsrechten verletzt dagegen diese Zuständigkeitsbestimmungen nicht[106].

Neu kann durch die Statuten **keine Kompetenzdelegation** mehr vorgenommen werden[107]. Lediglich eine Delegationsklausel kann Aufnahme in die Statuten finden[108]. Die Klausel ermächtigt den Verwaltungsrat, die Geschäftsführung zu delegieren[109]. Die Kompetenzdelegation oder der Erlass des dazu notwendigen Organisationsreglementes darf auch nicht statutarisch an einen Genehmigungsvorbehalt geknüpft werden[110].

---

[101] GREYERZ 100. Zur Rechtsnatur der Statuten vgl. FORSTMOSER, Aktienrecht § 7 N 3 ff.; FREY 5; HÜPPI 1 ff.; SIEGWART OR 626 N 1.

[102] Ein Einfluss eines Dritten auf die Fassung der Statuten kann nicht zugelassen werden, OR 698 II Ziff. 1; A. von PLANTA 27.

[103] Aufgrund der mit der Zweckänderung verbundenen faktischen oder latenten Gefährdung der Gewinnstrebigkeit der Aktiengesellschaft ist dabei für den statutenändernden Generalversammlungsbeschluss Einstimmigkeit zu fordern. Denn die Gewinnstrebigkeit stellt zwar ein verzichtbares, jedoch unentziehbares Recht des Aktionärs dar; vgl. OR 706 II Ziff. 4; A. von PLANTA 24.

[104] FORSTMOSER, Aktienrecht § 1 N 66; UTTENDOPPLER 79 ff.; FREY 116 ff.; OESCH F.P. 163 ff.; A. von PLANTA 15 ff.; TAPPOLET 105 ff.; CAFLISCH 124 f.; W. von STEIGER 294a; dies folgt aus der gesetzlich vorgesehenen Möglichkeit, statutarische Drittrechte zu verankern (OR 628 III und 635 Ziff. 3); vgl. dazu jedoch auch den Grundsatz, wonach Dritte durch die Statuten grundsätzlich weder berechtigt noch verpflichtet werden können, FORSTMOSER, Aktienrecht § 7 N 11 und 38 ff.

[105] OR 698 II Ziff. 2 und 716a I Ziff. 4.; vgl. FREY 123 ff.

[106] MAUTE 29; FREY 189 f.; FORSTMOSER, Aktienrecht § 1 N 120.

[107] Vgl. aOR 717 II.

[108] OR 716b I.

[109] Vgl. BÖCKLI N 1586.

[110] FORSTMOSER, Organisation 33; BÖCKLI N 1551.

bb. Die zwingenden **organschaftlichen Sorgfalts- und Treuepflichten** verhindern, dass die Statuten die Verwaltungsratsmitglieder zur vorbehaltlosen Weisungsbefolgung oder Interessenvertretung verpflichten können[111]. Da die Verwaltungsratsmitglieder dann trotz statutengemässem Handeln mit ihren Sorgfalts- und Treuepflichten in Konflikt kommen könnten, ist eine derartige Statutenbestimmung, wenn nicht schon rechts-, dann zumindest sittenwidrig[112]. Nur unverbindliche Mitwirkungs- und Vorschlagsrechte bezüglich des Organhandelns dürfen statutarisch - auch der Generalversammlung - zugewiesen werden[113].

cc. Bei **statutarischer Zweckausrichtung auf das Konzerninteresse** muss das Verwaltungshandeln mit aller Sorgfalt auf das Konzerninteresse ausgerichtet werden. Die Konzerninteressen sind vom Verwaltungsrat der Konzerngesellschaft legitimerweise in die Interessenabwägung einzubeziehen. Solange der Verwaltungsrat den Schutz der Gläubiger wahren und die zwingenden Rechtsnormen beachten kann[114], muss er die Konzerninteressen verfolgen. Da alle Verwaltungsratsmitglieder der abhängigen Konzerngesellschaft zu dieser Art Interessenvertretung verpflichtet sind, kann diese auch in den Statuten verankert werden. Selbst wenn der Gesellschaftszweck ganz auf die Konzerninteressen ausgerichtet wird, bleibt es jedoch unzulässig, eine vorbehaltlose Pflicht zur Befolgung konkreter Einzelinstruktionen im Bereich der verwaltungsrätlichen Hauptaufgaben zu statuieren[115].

d. Folglich können in den Statuten insbesondere solche **Einflussmöglichkeiten auf die Verwaltung und Geschäftsführung in der Konzerngesellschaft begründet werden**, die nicht die Zuständigkeit des Verwaltungsrates zur Erfüllung seiner Hauptaufgaben verletzen, dessen Kompetenzen betreffen oder die sorgfältige Wahrnehmung von Organpflichten gefährden[116]:

aa. Im Bereich der Verwaltung können Kontroll-, Einsichts- und Auskunftsbefugnisse

---

111 Vgl. BÖCKLI N 1636 ff.; FREY 127, 170 f., 187 f.; ZÜND, Geschäftsführungsprüfung 97 für die Revisionsstelle.
A.M. REIFF 163 ff. für Aktionärsbeiräte, wonach diese im Sinne von OR 731 II von der Generalversammlung bestellt und in dem Masse mit statutarischen Weisungsrechten gegenüber dem Verwaltungsrat ausgestattet werden können, wie abhängige Organpersonen zur Interessenvertretung befugt seien. Nach der hier vertretenen Auffassung ist jedoch die statutarische Verpflichtung zur Interessenvertretung durch die Gesellschaft von der persönlichen Bindung abhängiger Verwaltungsräte zu unterscheiden. Dazu sogleich.
112 A. von PLANTA 19 m.w.N.; dies gilt auch bezüglich der delegierten Geschäftsführungsaufgaben nach OR 716b, A. von PLANTA a.a.O; BOSMAN 46, CAFLISCH 128.
Ungleich dieser unzulässigen statutarischen Bindung der Organpersonen zur Interessenvertretung durch die Gesellschaft, ist deren persönliche Bindung an Drittinteressen rechtmässig, oben 27 f., § 2.B.III.2.b.
113 Vgl. FORSTMOSER/MEIER-HAYOZ § 18 N 26; unten 79 ff., § 5.A.II.
114 FORSTMOSER, Organisation 16.
115 Vgl. BÖCKLI N 1640.
116 Vgl. zu den statutarisch begründbaren Einflussmöglichkeiten auf Verwaltung und Geschäftsführung unten 79 ff., § 5.A.II.

statutarisch verankert werden, um Aktionären, Gläubigern oder Dritten Einblick in die Geschäftsangelegenheiten zu gewähren. Eine entscheidende Teilnahme am Willensbildungsprozess in der Konzerngesellschaft dürfen diese Rechte jedoch nicht vermitteln[117].

bb. Ebenso ist es zulässig, in den Statuten Teilnahme-, Antrags- und Vorschlagsrechte zu gewähren, solange diese den Entscheidungsträger nicht zu binden vermögen.[118]

cc. Die Statuten dürfen weiter vorsehen, dass der Verwaltungsrat Beschlüsse über Einzelentscheide von grundlegender Tragweite an die Generalversammlung delegieren darf[119].

4. Verträge

Die vertraglich vereinbarte Abhängigkeit einer Aktiengesellschaft wird aufgrund der Privatautonomie im Rahmen der zwingenden Rechtsordnung als zulässig erachtet[120]. Als Beispiele solcher Vereinbarungen gelten Beherrschungs-, (Teil-) Gewinnabführungs-, Geschäftsführungs-, Gewinngemeinschafts-, Betriebsüberlassungs- oder Betriebspacht- sowie Weisungsverträge[121]. Die abhängigkeitsbegründende Ausgestaltung dieser Unternehmensverträge unterliegt den gleichen zwingenden Grenzen wie die personelle Verflechtung und die statutarische Abhängigkeit[122]. Weisungsrechte, welche die Bestellung der Organpersonen oder die Ausrichtung der unternehmerischen Tätigkeit nach dem Willen der berechtigten Gesellschaft ermöglichen, können nur innerhalb der bereits erwähnten Schranken eingeräumt werden[123]. Zusätzlich ist noch folgendes zu beachten:

a. Eine über die Vereinbarung einer proportionalen Vertretung von Aktionärskategorien, -gruppen oder von Minderheiten i.S.v. OR 709 I und II hinausgehende Abmachung über die Bestellung von Organpersonen verstösst gegen zwingendes Aktienrecht[124].

b. Um ein **vertragliches Weisungsrecht** gültig zu vereinbaren, bedarf es einer hundertprozentigen Kapitalbeteiligung des Weisungsgebers oder - soll es Minderheitsaktionären gegenüber wirksam sein - einer Ausrichtung des Gesellschaftszweckes auf die Interessen

---

117 FREY 189 f. Auch eine statutarische Aufsichtskompetenz muss die Entscheidungsfreiheit und Verantwortung der Organpersonen wahren, VISCHER, Delegationsmöglichkeit 368; sie darf nur das Eingreifen bei krassen Fällen von unzweckmässigen Geschäftsführungsentscheidungen erlauben, REIFF 135 mit Verweisen auf SLINGERLAND 69 f. und 327 f.

118 FREY 188 f.; diese Rechte sind dadurch gekennzeichnet, dass sie keine unmittelbare Fremdsteuerung der Willensbildung in der Gesellschaft vorsehen, FREY, a.a.O.

119 MÜLLER 787 f.; FORSTMOSER, Organisation 22; oben 26, § 2.B.III.1.b.

120 UTTENDOPPLER 85; HAUNREITER 35; A. von PLANTA 28.

121 Vgl. AktG 291 f.; TAPPOLET 109 f. und 121; OESCH F.P. 154 ff. und 204 ff.; A. von PLANTA 30 ff.; GRAF 98 ff. zum Weisungsvertrag; HANDSCHIN 127 ff.

122 TAPPOLET 119; A. von PLANTA 29.

123 Dazu oben 23 und 24, § 2.B.II.1.b. und 3.

124 Vgl. dazu GRAF 101 f.; A. von PLANTA 16 f. m.w.N.; BOTSCHAFT 174.

des Weisungsgebers in den Statuten[125]. Denn eine vertragliche Weisungsbefolgungspflicht darf den Organpersonen der Konzerngesellschaft die sorgfältige Erfüllung ihrer zwingenden Organaufgaben nicht verunmöglichen. Nur wo alle Organpersonen auch im Einzelfall Weisungen befolgen dürfen, kann ein Weisungsrecht gültig vereinbart werden[126].

Selbst bei hundertprozentiger Kapitalbeteiligung der Holdinggesellschaft oder statutarischer Ausrichtung der Gesellschaftsinteressen auf die Konzerninteressen muss der Verwaltungsrat die Gläubigerinteressen berücksichtigen, seine zwingenden Organpflichten wahren und die Rechtsordnung beachten. Er hat insbesondere dafür zu sorgen, dass die Gesellschaft zahlungsfähig bleibt und die Gläubiger gedeckt sind[127]. Die Gesellschaft kann den Verwaltungsrat daher auch bei vollständiger Abhängigkeit nicht in einem Unternehmensvertrag dazu verpflichten, vorbehaltlos Weisungen entgegenzunehmen oder im Bereich seiner Hauptaufgaben konkrete Einzelinstruktionen zu befolgen.

5. Faktische Beherrschung des Verwaltungsrats

Von faktischer Beherrschung kann gesprochen werden, wenn der Verwaltungsrat aufgrund der tatsächlichen Lage, zumeist der Stimmverhältnisse, im Konzerninteresse handelt. Als Grund für dieses Verhalten kann die Drohung des Aktionärs mit Abwahl oder Verweigerung der Entlastung genannt werden[128]. Mit dem Hinweis darauf, dass die Individualinteressen im Interesse der Gesellschaft liegen und deren Nichtberücksichtigung eine Sorgfaltspflichtverletzung darstelle, die zu einer aktienrechtlichen Verantwortlichkeit führe, kann zusätzlich Druck ausgeübt werden[129].

C. DIE RECHTLICHE BEHANDLUNG DES KONZERNS

I. DIE ANWENDBARKEIT DES GESELLSCHAFTSRECHTS

In der Schweiz gibt es kein eigentliches Konzernrecht[130]. Nur vereinzelt gibt es auf Konzerntatbestände anwendbare Normen[131]. Immerhin ist heute nach der RevOR die

---

125 Vgl. HAUNREITER 35; OESCH R. 129; HANDSCHIN 128 f.

126 GRAF 113.

127 FORSTMOSER, Organisation 16.

128 OR 698 II Ziff. 2 und 5.

129 Vgl. dazu OESCH R. 130 ff. und HAUNREITER 35 f., welche dazu auch die nur mittelbare Einwirkung auf die Willensbildung einer Aktiengesellschaft durch Dauerschuldverträge wie u.a. Kredit-, Liefer- und Exklusivverträge zählen.

130 BÖCKLI N 1178 m.w.N.

131 OR 659b; OR 662; OR 663c; 663e ff.; OR 671 IV; BdBSt 59 sowie kantonale steuerrechtliche Holdingprivilegien.

OR 663e ff. führen die Konsolidierungspflicht für Konzerne ein und anerkennen den Konzern als Rechtseinheit zumindest im Rahmen der Rechnungslegung, MEIER-HAYOZ/FORSTMOSER § 19 N 49.

OR 663c sorgt dafür, dass die Abhängigkeit von Konzerngesellschaften offengelegt wird, da "einheitliche Leitung" durch eine Holdinggesellschaft anerkannt[132]. Wie die einheitliche Leitung aber zu gestalten ist, wird im Gesetz nicht umschrieben. Darauf wird unten noch näher eingegangen[133].

Die schweizerische Rechtsordnung geht ansonsten vom Leitbild der rechtlich, wirtschaftlich und organisatorisch selbständigen Aktiengesellschaft aus, die "von ihren Mitgliedern und Dritten rechtlich getrennt und in eigenem Interesse geführt" wird[134]. Für Konzerntatbestände gelten daher grundsätzlich die allgemeinen gesellschaftsrechtlichen Bestimmungen[135].

Auch die Atypizität von Konzerngesellschaften, bei denen ja anstelle der Willensbildung durch eine veränderliche Vielzahl selbständig handelnder Aktionäre[136] ein beherrschender Einfluss zur Durchsetzung der Konzernunternehmenspolitik tritt, den die Verwaltung in Konflikt mit ihren Sorgfaltspflichten geraten lässt, findet nach herrschender Lehre keine Entsprechung in der Gesetzesauslegung oder Gesetzesanwendung[137]. Die auf die typische Aktiengesellschaft zugeschnittenen Normen sind grundsätzlich ohne Berücksichtigung der atypischen Interessenlage bei der Konzerngesellschaft typgerecht auszulegen und unmittelbar und vollumfänglich auf diese anzuwenden[138].

Weil mit der RevOR die "einheitliche Leitung" im Gesetz anerkannt wurde, kann der Verwaltungsrat der abhängigen Konzerngesellschaften heute die Konzerninteressen legitimerweise in die Abwägung der Interessen von Minderheitsaktionären und Gläubigern der Konzerngesellschaft einerseits und von der Holdinggesellschaft andererseits einbeziehen[139]. Der Interessenkonflikt, in den der Verwaltungsrat bei der Interessenabwägung gerät, wird im Gesetz leider nicht näher geregelt. Ein zukünftiges Konzernrecht wird sich

---

Publikumsgesellschaften mit börsenkotierten Aktien Beteiligungen von fünf Prozent oder mehr bekanntgeben müssen.

Nach OR 759b werden Aktien einer Gesellschaft, die durch die Tochtergesellschaft erworben werden, gleich behandelt wie Aktien, welche die Gesellschaft selber erwirbt.

132 OR 663e; BÖCKLI N 1179.

133 Unten 39 ff., § 3.

134 STEBLER 13. Diesbezüglich wird von "normativer Selbständigkeit" der Aktiengesellschaften gesprochen, vgl. A. von PLANTA 139; die herrschende Lehre lehnt somit eine auf ISAY Rudolf: Das Recht am Unternehmen, Berlin 1910, 87 ff., zurückgehende Einheitstheorie ab, die - von der wirtschaftlichen Einheit des Konzerns ausgehend - dessen rechtliche Einheitsbehandlung postuliert.

135 ZWEIFEL 78. Ergänzend können übrige Bestimmungen des OR sowie die Einleitungsartikel des ZGB angewandt werden, F. von PLANTA 22 Anm. 5 mit Verweisen auf SCHLENK 14 und OESCH F.P. 127.

136 FORSTMOSER/MEIER-HAYOZ § 2 N 7.

137 BOSMAN 15; ALBERS-SCHÖNBERG 15; zur Typologie im Aktienrecht vgl. zudem FORSTMOSER/MEIER-HAYOZ § 2 N 24 ff.; VOGEL Hans-Albrecht: Die Familienkapitalgesellschaft, Diss. Zürich 1974, 33 ff.

138 FORSTMOSER/MEIER-HAYOZ § 2 N 32 ff.;

139 BÖCKLI N 1179. Vor der RevOR wurde dieser Einbezug der Konzerninteressen weitgehend als unzulässige wirtschaftliche Betrachtungsweise abgelehnt, ALBERS-SCHÖNBERG 15.

insbesondere dieser Problematik annehmen müssen[140].

II. MODIFIZIERTE EINHEITSTHEORIE UND DURCHGRIFF

Ausnahmsweise kann der Grundsatz der rechtlichen Trennung von juristischer Person und deren Mitgliedern im Sinne der "modifizierten Einheitstheorie"[141] durchbrochen werden. Es kommt zur Aufhebung der Trennung von Gesellschaftspersönlichkeit und Aktionär, zum sog. Durchgriff[142].

1. Begründung und Voraussetzungen des Durchgriffs

Begründet wird der Durchgriff vorwiegend mit ZGB 2, d.h. mit dem Gebot von **Treu und Glauben**, vor allem bei Gesetzes- und Vertragsumgehungen, und dem **Rechtsmissbrauchsverbot**, insbesondere bei zweckwidriger Verwendung der Aktiengesellschaft[143]. Daneben wird der Durchgriff auch als Problem der Auslegung des Rechtsinstituts der juristischen Person und der dazutretenden Einzelnormen verstanden[144].

In der h.L. besteht über den Ausnahmecharakter des Durchgriffs, die Notwendigkeit besonderer Voraussetzungen und über dessen Subsidiarität gegenüber anderen Haftungsgrundlagen wohl Einigkeit[145]. Ob die besonderen Voraussetzungen gegeben sind, soll sich - aufgrund des Rückgriffs auf ZGB 2 - durch eine objektivierte Betrachtungsweise des konkreten Einzelfalls und der konkreten Einzelbestimmungen anhand einer Interessenabwägung beantworten[146]. Stets ist zumindest das Bestehen eines faktischen oder rechtlichen Abhängigkeitsverhältnisses und die "Identität der wirtschaftlichen Interessen" zwischen juristischer Person und Haupt- oder Alleinaktionär vorauszusetzen[147].

2. Rechtsfolgen des Durchgriffs

Durch die Nichtanwendung des Trennungsprinzips wird eine Regelung des dadurch ent-

---

140 BÖCKLI N 1635.

141 Dazu W. von STEIGER 275a f.; CAFLISCH 210; ALBERS-SCHÖNBERG 12.

142 Vgl. aus der umfangreichen Literatur: KEHL, ganze Arbeit; SERICK Rudolf: Rechtsform und Realität juristischer Personen, Berlin u.a. 1955; REHBINDER E. 85 ff.; CAFLISCH 160 ff.; A. von PLANTA 139 ff.; DENNLER, ganze Diss.; FORSTMOSER, Aktienrecht § 1 N 102 ff.; GEHRIGER 117 ff.; BOSMAN 57 ff.; HANDSCHIN 311 ff.

143 FORSTMOSER, Aktienrecht § 1 N 108 ff.; vgl. BGE 108 II 213 ff., 102 III 169 f., 98 II 96 ff., 93 I 378 ff., 92 II 166, 85 II 115 f., 81 II 459, 72 II 76, 71 II 274 f.

144 A. von PLANTA 155 ff. mit Verweisen u.a. auf MERZ ZGB 2 N 285 und 287; ZELLER Ernst: Treu und Glauben und Rechtsmissbrauchsverbot, Diss. Zürich 1981, 270 Anm. 21.

145 DENNLER 30 f.; BOSMAN 62 f.; FORSTMOSER, Aktienrecht § 1 N 112 ff.

146 FORSTMOSER, Aktienrecht § 1 N 112 ff. Wird Rechtsmissbrauch als Begründung genannt, so wird je nach Lehrmeinung der Durchgriff (zusätzlich) vom Vorliegen eines objektiven und/oder subjektiven Rechtsmissbrauchselementes abhängig gemacht, vgl. SERICK 203 ff.; REHBINDER E. 96 und die BGer. Praxis: Das Bundesgericht hat bislang nur bei Einmann- und Quasi-Einmanngesellschaften einen Durchgriff unter der Voraussetzung des Rechtsmissbrauchs vorgenommen.

147 FORSTMOSER, Aktienrecht § 1 N 114 und 116 m.w.N.

standenen "normleeren Raumes" auf der Basis von Auslegung, Analogie oder Rechtsfortbildung ermöglicht[148], welche der wirtschaftlichen Realität entspricht. Je nach Rechtsgebiet bewirkt der Durchgriff unterschiedliche Rechtsfolgen, wobei hauptsächlich die Beseitigung der rechtlichen Selbständigkeit der juristischen Person[149] und der Haftungsdurchgriff[150] unterschieden werden können. Für Konzerntatbestände wird regelmässig nur letzterer eine Rolle spielen, da insbesondere im Bereich des Konzernvertragsrechts ein Durchgriff aufgrund seines Ausnahmecharakters und seiner Hauptbedeutung als Interessenschutz Dritter nur beschränkt zur Anwendung gelangt[151].

3. Durchgriffsformen

Als Formen des Durchgriffs sind der (direkte) Durchgriff, der Rückdurchgriff und der Querdurchgriff auseinanderzuhalten[152]. Den Normalfall stellt der direkte Durchgriff auf den hinter einer juristischen Person stehenden Aktionär dar. Aber auch die Möglichkeit des Rückdurchgriffs, der Inanspruchnahme der juristischen Person für das Verhalten des sie beherrschenden Aktionärs, wird von der Praxis und einem Teil der Lehre grundsätzlich anerkannt[153]. Der Querdurchgriff von einer juristischen Person auf eine andere lässt sich als Kombination von Durchgriff und Rückdurchgriff auf den beherrschenden Aktionär und die beherrschte Gesellschaft verstehen[154]. Für Konzerntatbestände bedeutet der Durchgriff, dass hinter die beherrschte Konzerngesellschaft auf die herrschende Gesellschaft oder allenfalls auf eine Schwestergesellschaft gegriffen werden kann.

III. ZUR KONZERNRECHTSPROBLEMATIK

Der Konzernsachverhalt beinhaltet spezifische Probleme, auf welche die gesellschafts- und aktienrechtliche Regelung nicht zugeschnitten ist[155]. Dies gilt für die Frage nach der

---

148 A. von PLANTA 140 mit Verweisen auf REHBINDER E. 101 f.
149 DENNLER 25. Bei diesem Durchgriff i.e.S. wird die juristische Person dem Aktionär gleichgesetzt; dessen Eigenschaften werden - im Bereich der in Frage stehenden Normen - folglich als solche der Gesellschaft betrachtet, A. von PLANTA 165.
150 Dieser hebt das Trennungsprinzip nur teilweise auf. Es erfolgt in vermögensrechtlicher Hinsicht eine Durchbrechung des Grundsatzes der beschränkten Haftung der juristischen Person nach OR 620 I, ohne dass deren rechtliche Selbständigkeit verletzt würde. Es kommt zur Identifizierung des Aktionärsvermögens mit dem Gesellschaftsvermögen; vgl. A. von PLANTA 140; DENNLER 36 f.
151 BOSMAN 82.
152 FORSTMOSER, Aktienrecht § 1 N 121 ff.
153 BOSMAN 66 mit Verweis auf BGE 102 II 165 ff. Vgl. BGE 71 II 272 ff.; DENNLER 88 f.; FORSTMOSER, Aktienrecht § 1 N 178 ff. Der Gefährdung der Interessen der Gläubiger der juristischen Person ist beim Rückdurchgriff besonders Rechnung zu tragen. Denn im Gegensatz zum direkten Durchgriff, wo zwar auch eine Interessengefährdung der Gläubiger des Aktionärs besteht, erfolgt hier die Gefährdung der Gläubigerinteressen nicht durch den Schuldner selbst, sondern durch eine Drittperson. Diese Gefährdungslage verlangt daher Zurückhaltung und eine "ganz besondere Begründung" beim Rückdurchgriff, BGE 85 II 116.
154 BOSMAN 66.
155 Vgl. die Übersicht bei BÜREN v. 47 ff; STEBLER 15 ff.; SCHLUEP, Freiheit und Verantwortung 356 ff.; daneben besteht die Konzernproblematik u.a. im Bereich der Publizität, des (Konzern)-Vertragsrechts, des Arbeitsrechts; vgl. die Zusammenstellungen bei DRUEY, Aufgaben 303 ff.; GRAF

Durchsetzungsmöglichkeit der Konzernpolitik[156], den diesbezüglichen Interessenkonflikt der Verwaltung der abhängigen Konzerngesellschaften[157] und die Problematik der Haftung in Konzernverhältnissen[158].

Durch den Konzernsachverhalt können die Interessen sowohl der Minderheitsaktionäre, Gläubiger und Arbeitnehmer der Konzerngesellschaft gefährdet werden als auch diejenigen der Öffentlichkeit, z.B. an der steuerlichen Leistungsfähigkeit der Gesellschaft[159]. Durch die ungenügenden Publizitätsvorschriften und die daraus resultierende Beschränkung der Kontroll- und Informationsrechte werden allenfalls auch die Interessen der Aktionäre und Gläubiger der Holdinggesellschaft beeinträchtigt[160].

Ausgehend von der Problematik und dem Gefährdungspotential des Konzernsachverhalts wird in der Literatur zunehmend dessen rechtliche Normierung gefordert: Teils werden zusätzliche Vorschriften zum Schutz der durch die Konzernierung besonders gefährdeten Interessengruppen im Rahmen des geltenden Rechts verlangt[161], teils ein eigentliches Konzernrecht[162]. Letzteres soll insbesondere die Normierung des Konzerns als rechtliche Einheit beinhalten, die Legitimation einer beherrschenden Einflussnahme und einer damit verbundenen Verantwortung sowie Schutzbestimmungen für Aktionäre und Gläubiger[163]. Zur Erfassung der Konzernsachverhalte wird dabei - je nach Blickrichtung - auf das Abhängigkeitsverhältnis oder auf die einheitliche Leitung oder auf eine Kombination von beidem abgestellt[164].

D. ZUSAMMENFASSUNG

In einem Konzern werden zwei oder mehrere rechtlich selbständige Unternehmen unter wirtschaftlich einheitlicher Leitung zusammengefasst. In der Schweiz weist der Konzern

---

49 ff.; DALLEVES 607 ff.; ZWEIFEL 119 ff.
156 Vgl. UTTENDOPPLER, ganze Arbeit.
157 Vgl. F. von PLANTA, ganze Arbeit, insb. 150 ff.
158 Vgl. ALBERS-SCHÖNBERG, ganze Arbeit, insb. 185 f.
159 Zu konzernspezifischen Schädigungsmöglichkeiten vgl. F. von PLANTA 31 ff; PLÜSS M. 58 ff.; UTTENDOPPLER 166 ff. Eine Pflicht zur Wahrung öffentlicher Interessen kann jedoch nicht angenommen werden, BINDER 62.
160 Vgl. dazu STEBLER 15 f.; DRUEY, Aufgaben 316 ff.; PLÜSS M. 119 f.; zur Konzernpublizität vgl. die Arbeit von EGGENSCHWILER.
161 Vgl. CAFLISCH 58 m.w.N.
162 So auch MEIER-HAYOZ/FORSTMOSER § 19 N 60 ff.
163 Vgl. ZWEIFEL 169 ff.; GRAFFENRIED 138 f.; PLÜSS M. 107 ff.; ALBERS-SCHÖNBERG 187 ff.; SLONGO 173 ff.; HAUNREITER 114; EGGENSCHWILER 45 ff., insb. 58; F. von PLANTA 177 ff. Der Ausgestaltung des Konzerns wird weniger Beachtung geschenkt; nur vereinzelt wird ein umfassendes Organisations- und Verhaltensrecht für eine besondere Unternehmensform verlangt; vgl. dazu SCHNEIDER Uwe, Konzernleitung als Rechtsproblem, in Betriebs-Berater, Zeitschrift für Recht und Wirtschaft, Heft 5, 1981 249; DRUEY, Aufgaben 335.
164 STEBLER 21 m.w.N.

mehrheitlich eine Holdingstruktur auf; die Konzernglieder bestehen vorrangig aus Aktiengesellschaften.

Die einheitliche Leitung durch die Holdinggesellschaft setzt voraus, dass sie die Willensbildung und -durchsetzung in den Konzerngesellschaften beherrschen kann. Die Beherrschung kann auf Stimmenmacht, personeller Verflechtung, Statutenvorschrift oder Vertrag basieren.

Mit der RevOR wurde die einheitliche Leitung der Konzerngesellschaften durch eine Holdinggesellschaft anerkannt. Die Konzerninteressen können daher legitimerweise bei der Interessenabwägung in den Konzerngesellschaften berücksichtigt werden. Wie die Durchsetzung der Konzerninteressen in den Konzerngesellschaft zu erfolgen hat, wird im Gesetz nicht näher ausgeführt.

Der Einflussmöglichkeit der Holdinggesellschaft sind insbesondere dadurch Grenzen gesetzt, dass in den Konzerngesellschaften die aktienrechtliche Fundamentalordnung und die zwingende Zuständigkeit des Verwaltungsrates zur sorgfältigen Wahrnehmung seiner Hauptaufgaben beachtet werden müssen. Verwaltungsratsmitglieder der Konzerngesellschaften dürfen sich nur - aber immerhin - dazu verpflichten, die Konzerninteressen im Rahmen ihrer sorgfältigen Ermessensausübung zu vertreten. Bei der Interessenvertretung haben sie insbesondere die Gläubigerinteressen zu wahren und für die Einhaltung der Rechtsordnung zu sorgen. Eine vorbehaltlose Weisungsbefolgungspflicht im Bereich der zwingenden Organaufgaben kann nicht begründet werden. Die Interessenvertretungspflicht darf bei hundertprozentiger Beherrschung der Konzerngesellschaft oder statutarischer Zweckausrichtung auf die Konzerninteressen in den Statuten der Konzerngesellschaft oder in einer vertraglichen Abmachung mit ihr verankert werden.

Obwohl das Gesetz einige Normen für den Konzern kennt und die Praxis aus allgemeinen Regeln Normen für den Konzern entwickelt hat, fehlt ein eigentliches Konzernrecht in der Schweiz. Problematisch ist insbesondere, wie und in welchem Umfang die Holdinggesellschaft in Willensbildung und -durchsetzung der Konzerngesellschaften eingreifen darf und welches die Haftungsfolgen eines solchen Eingriffs sind. Darauf ist im nächsten Paragraphen näher einzugehen.

§ 3 ZUM RECHT DER KONZERNLEITUNG

Das Gesetz regelt nicht ausdrücklich, wie und in welchem Umfang die Holdinggesellschaft die Konzerngeschäftspolitik in den Konzerngesellschaften durchsetzen darf. Weil die Rechtsordnung auch eine Konzerngesellschaft weitgehend als unabhängige, im Eigeninteresse geführte Gesellschaft betrachtet, wird die Durchsetzbarkeit der Konzerninteressen eingeschränkt. Der Konflikt zwischen den Anforderungen der Rechtsordnung und dem Konzernsachverhalt wird dadurch noch verschärft, dass die Weisungserteilung und Berichterstattung im Konzern wegen personeller Verflechtungen in den Geschäftsführungsorganen oftmals am Verwaltungsrat der Konzerngesellschaften vorbeiführen[1].

In diesem Paragraph wird danach gefragt, welchen Rechtsregeln die Konzernleitung unterworfen ist. Zuerst wird der Tatbestand "Konzernleitung" definiert und erläutert. Sodann wird untersucht, ob und unter welchen Voraussetzungen die Holdinggesellschaft eine Pflicht trifft, konzernleitend tätig zu werden. Anschliessend werden die Konzernleitungsbefugnisse einer konzernleitenden Holdinggesellschaft anhand der ihr offenstehenden Weisungsrechte im Konzern dargestellt. Die Konzernleitungsbefugnisse werden danach am Beispiel der im Konzern tätigen Doppelorgane nochmals aufgezeigt. Zum Schluss wird auf die Haftung der Holdinggesellschaft und der Konzernleitungspersonen für die Konzernleitungstätigkeit eingegangen.

A. ZUM INHALT DER KONZERNLEITUNG

I. ZUM KONZERNLEITUNGSBEGRIFF

Mit Konzernleitung wird im formellen Sinn die Konzernleitungsorganisation zur Durchführung der einheitlichen Leitung bezeichnet[2]. Materiell ist darunter die einheitliche Leitung selber zu verstehen[3].

II. DIE KONZERNLEITUNGSORGANISATION

1. Die Zentralisation von Verwaltungs- und Geschäftsführungsaufgaben der abhängigen Konzerngesellschaften

Die Konzernleitungsorganisation basiert auf der Zentralisation von Verwaltungs- und Geschäftsführungsaufgaben der abhängigen Konzerngesellschaften mit allen damit zusammenhängenden Planungs-, Entscheidungs-, Anordnungs- und Kontrollkompetenzen oder nur Teilen davon auf die Träger der Konzernleitung. Durch diese werden die Aufgaben zentral erfüllt oder nur hinsichtlich einzelner Kompetenzen bzw. Ausführungsaufgaben

---

1 FORSTMOSER, Organisation 16.
2 Vgl. RUEDIN, ZSR 165 f.; ALBERS-SCHÖNBERG 30 m.w.N.
3 ALBERS-SCHÖNBERG 60.

zentralisiert. Die Zentralisation von Entscheidungsbefugnissen steht dabei im Vordergrund[4].

Die Besonderheit der Organisation "Konzern" liegt darin, dass bereits strukturierte Teileinheiten zu einer Gesamtstruktur zusammengesetzt werden, wobei zur Erfüllung des Konzentrationszwecks ein optimaler Ausgleich zwischen wirtschaftlicher Selbständigkeit der operativen Einheiten und der Ausrichtung auf die Ziele des Konzerns angestrebt wird[5]. Die Festlegung von Art und Umfang der Zentralisation bzw. Dezentralisation von Unternehmensbereichen und Entscheidungsbefugnissen wird somit zum entscheidenden Faktor der Konzernorganisation.

2. Träger der Konzernleitung

Die **Konzernleitung im weiteren Sinn** bilden alle Personen, die im Rahmen der Konzernleitungsorganisation mit Konzernleitungsaufgaben befasst sind, d.h. alle Mitglieder von Leitungs-, Stabs- und Ausführungsstellen[6]. Auch die Verwaltung der abhängigen Konzerngesellschaften ist im zentralisierten Unternehmensbereich zur Konzernleitung im weitesten Sinn zu rechnen[7].

Zur **Konzernleitung im engeren Sinn** sollen dagegen nur die Funktionäre gezählt werden, denen bezüglich der Konzernleitungsaufgaben selbständige Entscheidungsbefugnisse zustehen.

Im **engsten Sinn sind unter der Konzernleitung** nur die Personen zu verstehen, die im Konzern die Konzerngeschäftspolitik festlegen[8]. Der Verwaltungsrat der Holdinggesellschaft gehört regelmässig zur Konzernleitung im engsten Sinn. Ihm obliegt die "Konzernleitung" im Rahmen der Oberleitung der Holdinggesellschaft nach OR 716a I Ziff. 1, sobald die Holdinggesellschaft andere Gesellschaften unter ihrer einheitlichen Leitung zusammenfasst[9].

3. Konzernleitungsbeziehungen

Je nach Art der Zentralisation ergeben sich unterschiedliche Leitungsbeziehungen unter den Trägern der Konzernleitung[10]:

Die **Weisungsbeziehung** beinhaltet die Befugnis, Weisungen zu erteilen. Diese können

---

4 Im folgenden wird - wie oft in der Literatur - nur auf Entscheidungsbefugnisse abgestellt und unter "Zentralisation" nur deren Zusammenfassung verstanden, vgl. dazu SCHWARZ 54.
5 WÖRN 27.
6 Vgl. ALBERS-SCHÖNBERG 30.
7 EGGENSCHWILER 32 f.
8 Vgl. ALBERS-SCHÖNBERG 30.
9 BÖCKLI N 1529.
10 Übernommen von WEIDEMANN 127 ff.

als konkrete Anordnungen, die eine bestimmte Reaktion vorschreiben, oder als generelle Vorschriften vorkommen, die der untergeordneten Instanz hinsichtlich Planungs-, Entscheidungs-, Anordnungs- oder Kontrollkompetenz einen Auslegungsspielraum belassen[11].

Zur **Beratungsbeziehung** gehört die Befugnis zur Abgabe von Empfehlungen und Informationen, zur Durchführung von Ausbildungsprogrammen sowie zur spezifisch unternehmensberatenden Tätigkeit. Letztere beinhaltet die beratende Teilnahme am Willensbildungsprozess ohne Wahrnehmung von Entscheidungsaufgaben[12]. Damit tritt auch die Entscheidungsbefugnis der übergeordneten Instanz in den Hintergrund. Diese wird der untergeordneten Instanz - z.T. auch bezüglich der Inanspruchnahme der Beratungstätigkeit selber - überlassen.

Mit der **Koordination** wird die Abstimmung der Planung einzelner Grundeinheiten untereinander und mit dem Gesamtplan bezweckt. Dazu soll weniger die Entscheidungsmacht der Spitzeneinheit führen als der Kompromiss. Die Koordinationsbeziehung verleiht daher v.a. die Befugnis, den Bereich der Abstimmung festzulegen, die materiellen Grundlagen zu beschaffen und die Abstimmungsprozesse zu definieren und durchzuführen.

III. DIE KONZERNLEITUNGSAUFGABEN

Die Konzernleitungsaufgaben gehen über die Aufgaben der Beteiligungsverwaltung hinaus und entsprechen funktionell den Unternehmensaufgaben[13]. Wie in jedem Unternehmen sind im Konzern die Festlegung der Geschäftspolitik, die laufende Verwaltung und die zweckmässige Ausgestaltung der Organisation die vorrangigsten Aufgaben.

1. Konzerngeschäftspolitik

Die konkreten geschäftspolitischen Sachaufgaben hängen vom Tätigkeitsgebiet des Konzerns, der Konjunktur und weiteren situativen Gegebenheiten ab[14]. Im allgemeinen gehört zur Konzerngeschäftspolitik die Formulierung der Konzernziele, die Festlegung der mittel- und langfristigen Konzernstrategie sowie die Definition und Bereitstellung der zur Zielerreichung benötigten Mittel. Die Geschäftspolitik im Konzern wird v.a. mittels der strategischen Ordnung von Konzernfinanz-, Konzerninformations- und Konzernpersonalwesen durchgesetzt.

---

11 Die Verbindlichkeit der Anordnungen kann grundsätzlich auf organisatorischer oder rechtlicher Grundlage beruhen.
12 Beratungsleistungen können in Informationsbeschaffung und -bewertung sowie in der Realisierung von Problemlösungen bestehen, HIRZEL 12 ff. und 21 ff.
13 SCHNEIDER 250.
14 RÜHLI 35.

a. Konzernstrategie

Bei konzernstrategischen Entscheidungen geht es vor allem um die Festlegung der Geschäftsbereiche, in denen der Konzern mit seinen Konzerngesellschaften tätig sein will[15]. Auch gehört die Entscheidung über eine dezentrale oder zentrale Führungsstruktur in den Bereich der Konzernstrategie[16]. Je nach Ausgestaltung der Führungsstruktur wird sodann im Rahmen der strategischen Organisation von Konzernfinanzen sowie von Konzerninformations- und -personalwesen der diesbezügliche Rahmen der konzerngesellschaftlichen Geschäftspolitik festzulegen sein.

b. Konzernfinanzen

Die Aufgaben im Konzernfinanzwesen betreffen hauptsächlich die Finanzplanung und die Ausgestaltung des Konzernrechnungswesens:

Die strategische Finanzplanung befasst sich mit der Mittelschöpfung und -verwendung im Konzern und insbesondere mit der Mittelzuführung an Konzerngesellschaften: Es müssen u.a. Entscheidungen über die Dividendenauszahlung, Kapitalerhöhungen und Darlehensaufnahmen in den Konzerngesellschaften getroffen werden[17].

Die Ausgestaltung des Konzernrechnungswesens hat zweckmässig zu sein. Zu berücksichtigen ist, dass im Interesse einer einheitlichen Bilanzpolitik im Konzern die gleichen Bewertungs- und Bilanzierungsregeln für alle Konzerngesellschaften angewendet werden sollen[18]. Auch wegen der gesetzlichen Pflicht zur Konzernrechnungslegung muss in allen Konzerngesellschaften eine möglichst einheitliche Konsolidierungsregel aufgestellt werden[19].

c. Konzerninformationswesen

Zur Erfüllung von Konzernleitungsaufgaben bedarf es umfangreicher Informationen aus den Konzerngesellschaften[20]. Nicht nur die Pflicht zur Aufstellung des Konzernabschlusses verlangt nach entsprechenden Informationsrechten. Auch die Wahrnehmung der Unternehmenskontrolle baut auf der zweckmässigen konzernweiten Berichterstattung auf[21]. Insbesondere mit den finanziellen Kennzahlen muss sich die Konzernleitung befassen[22].

---

15 SCHEFFLER 478; AMSTUTZ 384.
16 BEHR GIORGIO: Dezentrale Führungsstrukturen, in: Der Schweizer Treuhänder, 66 (1992) 226 ff.
17 SCHEFFLER 479 f.; AMSTUTZ 384.
18 SCHEFFLER 480.
19 Dazu BÖCKLI N 1216 und N 1223.
20 Vgl. DRUEY, Informationsrecht 51 f.
21 Vgl. OR 716a I Ziff. 5 und BÖCKLI N 1568 ff. für die Pflicht des Verwaltungsrates, die Berichterstattung in seiner Gesellschaft angemessen zu organisieren.
22 Vgl. BÖCKLI N 1568 m.w.N.

d. Konzernpersonalwesen

Die zweckmässige Besetzung von Führungspositionen und die kompetente Fortbildung von Nachwuchskräften sichern den unternehmerischen Erfolg des Konzerns[23]. Die Erfüllung dieser Aufgaben sind zentrale Konzernleitungsangelegenheiten.

2. Konzernverwaltungsaufgaben

Jede Konzernleitungsaufgabe, ob sie nun die Geschäftspolitik, das Finanzwesen oder eine andere Unternehmensaufgabe betrifft, verlangt nach der Organisation von Planungs-, Entscheidungs-, Anordnungs- und Kontrollkompetenzen[24]. Wer in der Konzernleitungsorganisation mit der Sachaufgabe betraut wird, hat auch die Organisation der damit zusammenhängenden Kompetenzen vorzunehmen. Die Planungs-, Anordnungs- und Kontrollaufgaben fallen damit bei der Erfüllung von geschäftspolitischen Aufgaben automatisch an[25]. Dementsprechend sind sie als Teilfunktionen der Konzernleitungsaufgaben zu erfüllen. Unter laufender Konzernverwaltung soll hier die Ausübung dieser Teilfunktionen verstanden werden.

3. Konzernorganisation

Die gleichzeitige Erfüllung von mehreren Konzernleitungsaufgaben muss organisiert und koordiniert werden. Auch diese Organisationstätigkeit ist eine Aufgabe der Konzernleitung[26]. Was sie konkret beinhaltet, wurde oben beschrieben[27].

IV. DIE KONZERNLEITUNGSTÄTIGKEIT

Konzernleitungstätigkeit besteht aus der Erfüllung der im zentralisierten Unternehmensbereich zu lösenden Aufgaben. In einem engeren Sinn gehört dazu die gesamte organisatorische Einflussnahme auf die Verwaltung und Geschäftsführung in den abhängigen Konzerngesellschaften, hauptsächlich mittels Weisungen, Beratung und Koordination.

Im engsten Sinn bedeutet die Konzernleitungstätigkeit **die direkte oder indirekte Wahrnehmung von Verwaltungs- oder Geschäftsführungsaufgaben der abhängigen Konzerngesellschaften**: Entweder erfolgt die Willensbildung und -durchsetzung in der Gesellschaft selbständig durch die Konzernleitungspersonen und Doppelorgane. Oder die Konzernleitungspersonen beeinflussen die Organpersonen der Konzerngesellschaft im Sinne der Konzerngeschäftspolitik[28]. Im folgenden wird die Konzernleitungstätigkeit in ihrem engsten Sinn verstanden.

---

23 SCHEFFLER 481.

24 RÜHLI 36; AMSTUTZ 384.

25 So z.B. die "Finanzkontrolle" als Ausfluss des Finanzmanagements einerseits und als interne Kontrolle der finanziellen Abläufe im Unternehmen andererseits, vgl. BÖCKLI N 1560 ff.

26 AMSTUTZ 385.

27 Oben 39 ff., § 3.A.II.

28 Vgl. BOSMAN 35; ALBERS-SCHÖNBERG 60; HANDSCHIN 44 f.; vgl. zur Konzernleitungstätigkeit durch Doppelorgane auch unten 59 ff., § 3.D.

V. DAS KONZERNINTERESSE

Die Erfüllung von Konzernleitungsaufgaben erfolgt regelmässig ihrem Zweck gemäss im Konzerninteresse. Damit ist das Interesse am Gesamtunternehmen Konzern gemeint[29]. Es zielt auf dessen wirtschaftlichen Erfolg und Fortbestand und damit auf eine rentable Ausnützung der im Konzern zusammengefassten Wirtschaftskraft[30].

Die Rechtsordnung versagt dem Konzern die Rechtspersönlichkeit. Vor der RevOR wurde das Konzerninteresse in den abhängigen Konzerngesellschaften lediglich als Ausdruck der Aktionärsinteressen der Holdinggesellschaft und somit als Bestandteil von den eigenen Gesellschaftsinteressen anerkannt[31]. Das Konzerninteresse fand auch nur im Rahmen der konzerngesellschaftlichen Interessen rechtlichen Schutz[32]. Dies führte zu folgender Problematik:

Das Konzerninteresse kann in rechtlicher Hinsicht nicht mit dem Holdinginteresse gleichgesetzt werden[33]. Denn die Holdinginteressen, nämlich die auf die Holding gerichteten, rechtlich geschützten Individualinteressen, brauchen sich nicht mit dem Konzerninteresse zu decken[34]. Nur soweit die Konzerninteressen mit den Holdinginteressen übereinstimmten, durften die Konzerninteressen vor der RevOR in die Interessenabwägung der Konzerngesellschaften Eingang finden.

Mit der RevOR wurde die Einrichtung der einheitlichen Leitung durch eine Holdinggesellschaft im Gesetz anerkannt[35]. Die Konzerninteressen können somit rechtmässig in die Interessenabwägung in den Konzerngesellschaften einbezogen werden. Da die Wahrung

---

29 Vgl. zum Konzerninteresse DRUEY, Aufgabe 305 ff.; NENNINGER 92 ff.; UTTENDOPPLER 147 ff.; MESTMÄCKER 275 ff.; ALBERS-SCHÖNBERG 95 ff.; BOSMAN 53; BINDER 346 ff.; HANDSCHIN 92 ff.

30 KOPPENSTEINER § 308 Anm. 26; HANDSCHIN 93.

31 Die Aktiengesellschaft liegt im Spannungsfeld oft gegensätzlicher Interessen von Aktionären, Gläubigern, Arbeitnehmern oder der Öffentlichkeit. Das funktional verstandene Gesellschaftsinteresse hat dabei in einem Interessenkonflikt den Ausgleich der in unterschiedlichem Ausmass rechtlich durchsetzbaren und schützenswerten Interessen aller Beteiligten zu regeln; es stellt ein Ausgleichsprinzip dar (SCHLUEP, wohlerworbene Rechte 400). Unter dem "Gesellschaftsinteresse" werden dabei inhaltlich die Interessen der um die Erhaltung des Unternehmens und um die Sicherung seines gewinnzielenden Zweckes bedachten Beteiligten verstanden (ALBERS-SCHÖNBERG 95). Darin ist denn auch der Vorrang der Gesellschaftsinteressen vor egoistischen Individualinteressen zu sehen. Trotzdem kann nicht vom Schutz der Gesellschaftsinteressen an sich gesprochen werden, da diese nicht um ihrer selbst willen Schutz verdienen, sondern nur wegen der an der Gesellschaft beteiligten, schützenswerten Interessen (F. von PLANTA 126). Zum Begriff und Inhalt des Gesellschaftsinteresses vgl. auch FORSTMOSER/MEIER-HAYOZ § 3 N 3 ff.; BÄR, ZBJV 369 ff.; BÄR, ZSR 321 ff.; SCHLUEP, SAG 137 ff. und 170 ff.; UTTENDOPPLER 133 ff.; BINDER 62 ff.; HANDSCHIN 107 f.

32 Vgl. F. von PLANTA 126 f.; dem Konzerninteresse wird somit keine interessenausgleichende Funktion zuerkannt, GRAFFENRIED 72; a.M. UTTENDOPPLER 154.

33 UTTENDOPPLER 148. A.M. HANDSCHIN 93; in Deutschland KOPPENSTEINER § 308 Anm. 26.

34 Insbesondere bei anderen als Publikumsgesellschaften, die dem Willen eines Mehrheits- oder Alleinaktionärs unterworfen sind.

35 OR 663e; BÖCKLI N 1179.

der Konzerninteressen regelmässig im Interesse der Konzerngesellschaft liegt, sind die Konzerninteressen dort neben den Interessen der Minderheitsaktionäre und Gläubiger einerseits und den allenfalls vom Konzerninteresse abweichenden Interessen der Holdinggesellschaft anderseits zu berücksichtigen[36].

VI. KONZERNLEITUNGSKOMPETENZEN

Unter Konzernleitungskompetenz werden die Verpflichtung zur Konzernleitungstätigkeit und die damit verbundenen Befugnisse verstanden[37]. Die Befugnisse stammen aus dem Bereich der **Geschäftsführung i.e.S.** sowie allenfalls der **Vertretung** in der Holdinggesellschaft[38]. Der erste Bereich umfasst die Kompetenz zur "Bildung des der Gesellschaft zuzurechnenden Willens"; die Vertretung diejenige zur Erklärung an Dritte, um damit nach aussen für die Gesellschaft rechtsgeschäftlich zu handeln[39]. Die beiden Funktionen stehen in einem engen Verhältnis zueinander. Zwar brauchen sie sich nicht zu decken, doch weist die Vertretungstätigkeit dann geschäftsführenden Charakter auf, wenn sie - wie in der Praxis üblich - **Entscheidungsbefugnisse der internen Willensbildung** mitumfasst[40].

Auf die Konzernleitungspflicht der Holdinggesellschaft und deren Weisungsrecht, als wichtigste Konzernleitungsbefugnis, wird im folgenden näher eingegangen.

B. DIE KONZERNLEITUNGSPFLICHT

Fasst die Holdinggesellschaft mehrere Konzerngesellschaften unter einheitlicher Leitung zusammen, ist der Verwaltungsrat der Holding aufgrund seiner zwingenden Oberleitungsaufgaben zur Konzernleitung verpflichtet[41]. Ob aber bereits aus der Beteiligung an einer Aktiengesellschaft eine Pflicht zur Konzernleitung folgt, ist bekanntlich umstritten und soll näher beleuchtet werden[42].

---

36 Vgl. HANDSCHIN 108. Nach der hier vertretenen Auffassung sind Konzernweisungen der Holdinggesellschaft in den nicht zu hundert Prozent beherrschten Konzerngesellschaften auf ihre Vereinbarkeit mit den Konzerninteressen zu prüfen. Weisungen, die auf egoistische Interessen von Aktionären der Holdinggesellschaft oder ihr nahestehenden Dritten zielen, liegen nicht im Konzerninteresse; dazu unten 55, § 3.C.IV.1.b.

37 Der Begriff der Kompetenz beinhaltet die Pflicht, bestimmte Probleme zu lösen sowie spezifische Befugnisse zur Problemlösung. Insoweit sich diese beiden Komponenten decken, soll fortan von Kompetenz gesprochen werden.

38 Zu der funktionellen Abgrenzung der Verwaltungstätigkeit von der Geschäftsführung und deren Unterscheidung in Geschäftsführung i.e.S. und Vertretung vgl. VOLLMAR 4 ff.; HORBER 4 ff.; BÜRGI 717 N 5; SCHULTHESS 70 ff.

39 STAUBER 79 mit Verweis auf BÜRGI OR 717 N 5.

40 Vgl. SCHULTHESS 71 f.; FORSTMOSER/MEIER-HAYOZ § 24 N 21; HORBER 15.

41 BÖCKLI N 1529; AMSTUTZ 380.

42 Vgl. dazu die Arbeiten von HOMMELHOF Peter: Die Konzernleitungspflicht, Habilitationsschrift Bochum, Köln u.a. 1982; ALBERS-SCHÖNBERG, insb. 75 ff.; UTTENDOPPLER, insb. 98 ff.; HANDSCHIN 109 ff.; AMSTUTZ 362 ff.

I. Die Grundlagen der Konzernleitungspflicht

1. Übersicht

Die Normierung einer Konzernleitungspflicht für die Holdinggesellschaft fehlt im Gesetz[43]. Eine Pflicht zur Konzernleitung für deren Verwaltung kann zum einen auf der Grundlage von Statuten[44], Reglementen und vertraglichen Abmachungen bestehen[45]. Konzernleitungspflichten ergeben sich aber auch aus den Sorgfalts- und Treuepflichten der Organpersonen nach OR 717 I und ihrer damit korrelierenden aktienrechtlichen Verantwortlichkeit[46].

2. Die Sorgfalts- und Treuepflichten der Organpersonen insbesondere

a. Vorbemerkungen zum Organbegriff

Das Gesetz umschreibt den Organbegriff nicht. In der Literatur und Judikatur werden unter dem Organbegriff sowohl in einem weiteren Sinne die abstrakten Funktionsträger einer Aktiengesellschaft verstanden als auch in einem engeren Sinne die für die Aktiengesellschaft nach aussen auftretenden - oder einer aktienrechtlichen Verantwortlichkeit unterliegenden - konkreten Funktionäre[47]. Terminologisch werden vorliegend Organe i.e.S. mit "Organpersonen" bezeichnet, während die Bezeichnung "Organ" für den Organbegriff i.w.S. vorbehalten bleibt.

Organe sind diejenigen abstrakten Funktionsträger der Aktiengesellschaft, welchen durch Gesetz oder innergesellschaftliche Satzung zentrale körperschaftliche Funktionen der Willensbildung, -durchsetzung oder Kontrolle zugeordnet werden[48]. Organpersonen sind solche konkrete Personen, welche tatsächlich "wesentliche körperschaftliche Aufgaben überwiegend weisungsfrei ausüben oder eine Position innehaben, die nach gesetzlicher oder interner Regelung darin besteht"[49].

---

43 Vgl. BÖCKLI N 1529.

44 Vgl. UTTENDOPPLER 99; HANDSCHIN 112 f. und AMSTUTZ 380, welche die Frage nach der Konzernleitungspflicht als Folge des Konzernzweckes aufwerfen.

45 Der Aufgabenkreis des Verwaltungsrates kann auch durch vertragliche Abmachungen mit der Gesellschaft im Rahmen von Gesetz, Statuten und Reglementen näher umschrieben werden, vgl. BÜRGI OR 722 N 2; einschränkend allerdings PLÜSS A. 64.

46 Nach HANDSCHIN 111 besteht eine Konzernleitungspflicht der Holdinggesellschaft allgemein in den Fällen, in denen diese einer gesetzlichen Unterlassungshaftung untersteht. Vgl. auch AMSTUTZ 378 f.

47 Vgl. FORSTMOSER, Verantwortlichkeit § 2 N 638 ff. m.w.N.; REIFF 88 ff. Es darf dabei von der weitgehenden Identität des von ZGB 55, OR 722 und OR 754 I erfassten Personenkreises ausgegangen werden, weshalb diesem ein einheitlicher Organbegriff zugrunde gelegt werden kann, FORSTMOSER, Verantwortlichkeit § 2 N 643 und 647 m.w.N.; vgl. zu den Unterschieden WATTER 98 ff.; BGE 117 II 570 ff.

48 REIFF 88 m.w.N.

49 PLÜSS A. 116 Anm. 584; sie unterscheiden sich durch den Umfang der selbständigen Entscheidungskompetenzen von den Hilfspersonen, denen nur Ausführungsaufgaben und untergeordnete Entscheidungskompetenzen zukommen, FORSTMOSER/MEIER-HAYOZ § 15 N 9 m.w.N.

Die Organstellung von Organpersonen kann auf mehrere Arten **begründet** werden[50]:

Formelle Organstellung nehmen Funktionäre ein, die aufgrund einer Wahl und des ihr regelmässig folgenden Handelsregistereintrages in der Organisation der Aktiengesellschaft eine Position einnehmen, die in der Ausübung einer Organtätigkeit besteht[51].

Die **materielle Organstellung** ergibt sich aus tatsächlich organschaftlichem Verhalten von Personen. Dieses kennzeichnet sich dadurch, dass es die Willensbildung der Gesellschaft massgebend mitbestimmt[52], überwiegend selbständig und weisungsfrei erfolgt[53] und als übliches und typisches Verhalten eines Organs im formellen Sinne gelten kann[54]. Der Pflichtkreis der materiellen Organpersonen erstreckt sich daher nur auf die Bereiche, in denen sie tatsächlich organschaftlich tätig wurden[55]. Darin trifft sie neben der Verantwortung für ihr Tun auch eine solche für ihre Unterlassungen und damit eine eigentliche Pflicht zu sorgfältigem Handeln[56]. Sie werden dabei grundsätzlich an denselben Organpflichten gemessen, wie sie den formellen Organpersonen auferlegt sind[57].

Ein Funktionär bekleidet eine **Organstellung durch Kundgabe**, wenn ein vernünftiger und konkreter Dritter nach Treu und Glauben davon ausgehen darf, dass der Funktionär die kundgegebene Organstellung innehat[58]. Der Pflichtkreis, der sich aus dieser Organstellung ergibt, beurteilt sich nach dem Inhalt und dem Umfang der Kundgabe[59]: Wird der Eindruck erweckt, es handle sich beim Funktionär um eine formelle Organperson, haftet er als solche. Wird die Zuständigkeit des Funktionärs auf gewisse Bereiche beschränkt, ist er für sein Tun und seine Unterlassungen in diesem Bereich verantwortlich wie eine materielle Organperson.

b. Die Holdinggesellschaftsinteressen als Grundlage der Konzernleitungspflicht

Organpersonen sind verpflichtet, ihr Organhandeln nach dem am Gesellschaftszweck orientierten Gesellschaftsinteresse zu richten. Von ihnen ist die Erfüllung von Konzernleitungsaufgaben als Ausfluss ihrer Sorgfaltspflichten zu verlangen, wenn es die Interes-

---

50 Dazu ausführlich FORSTMOSER, Verantwortlichkeit § 2 N 654 ff. Mit Organstellung werden dabei die gesellschaftsinternen Kompetenzen und die Vertretungsmacht von Organpersonen zusammenfassend umschrieben, PLÜSS A. 116.
51 REIFF 89.
52 Vgl. BGE 117 II 571 ff.; BGE 107 II 349; vgl. auch FORSTMOSER, Verantwortlichkeit § 2 N 659, der unter massgebenden Entscheiden nur solche von unternehmenspolitischer und -leitender Art versteht.
53 Vgl. FORSTMOSER, Verantwortlichkeit § 2 N 660, wonach erkennbare Weisungsgebundenheit einer Person gegen deren materielle Organstellung spricht.
54 FORSTMOSER, Verantwortlichkeit § 2 N 661 ff.; BGE 117 II 442; vgl. zum Organbegriff auch BGE 107 II 353 E.5.; 111 II 484; 117 II 570 ff.
55 FORSTMOSER, Verantwortlichkeit § 2 N 685.
56 Vgl. FORSTMOSER, Verantwortlichkeit § 2 N 687; REIFF 171.
57 GEHRIGER 86 f. m.w.N.
58 FORSTMOSER, Verantwortlichkeit § 2 N 676; vgl. BGE 117 II 571.
59 Dazu FORSTMOSER, Verantwortlichkeit § 2 N 690 ff.

sen der Holdinggesellschaft bedingen. Dies trifft in dem Masse zu, wie der Erfolg der Holdinggesellschaft von demjenigen der konzernverbundenen Gesellschaften abhängt[60]. Die Beteiligungshöhe oder die Art und Höhe der finanziellen und organisatorischen Verflechtung können dafür Anhaltspunkte liefern[61].

c. Materielles Organhandeln als Grundlage der Konzernleitungspflicht

Soweit sich - formelle, materielle oder kundgegebene - Organpersonen im Rahmen ihres organschaftlichen Verhaltens für die Holdinggesellschaft tatsächlich mit Konzernleitungsaufgaben befassen, trifft sie in diesem Aufgabenbereich eine Verantwortlichkeit für ihr Tun und ihre Unterlassungen. Der angesprochene Aufgabenbereich beurteilt sich nach der konkreten Konzernorganisation, d.h nach dem Bereich der tatsächlichen Einflussnahme auf die Verwaltung der abhängigen Konzerngesellschaften[62]. Die Tatsache, dass in einem Bereich üblicherweise konzernleitend Einfluss genommen wird, begründet eine entsprechende Sorgfaltspflicht, die auch das Unterlassen einer Einflussnahme oder Weisungserteilung im Einzelfall als Pflichtwidrigkeit erscheinen lässt bzw. zu einer umfassenden Handlungspflicht führen kann[63].

II. DIE KONZERNLEITUNGSSORGFALTSPFLICHTEN

1. Sorgfältige Beteiligungsverwaltung[64]

Die zuständigen Organe der Holdinggesellschaft sind zu sorgfältiger Beteiligungsverwaltung verpflichtet. Ihnen obliegt insbesondere die angemessene Ausübung der Aktionärsrechte wie des Stimm- und Wahlrechtes. Die Vertreter der Holdinggesellschaft im Verwaltungsrat der Konzerngesellschaften müssen zudem sorgfältig ausgewählt, instruiert und überwacht werden[65]. Die Instruktions- und Überwachungspflichten gebieten die Be-

---

60 Nach UTTENDOPPLER 105 hat die Konzernleitung aus eigenem Interesse der Holdinggesellschaft zu erfolgen, da wirtschaftlich gesehen die Tochtergesellschaften als Bestandteil des Makro-Unternehmens Konzern zu betrachten sind.
Nach ALBERS-SCHÖNBERG 75 und 76 ist die Verwaltung der Holdinggesellschaft in den ihr durch die Konzernorganisation zugewiesenen Aufgaben zur sorgfältigen Ausübung von Verwaltungs- und Geschäftsführungsfunktionen in den Konzerngesellschaften verpflichtet, wenn diese wirtschaftlich als integrierender Bestandteil des Gesamtkonzerns gelten.
Nach HANDSCHIN 112 f. besteht die Konzernleitungspflicht aufgrund des Zweckes der Holding, wenn diese den Konzerngesellschaften die Verfolgung ihrer thematischen Zwecke überträgt. Die Holding muss dann sicherstellen, dass die Konzerngesellschaften die übertragenen Tätigkeiten tatsächlich und korrekt ausüben.

61 Weitere Indizien sind die Anzahl der konzerninternen Geschäftsabschlüsse und der Umfang der vergemeinschafteten Funktionen wie Marketing, Lagerhaltung u.s.w., ZÜRCHER 147.

62 Organigramme geben darüber Auskunft. Nach DRUEY, Konzernwirklichkeit 102 ist eine organisatorische Einflussnahme bei personeller Verflechtung oder gleichem Tätigkeitsgebiet mehrerer Konzerngesellschaften zu vermuten.

63 Vgl. ALBERS-SCHÖNBERG 67 mit Anm. 134; GEHRIGER 86; HANDSCHIN 336.

64 Zu der Pflicht zur sorgfältigen Beteiligungsverwaltung im allg. vgl. ALBERS-SCHÖNBERG 75 ff.

65 ALBERS-SCHÖNBERG 75 f. Vgl. auch FORSTMOSER, Verantwortlichkeit § 2 N 808 mit Verweis auf einen nicht publizierten Entscheid des BezGer Zürich vom 21.12.82.

kanntgabe der Holdinginteressen an die Vertreter und die Kontrolle, ob die Interessen angemessen wahrgenommen werden[66].

2. Sorgfältige Konzernleitung

Die sorgfältige Konzernleitung verlangt eine Einflussnahme auf die Verwaltung und Geschäftsführung der abhängigen Konzerngesellschaften im (zulässigen) Interesse der Holdinggesellschaft[67]. Die einzelnen Massnahmen können nicht konkret bezeichnet werden, bestimmen sie sich doch im wesentlichen nach innergesellschaftlicher Satzung und im Bereich des pflichtgemässen Ermessens insbesondere nach der internen Organisation der Holding[68]. Diese kann im Rahmen der unternehmerischen Freiheit auf eine dezentrale Konzernstruktur ausgerichtet werden, welche den Konzerngesellschaften weitgehende wirtschaftliche Selbständigkeit gewähren kann.

Allgemein ausgedrückt, hängen die Konzernleitungspflichten einerseits vom Aufgabenbereich ab, der bei den abhängigen Konzerngesellschaften von der organisatorischen Einflussnahme betroffen ist und andererseits von der Art des Einflusses. Sie richten sich nach dem Umfang der rechtlichen und auch faktischen Einflussmöglichkeit auf die abhängigen Konzerngesellschaften, können jedoch nicht weiter gehen, als eine solche besteht[69]. Das Holdinginteresse wird durch das mit ihm verschmolzene Konzerninteresse beeinflusst. Die Bedeutung der Konzerngesellschaft gemessen am Konzerninteresse[70] und die Konzerngesellschaftsinteressen selber[71] bestimmen folglich mit, welche konkreten Sorgfaltspflichten die Einflussnahme auf eine Konzerngesellschaft gebietet.

3. Zum Sorgfaltspflichtsmassstab

Sorgfaltspflichtsverletzungen werden anhand eines objektivierten Massstabes festgestellt, dem die Sorgfalt zugrunde gelegt wird, wie sie unter den konkreten Umständen von einem vernünftigen und gewissenhaften Dritten verlangt würde[72]. Die Berücksichtigung der konkreten Umstände setzen der Objektivierung Grenzen. So beschränken sich die von

---

66 ALBERS-SCHÖNBERG 77.
67 Vgl. ALBERS-SCHÖNBERG 76.
68 Vgl. KLEINER 4.
69 Insbesondere die Weisungsgewalt der Organpersonen wird dabei zu einer massgebenden "Bestimmungsgrösse" für ihre Sorgfaltspflichten, ALBERS-SCHÖNBERG 77.
70 Über die konzernwirtschaftliche Bedeutung der Konzerngesellschaft können Beteiligungsstruktur, -formen und -quoten innerhalb des Konzerns, die finanzielle Verflechtung mit anderen Konzerngesellschaften und der Grad der organisatorischen Verflechtung, d.h. der Arbeitsteilung und Spezialisierung im Konzern, Auskunft geben, vgl. ZÜRCHER 147.
71 In dem Mass, wie der Erfolg der Konzerngesellschaft für den Erfolg des Konzerns von Bedeutung ist, ist das Interesse der Konzerngesellschaft der Art und am Inhalt der jeweiligen Konzernleitungstätigkeit aus eigenem Interesse der Holdinggesellschaft zu berücksichtigen. Die Wahrung der Konzerngesellschaftsinteressen ist somit grundsätzlich Bestandteil der Konzernleitungssorgfaltspflichten.
72 Vgl. FORSTMOSER, Verantwortlichkeit § 1 N 292 m.w.N.

der Organperson zu fordernden Fähigkeiten und Kenntnisse auf ein nach den konkreten Umständen vernünftigerweise zu erwartendes, individuelles Mass[73]. Die Individualisierung führt aber dort zu höheren Anforderungen an das Mass der zu beachtenden Sorgfalt, wo Organpersonen sich durch besondere Kenntnisse und Fähigkeiten auszeichnen und Aufgaben von hoher unternehmenspolitischer Relevanz oder grossem Umfang zu bewältigen sind[74].

C. WEISUNGSRECHTE

Weisungsrechte sind die wichtigsten Konzernleitungsbefugnisse. Sie ermöglichen die Durchsetzung der Konzerngeschäftspolitik in den Konzerngesellschaften. In diesem Abschnitt wird dargestellt, welche Weisungsrechte der konzernleitenden Holdinggesellschaft zustehen.

I. ZUM BEGRIFF DER WEISUNG

Unter dem Begriff der Weisung sollen alle Arten von Einflussnahmen auf die Verwaltung und Geschäftsführung der abhängigen Konzerngesellschaften verstanden werden, die auf einen bestimmten Rechtserfolg gerichtet sind[75]. Weisungen sind somit empfangsbedürftige Willenserklärungen der Holdinggesellschaft[76]. Eine Weisungserteilung setzt - ebenso wie die Ausübung anderer Konzernleitungskompetenzen[77] - eine entsprechende Vertretungsmacht in der Holding voraus.

II. DIE GRUNDLAGEN DES WEISUNGSRECHTS

1. Die Sorgfalts- und Treuepflichten der Organpersonen der abhängigen Konzerngesellschaften

Bei hundertprozentiger Beteiligung an einer Konzerngesellschaft oder bei statutarischer Zweckausrichtung auf die Konzerninteressen sind letztere mit den Gesellschaftsinteressen gleichzusetzen[78]. Die Organpersonen haben unter diesen Bedingungen ihre Handlungen mit aller Sorgfalt auf das Konzerninteresse auszurichten und Weisungen, mit denen das

---

73 Vgl. dazu FORSTMOSER, Verantwortlichkeit § 1 N 303 ff. mit Anm. 565 und 566 m.w.N. PLÜSS A. 35 erwähnt als zu beachtende Umstände den Gesellschaftszweck, die Führungsstruktur sowie die Rolle des betreffenden Verwaltungsrates.

74 FORSTMOSER, Verantwortlichkeit § 1 N 298 ff. m.w.N. Der besonders hohe Umfang von Aufgaben begründet eine entsprechende Organisationspflicht nach OR 717 I; dazu unten 103 f., § 7.A.II.1.

75 Vgl. KOPPENSTEINER § 308 Anm. 12; EMMERICH/SONNENSCHEIN 305; ALBERS-SCHÖNBERG 66; UTTENDOPPLER 202 ff.; AktG 308 I; dazu gehören neben verbindlich gedachten Empfehlungen und erkennbaren Erwartungen auch Genehmigungs- oder Vetovorbehalte, EMMERICH/SONNENSCHEIN a.a.O; vgl. FREY 126.

76 Vgl. KOPPENSTEINER § 308 Anm. 12; KAUFMANN 71.

77 Vgl. oben 45, § 3.A.VI. und unten 53 f., § 3.C.III.2.

78 A. von PLANTA 45; HANDSCHIN 108; insbesondere bei der Einmanngesellschaft, der jedes gesellschaftliche Substrat fehlt, und die daher keine gesellschaftseigenen schutzfähigen Interessen aufweist, vgl. JÄGGI 5.

Konzerninteresse ausgedrückt werden, aufgrund ihrer Sorgfaltspflichten grundsätzlich zu befolgen[79]. Damit entsteht eine rechtliche Bindung an Konzernweisungen ohne entsprechende Vereinbarung oder gesellschaftsinterne Grundlage.

In der **nicht vollständig beherrschten Konzerngesellschaft** führt der Konzerntatbestand zu einer Verschmelzung von Konzern- und Gesellschaftsinteressen, welche die Würdigung der Interessen der Gesellschaft nur unter grossen Schwierigkeiten zulässt[80]. Je nach Intensität der Interessenverschmelzung sind die Konzerninteressen und die darauf beruhenden Weisungen aufgrund der Pflichten der Organpersonen zur sorgfältigen Wahrung der eigenen Gesellschaftsinteressen zu befolgen[81].

Aus den Sorgfalts- und Treuepflichten von Organpersonen der Konzerngesellschaften kann eine rechtliche Bindung an Konzernweisungen resultieren. Dazu bedarf es keiner zusätzlichen, vertraglichen oder gesellschaftsinternen Normierung.

2. Die Interessenvertretungspflicht der Organpersonen der abhängigen Konzerngesellschaften[82]

Auch im freien Ermessensbereich haben abhängige Organpersonen ihr Handeln nach dem Gesellschaftsinteresse zu richten. Zur Interessenvertretung und zur Weisungsbefolgung können sie folglich nur - aber immerhin - verpflichtet werden, wenn die Konzern- und Gesellschaftsinteressen den gleichen Entscheid verlangen oder ein Ermessensspielraum die Wahrung der Konzerninteressen möglich macht[83].

III. BEFUGNIS ZUR WEISUNGSERTEILUNG UND ZUM WEISUNGSEMPFANG IM KONZERNINTERNEN VERHÄLTNIS

1. Die organschaftliche Vertretungsmacht im allgemeinen

Die **internen Zuständigkeiten** zur Vertretung richten sich nach der jeweiligen Regelung

---

79 Vgl. OR 717 I; A. von PLANTA 26 und 62; VISCHER/RAPP 156; HANDSCHIN 108.

80 DRUEY, Aufgaben 305 f. Der Konzerntatbestand wirkt sich in einer Aufgabenteilung im Konzern und in der Spezialisierung einzelner Gesellschaften aus. Die einzelnen Konzerngesellschaften müssen ihr Verhalten zwangsläufig und auch zu ihrem Vorteil am Verhalten der übrigen Gesellschaften orientieren. Die Eingliederung führt zu einer Zunahme der Abhängigkeit von konzerninterner Koordination und Information sowie von finanziellem Rückhalt. Letzter sorgt dabei in allgemeiner Weise dafür, dass Konzerngesellschaften ein Interesse am Erfolg des Gesamtunternehmens zeigen. Mit zunehmender Eingliederung erfolgt daher die Tätigkeit der abhängigen Gesellschaften zugunsten des Gesamtunternehmens regelmässig auch in ihrem eigenen Interesse, DRUEY a.a.O.; vgl. auch BOSMAN 53; GRAF 48; F. von PLANTA 127; PETITPIERRE-SAUVAIN 112 N 127 sowie 238; SIEGWART, Einleitung N 168.; GAUTSCHI OR 397 N 13 b.

81 Vgl. GRAF 50; ALBERS-SCHÖNBERG 97 f.

82 Vgl. oben 27 ff., § 2.B.III.2.

83 Vgl. BÖCKLI N 1640; REIFF 164; CAFLISCH 145; HANDSCHIN 107. Vgl. HANDSCHIN 182, wonach bei der (statutarischen) Bindung der Konzerngesellschaft an die Holding, die Konzerngesellschaft als solche der Weisungsbefolgungspflicht unterliegt; a.M. AMSTUTZ 404.

und Delegation der Vertretungskompetenzen[84]. Die Vertretungswirkung dagegen beurteilt sich nicht nach der internen Vertretungsbefugnis, sondern nach der im Rahmen von Treu und Glauben geltenden Vertretungsmacht[85].

Die **Vertretungsmacht** von Organpersonen erstreckt sich gemäss OR 718a I weitmöglichst auf alle Rechtshandlungen, die der Zweck der Gesellschaft und damit indirekt auch das Gesellschaftsinteresse[86] mit sich bringen kann[87]. Nicht davon umfasst sind Rechtshandlungen, die vom Endzweck oder vom konkreten Gesellschaftszweck nicht gedeckt sind[88]: Nach der Praxis des BGer zu aOR 718 I, der materiell OR 718a I entspricht[89], gehören dazu solche Rechtshandlungen, die objektiv betrachtet durch den weit auszulegenden Zweck der Gesellschaft geradezu ausgeschlossen sind[90].

Innerhalb der durch das Zweckerfordernis eingeschränkten Vertretungsmacht[91] besteht der **Gutglaubensschutz** Dritter nach OR 718a II für eben diesen Umfang der Vertretungsmacht von Organpersonen[92]. Das Vertrauen wird geschützt, solange der Dritte nicht

---

84 OR 718 III und OR 721. Zur Vertretung befugt können sein: Organpersonen, deren Wille und Handlungen im Sinne der Organtheorie als die der Gesellschaft selbst gelten sowie kaufmännische oder bürgerliche Stellvertreter und gesetzliche Vertreter, vgl. SCHÄRRER 6 ff.

85 Vgl. dazu FORSTMOSER/MEIER-HAYOZ § 24 N 37 ff. Während die Vertretungsmacht der Organpersonen bzw. Vertreter ihr "rechtliches Können zur Vertretung" ausdrückt, bedeutet die Vertretungsbefugnis ihr "rechtliches Dürfen" im Innenverhältnis der Gesellschaft, BÜRGI OR 718 N 3.

86 Vgl. FORSTMOSER, Aktienrecht § 3 N 19.

87 OR 718a I; für kaufmännische Stellvertreter gelten ähnliche Gesetzesbestimmungen, vgl. OR 459 und 462; die Vertretungsmacht des bürgerlichen Stellvertreters bestimmt sich dagegen nach dem Umfang der Vollmacht, OR 33 II; zur Möglichkeit der Beschränkung der Vertretungsmacht durch Registereintrag vgl. OR 718a II.

88 Vgl. dazu SCHÄRRER 73 ff.; GRAF 67 ff.; HANDSCHIN 122 f.; der Endzweck liegt regelmässig in der Gewinnstrebigkeit der Aktiengesellschaft, FORSTMOSER, Aktienrecht § 3 N 10; der Gesellschaftszweck umschreibt das, was die Gesellschaft tun und erreichen möchte, SIEGWART OR 626 N 38.

89 BOTSCHAFT 182.

90 Vgl. BGE 111 II 284; BGE 95 II 450 ff. m.w.N. Vom Endzweck der Gewinnstrebigkeit nicht gedeckt sind beispielsweise vermögenswerte Leistungen der Gesellschaft an Dritte, welche geschäftsmässig nicht begründet sind, d.h. nicht der Gewinnerzielung - zumindest auf lange Sicht - dienen, GRAF 68 und 152 m.w.N.

Auch die Veräusserung des ganzen Unternehmens durch den Verwaltungsrat ist - zumindest ausserhalb einer ausserordentlichen Krisensituation - nicht von der organschaftlichen Vertretungsbefugnis gedeckt, BGE 116 II 320; dazu BÖCKLI N 1580 f.

Ob eine Rechtshandlung im Einzelfall vom konkreten Gesellschaftszweck gedeckt ist, hängt dagegen von dessen Formulierung im Handelsregister ab, vgl. OR 626 Ziff. 2 i.Verb.m. HRegV 42 I.

91 Das Zweckerfordernis setzt auch der Geschäftsfähigkeit der Gesellschaft ganz allgemein Grenzen. Ein Genehmigungsbeschluss der Generalversammlung für Vertretungshandlungen ihrer Organpersonen ausserhalb des Zweckbereichs ist selbst zweckwidrig und nach OR 706 I anfechtbar oder nach OR 706b sogar nichtig, vgl. WATTER 82 ff. m.w.N..

92 Die Frage der Gutgläubigkeit beurteilt sich im Sinne von ZGB 3 II nach einem objektiven Massstab, ZOBL 298 f. mit Verweisen auf WATTER 51 ff. und 175 ff. sowie BGE 77 II 143.

Vgl. dazu auch OR 933 I, wonach die im Handelsregister eintragbaren Beschränkungen infolge von dessen positiver Rechtskraft automatische Drittwirkungen erhalten.

von der Beschränkung der Vertretungsbefugnis der Organperson, von sorgfaltspflichtwidrigem Handeln der Organperson oder von deren Treuebruch der Gesellschaft gegenüber wusste oder hätte wissen müssen[93].

Die Vertretungswirkung tritt auch bei einer **Genehmigung** des vollmachtlosen Handelns einer Organperson durch ein neben- oder übergeordnetes Organ ein[94]. Als Genehmigung kann jedes ausdrückliche oder stillschweigende Verhalten bezeichnet werden, das der Dritte als Zustimmung auffassen darf[95]. Zur Genehmigung - mit der die Vertretungswirkung ex tunc eintritt[96] - braucht es die entsprechende Vertretungsmacht[97].

2. Zur Vertretungsmacht im konzerninternen Weisungsverhältnis

Grundsätzlich können die Organpersonen der konzernverbundenen Gesellschaften gemäss ihrer Vertretungsmacht Konzernweisungen erteilen und empfangen[98]. Aufgrund der engen organisatorischen Verknüpfung im Konzern ist davon auszugehen, dass die internen Kompetenzordnungen gegenseitig bekannt sind[99]. Ist der Weisungserteiler oder -empfänger nicht zur Erteilung bzw. zum Empfang der Weisung, d.h. zur Vertretung befugt, so ist regelmässig anzunehmen, dass mangels guten Glaubens keine Vertretungswirkung eintritt[100].

Befolgen unterstellte Organpersonen Konzernweisungen ohne entsprechende innergesellschaftliche Kompetenz, laufen sie Gefahr, die Instruktions- und Überwachungspflichten des Verwaltungsrats zu missachten[101] und damit eigene Sorgfaltspflichten zu verletzen[102]. Solange die Kompetenz zur Weisungsbefolgung nicht organisatorisch geregelt

---

93 GRAF 64 mit Verweisen auf BUCHER 62 Anm. 27 m.w.N. Mit dem interessen- oder pflichtwidrigen Handeln verstösst der Vertreter gegen den mutmasslichen Willen der Gesellschaft, dem die Bedeutung als stillschweigende Beschränkung der Vertretungsbefugnis zukommt, ZOBL 295 f.; WATTER 143 f.
94 Dies gilt in entsprechender Anwendung des Stellvertretungsrechts von OR 38 I, vgl. W. von STEIGER 284a.
95 BOSMAN 90 m.w.N.
96 GAUCH/SCHLUEP N 1382.
97 Dazu WATTER 169 ff. Wo neben- oder übergeordnete Organpersonen vollmachtloses Handeln nicht genehmigen können, weil auch ihnen die Vertretungsmacht abgeht, ist allein die Generalversammlung zur Genehmigung berufen, unter dem Vorbehalt der Anfechtung oder Nichtigkeit des entsprechenden Beschlusses; vgl. A. von PLANTA 40; TAPPOLET 118 f.
98 KAUFMANN 71. Beim Weisungsempfang ist die Passivvertretung angesprochen, nach der sich beurteilt, ob eine Willenserklärung direkt beim Vertretenen wirkt, vgl. WATTER 201.
99 BOSMAN 91 und Anm. 32 m.w.N.; GRAF 65.
100 M.a.W. gilt die Weisung als nicht zugegangen. Vgl. dazu GRAF 65 f., der aus Gründen der Rechtssicherheit in Konzernverhältnissen eine Vertretungswirkung bei Überschreiten der internen Kompetenzbefugnisse allgemein bejaht, solange die Vertretungswirkung von den überwiegenden Gesellschaftsinteressen gedeckt sei. Allenfalls verletzte Minderheits- oder Drittinteressen seien durch aktienrechtliche Verantwortlichkeitsansprüche zu wahren.
101 Dazu oben 29, § 2.B.III.2.c.
102 Vgl. KOPPENSTEINER § 308 Anm. 9 f.; schon darin ist i.d.R. eine stillschweigende Beschränkung der Befugnis zu sehen, Weisungen entgegenzunehmen und zu befolgen, vgl. ZOBL 295 Anm. 32.

wird, ist die Kompetenz nicht schon in der Übertragung des von der Weisung betroffenen Aufgabengebietes zu sehen. Es braucht vielmehr eine zusätzliche Übertragung der Befugnis, Weisungen zu befolgen. Art, Inhalt und Erteiler der Weisung müssen genannt werden, wenn der Verwaltungsrat seinen Organisationspflichten angemessen nachkommen will[103]. Nur wenn die Konzernleitung sicherstellt, dass durch die Weisungserteilung an unterstellte Organpersonen keine Verletzung der Gesellschaftsinteressen droht und der Verwaltungsrat der Konzerngesellschaft die Erteilung überwachen kann, darf letzterer diese zulassen und die Empfangsbefugnis übertragen[104].

Eine Weisungsbefolgung unterstellter Organpersonen ohne entsprechende Kompetenz stellt somit regelmässig eine Sorgfaltspflichtverletzung dar. Weiss der Weisungserteiler von dieser Pflichtwidrigkeit des Empfängers oder müsste er davon wissen, so kann er nicht gutgläubig von dessen Vertretungsmacht ausgehen. Eine Weisungserteilung erfolgt in diesen Fällen nicht rechtsgültig.

IV. UMFANG UND GRENZEN DES WEISUNGSRECHTS

1. Umfang und Grenzen im allgemeinen

a. Die Einhaltung der zwingenden Rechtsordnung

Unzulässig sind Weisungen, die gegen das Gesetz, die guten Sitten, die Satzung der Konzerngesellschaft sowie gegen die aktienrechtlichen Sorgfalts- und Treuepflichten der Organpersonen der Konzerngesellschaft verstossen[105]. Ansonsten kann das Weisungsrecht grundsätzlich alle Kompetenzen der Organpersonen der Konzerngesellschaften umfassen, die ihrem freien Ermessensbereich unterliegen. Es beschlägt somit das Geschäftsführungs- und das Vertretungshandeln und kann die gesamte Geschäftspolitik als auch die Oberleitung und Organisation der Gesellschaft gleichermassen betreffen[106].

Erneut sei hier daran erinnert, dass ein vorbehaltloses Weisungsrecht im Bereich der zwingenden Organaufgaben nicht bestehen kann[107]. Auch in ihrem freien Ermessensbereich sind die abhängigen Organpersonen zur Interessenabwägung und Ermessensaus-

---

[103] Nach KOPPENSTEINER § 308 Anm. 10 sind dazu präventive, organisatorische Vorkehren nötig, damit eine unrechtmässige Weisung von Angestellten nicht befolgt wird und der Vorstand Weisungen allgemein auf Zulässigkeit kontrollieren kann.

Die Übertragung hat grundsätzlich nach den Regeln über die Delegation der Geschäftsführung vor sich zu gehen, will der Verwaltungsrat auch seine Verantwortung beschränken, vgl. OR 716b und OR 754 II. Da sich auch Konzernweisungen nicht über die Überwachungspflichten des delegierenden Verwaltungsrates hinwegsetzen können, kann dieser, selbst wenn er "abhängig" ist, auch nicht vorbehaltlos zur Delegation der Empfangsbefugnis angewiesen werden.

[104] EXNER 133 f.

[105] Durch die Satzung der Konzerngesellschaft, insbesondere durch den Gesellschaftszweck, findet das Weisungsrecht seine Schranken in deren Unternehmensgegenstand, welcher das Tätigkeitsgebiet der Organpersonen eingrenzt; weitere Schranken können sich aus der vertraglichen Vereinbarung des Weisungsrechts ergeben.

[106] Vgl. HANDSCHIN 51 f. und 182.

übung verpflichtet. Konzernweisungen können daher nie die Pflicht beinhalten, konkrete Instruktionen im Bereich der Organaufgaben vorbehaltlos zu befolgen. In der notwendigen Interessenabwägung sind insbesondere die Konzern- und Gläubigerinteressen zu beachten.

b. Die Übereinstimmung mit dem Konzerninteresse

Fraglich ist, ob die Sorgfaltspflichten die Verwaltung binden, Weisungen auf ihre Übereinstimmung mit dem Konzerninteresse zu überprüfen[108]. Da die Gesellschaftsinteressen regelmässig mit den Konzerninteressen verschmolzen sind, hat die nicht zu hundert Prozent beherrschte Konzerngesellschaft ein eigenes Interesse an der sorgfältigen Wahrung der Konzerninteressen durch den Weisungserteiler. Stimmt die Weisung nicht mit der im Gesellschaftsinteresse liegenden Wahrnehmung der Konzerninteressen überein, so widerspricht ihre Befolgung durch die Verwaltung deren Sorgfaltspflichten[109]. Weisungen müssen daher mit den Grundsätzen einer sorgfältigen Konzernleitung im Konzerninteresse übereinstimmen. Nicht mit dem Konzerninteresse vereinbar sind Weisungen, die auf egoistische Interessen von Aktionären der Holdinggesellschaft oder von Dritten zielen[110].

c. Die Wahrung von Gläubigerinteressen

Eine Konzernweisung kann für die betroffene Konzerngesellschaft zwar nachteilig sein, aber trotzdem im Konzerninteresse liegen. In diesem Fall ist für die Interessenabwägung in der Konzerngesellschaft aus der Sicht der von der Weisung betroffenen Organpersonen folgendes zu berücksichtigen: Die Holdinggesellschaft kann zwar den durch die Weisungsbefolgung der Verwaltung entstandenen Nachteil bei der Konzerngesellschaft nicht als Aktionär über Verantwortlichkeitsansprüche geltend machen. Denn der Nachteil erfolgte aufgrund der Weisungserteilung mit Willen der Geschädigten[111]. Die Organpersonen der Konzerngesellschaft haften den Gesellschaftsgläubigern aber im Konkurs der Gesellschaft nach OR 754 ff. für Sorgfaltspflichtsverletzungen. Die organschaftlichen Sorgfaltspflichten verlangen daher, dass bei der Weisungsbefolgung die Gläubigerinteressen gewahrt bleiben. Die Organpersonen haben zumindest dafür zu sorgen, dass die Gesellschaft zahlungsfähig bleibt und die Gläubiger voll gedeckt sind[112].

d. In der hundertprozentig beherrschten Konzerngesellschaft

In der hundertprozentig beherrschten Konzerngesellschaft sind Organpersonen berechtigt,

---

107 Oben 29, § 2.B.III.2.d.
108 Vgl. AktG 308 I 2. Satz, der das Erfordernis der Konzerndienlichkeit für nachteilige Weisungen postuliert; vgl. dazu SINA PETER, Grenzen des Konzern-Weisungsrechts nach 308 AktG, in: Die Aktiengesellschaft, NR. 1 1991 1 ff., 7.
109 Vgl. HANDSCHIN 107; A. von PLANTA 26, der die den "Gesamtinteressen widersprechenden Anordnungen" von der Weisungsbefugnis der Konzernleitung ausnimmt.
110 EMMERICH/SONNENSCHEIN 310; vgl. dazu KOPPENSTEINER § 308 Anm. 24 f.
111 Unten 63 f., § 3.E.I.1. und 2.
112 FORSTMOSER, Organisation 16.

Weisungen der Holdinggesellschaft als Ausdruck der Konzerninteressen entgegenzunehmen. Da die Holdinggesellschaft die abhängigen Organpersonen nicht für Nachteile haftbar machen kann, welche durch Konzernweisungen entstehen, dürfen die Organpersonen rechtmässige Weisungen - unter Wahrung der Gläubigerinteressen - ohne weitere Prüfung befolgen[113].

2. Zu einzelnen Konzernweisungen

a. Weisungen zur Durchsetzung der Konzerngeschäftspolitik

Bei der Durchsetzung der Konzernstrategie wird den Konzerngesellschaften vor allem vorgeschrieben, in welchen Geschäftsbereichen sie tätig werden dürfen. Aufgrund der Interessenverschmelzung im Konzern ist es für die Konzerngesellschaft aber regelmässig schwierig, die konkreten Auswirkungen der Konzernstrategie auf die Gesellschaftsinteressen zu beurteilen. Dies gilt um so mehr, als die Konzerngesellschaften kein unbeschränktes Recht darauf haben, von der Konzernleitung Informationen zu erhalten, die nicht aus der Konzerngesellschaft selber, sondern aus einer konzernverbundenen Gesellschaft stammen[114]. Bei einer Weisungserteilung muss den Konzerngesellschaften die Konzerngeschäftspolitik folglich angemessen erläutert werden. Zumindest wenn keine konkreten Nachteile für die Konzerngesellschaft festzustellen sind, werden konzernstrategische Weisungen regelmässig zulässig sein[115].

b. Weisungen zur Durchsetzung der Konzernfinanzierung

Die zentrale Konzernfinanzierung liegt dann im Interesse aller konzernverbundenen Gesellschaften, wenn der wirtschaftliche Verbundvorteil überwiegt. Bei einem finanziell gesunden Konzern ist der Verbundvorteil regelmässig gegeben. Bei strategischen Finanzierungsentscheidungen können aber der einzelnen Konzerngesellschaft dadurch Nachteile erwachsen, dass ihnen liquide Mittel entzogen werden, ihnen eine hohe Verschuldung aufgebürdet wird, oder dass die Kreditwürdigkeit des Konzerns allgemein abnimmt[116]. Aufgrund der unsicheren Wirkung dieser Entscheide auf die Finanzen des Konzernverbundes ist nicht leicht festzustellen, welche Entscheide (noch) im Gesellschaftsinteresse liegen. Es fragt sich, ob die Konzerngesellschaften nicht zumindest dann zur eigenständigen Finanzierung verpflichtet sind, wenn sich für sie eine Verschlechterung der Kreditbeschaffung oder Kreditkonditionen auf lange Frist abzeichnet[117]. Auf jeden Fall sollten die Konzerngesellschaften darauf achten, dass sie in angemessener Zeit die Finanzierungsfunktionen bei Bedarf (wieder) selbständig wahrnehmen können[118].

---

113 Vgl. F. von PLANTA 119.
114 Vgl. unten 60 f., § 3.D.II. und III.; DRUEY, Informationsrecht 51 f.; F. von PLANTA 128 f.
115 Vgl. F. von PLANTA 154.
116 SCHEFFLER 479 f.; F. von PLANTA 32 ff.
117 Vgl. für den faktischen Konzern nach deutschem Recht SCHEFFLER 480.
118 SCHEFFLER 479.

c. Weisungen zur Durchsetzung des Konzernrechnungswesens

Die Konzernrechnung muss den Grundsätzen der ordnungsgemässen Rechnungslegung genügen[119]. Die Holdinggesellschaft kann in bestimmten Schranken die Konsolidierungsmethode frei wählen. Die gewählte Methode muss aber im Minimum einen Satz zweckmässiger, vollständiger und widerspruchsloser Konsolidierungsregeln enthalten[120]. Insbesondere müssen die der Konzernrechnung zugrunde liegenden Bewertungsgrundlagen einheitlich sein. Im Konsolidierungskreis sind daher Bewertungsprinzipien, Kontenpläne und auch die Berichterstattung möglichst zu vereinheitlichen[121]. Die Abschlussgrundsätze müssen sodann für alle Konzerngesellschaften zur Übereinstimmung gebracht werden, was u.a. auch die Gleichstellung der Bilanzstichtage im Konzern erfordert[122]. Insoweit das geltende Recht eine Vereinheitlichung des Rechnungswesens im Konzern erfordert, sind solche Konzernweisungen, welche diese Vereinheitlichung zum Gegenstand haben, sicher zulässig.

d. Weisungen zur Durchsetzung des Informationswesens

aa. Der Holdinggesellschaft stehen zuerst die **aktienrechtlichen Einsichts- und Auskunftsrechte** nach OR 697 in der Generalversammlung der Konzerngesellschaften zu. Damit kann die Holdinggesellschaft Informationen über Jahresrechnung und -bericht sowie über die Gesellschaftsorganisation und die Unternehmensstrategien einholen[123]. Aber auf der Grundlage von OR 697 kann kein stetiger Informationsfluss im Konzern organisiert werden. Weisungen an abhängige Verwaltungsratsmitglieder, die sich auf die Ausübung der Auskunftspflicht nach OR 697 beziehen, sind daher in der Regel nutzlos.

bb. Der **Verwaltungsrat** der Konzerngesellschaft kann im Rahmen der Gesellschaftsinteressen der Holdinggesellschaft **Informationen gewähren**. Dabei hat er seine Sorgfalts- und Treuepflichten zu beachten sowie das relative Gleichbehandlungsgebot[124].

Regelmässig liegt der konzernweite Informationsaustausch im Interesse der Konzerngesellschaften[125]. Denn der Austausch von relevanten Informationen ermöglicht erst die einheitliche Leitung im Interesse aller Gesellschaften. Weisungen, wie der Informationsaustausch zu erfolgen hat, sind daher zulässig, wenn beim Informationsaustausch das Gleichbehandlungsgebot gewahrt werden kann und nicht Organpersonen der Konzerngesellschaft vom Informationsfluss ausgeschlossen werden[126].

---

119 OR 663g I; BÖCKLI N 1225.

120 BÖCKLI N 1223.

121 BÖCKLI N 1227.

122 BÖCKLI N 1216.

123 MAUTE 53 f.

124 BÖCKLI N 1658. Das Gesetz äussert sich nicht zur diesbezüglichen Schweigepflicht der Verwaltungsratsmitglieder. Der Verwaltungsrat soll aber Informationen preisgeben dürfen, insofern die Informierung den Interessen der Gesellschaft dient, BÖCKLI N 1650.

125 Vgl. F. von PLANTA 38 f.

126 Weisungen, welche die Organpersonen der Konzerngesellschaften vom Informationsweg abschneiden,

cc. Auch über **Doppelorgane** kann die Holdinggesellschaft den Informationsfluss gewährleisten[127]. Da Doppelorgane Informationen direkt in den Konzerngesellschaften erhalten, fällt eine Weisung zur Informationserteilung regelmässig dahin. Ihre Informationsrechte sind nahezu unbeschränkt. Denn als Verwaltungsratsmitglieder in den Konzerngesellschaften stehen ihnen Auskunfts- und Einsichtsrechte nach OR 715a zu[128]. Doppelorgane sind zusätzlich dazu in der Lage, den Informationsfluss in der Konzerngesellschaft selber im Sinne der konzernweiten Berichterstattung zu regeln. Die Informierung von Doppelorganen darf aber in fogenden Fällen unterbleiben :

Wenn Doppelorgane als Vertreter der Holdinggesellschaft im Verwaltungsrat Einsitz nehmen, müssen sich auskunftspflichtige Organpersonen grundsätzlich an das Gleichbehandlungsgebot halten[129]. Eine Information darf zurückgehalten werden, wenn durch deren Preisgabe an die Doppelorgane bzw. an die Holding das Gleichbehandlungsgebot verletzt würde[130].

Auch Informationen, welche nicht aus der Gesellschaft stammen, aber deren Angelegenheiten betreffen, unterliegen nach dem Wortlaut von OR 715a dem Informationsrecht[131]. Die Treuepflicht gebietet, dass Verwaltungsratsmitglieder ihr Wissen um Angelegenheiten der Gesellschaft, welches sie als Organe in anderen Gesellschaften erworben haben, grundsätzlich in der Verwaltungsratssitzung preiszugeben haben. Sie dürfen dann mit ihrem Wissen zurückhalten, wenn sie durch eine Informierung des Doppelorgans Gefahr laufen, die Interessen der anderen Gesellschaft zu verletzen[132] oder gegen das Gleichbehandlungsgebot in der anderen Gesellschaft zu verstossen[133].

---

sind unrechtmässig, weil sie den Organpersonen regelmässig verunmöglichen, ihre Überwachungs- und Organisationspflichten sorgfältig wahrzunehmen, vgl. oben 29, § 2.B.III.2.c.

127 Vgl. zur Auskunfts- und Schweigepflicht von Doppelorganen unten 60, § 3.D.II.

128 DRUEY, Informationsrecht 51. Grundsätzlich darf kein Verwaltungsrats- oder Geschäftsführungsmitglied sein Wissen um die Angelegenheiten der Gesellschaft zurückbehalten.

129 OR 707 III und 717 II.

130 Vgl. zur Auskunftspflicht des Doppelorgans in der Holding unten 60, § 3.D.II.

131 DRUEY, Informationsrecht 52.

132 Für Doppelorgane der Holdinggesellschaft gilt bezüglich des Interessenkonflikts ein anderer Massstab als für Doppelorgane von Schwestergesellschaften. Erstere haben in erster Linie ihre Organpflichten der Konzerngesellschaft gegenüber zu erfüllen. Sie können die Holdinginteressen nicht auf gleiche Stufe wie die Konzerngesellschaftsinteressen stellen. Doppelorgane der Holdinggesellschaft trifft daher grundsätzlich eine grössere Auskunftspflicht als andere Doppelorgane; vgl. dazu auch unten 60 f., § 3.D.II. und III.

133 Vgl. DRUEY, Informationsrechte 52. Umgekehrt kann folglich das Wissen des Vertreters der Holdinggesellschaft um konzernpolitische Entscheide, welche die Angelegenheiten der Konzerngesellschaft nicht unmittelbar betreffen, auch nicht beansprucht werden. Regelmässig kann so das Wissen der Holdinggesellschaft um die Kalkulation von konzernweiten Transferpreisen oder um den zukünftigen Geschäftsbereich der Konzerngesellschaft nicht erfragt werden, DRUEY, a.a.O.

e. Weisungen zur Durchsetzung von Personalentscheiden

Die kompetente Besetzung von Führungspositionen im Konzern kommt allen Konzerngesellschaften zugute. In der Regel liegen damit Entscheidungen, welche die Beförderung von Organpersonen der Konzerngesellschaften in die Konzernleitung zum Gegenstand haben, im Interesse der betroffenen Konzerngesellschaft. Eine Weisung zur Durchsetzung eines solchen Personalentscheides darf in der Regel zu Recht befolgt werden.

V. DURCHSETZUNG DER WEISUNG

Der Richter kann organschaftliches Handeln regelmässig nicht durch einen Beschluss mit Rechtswirkung für die Gesellschaft ersetzen[134]. Der konkrete Verwaltungs- oder Geschäftsführungsakt stellt ein derartiges organschaftliches Handeln dar, das die Organperson zwingend selbständig vorzunehmen hat[135]. Dieses zwingend selbständige Handeln geht jeder rechtlichen Pflicht zur Wahrung des Konzerninteresses derart vor, dass letzteres nicht mit Wirkung für die abhängige Gesellschaft gerichtlich durchgesetzt werden kann. Ein rechtlich durchsetzbares Weisungsrecht gegenüber den abhängigen Konzerngesellschaften, die sog. Leitungsmacht, fehlt somit im schweizerischen Recht[136].

D. KONZERNLEITUNGSTÄTIGKEIT DURCH DOPPELORGANE

I. DAS ORGANVERHÄLTNIS ZUR ABHÄNGIGEN KONZERNGESELLSCHAFT

Doppelorgane sind im Rahmen ihres Interessenvertretungsverhältnisses der Holdinggesellschaft gegenüber verpflichtet und berechtigt, ihr Organhandeln in der abhängigen Konzerngesellschaft nach ihren Konzernleitungskompetenzen zu richten[137]. Die diesbezüglichen vom Doppelorgan zu verlangenden Sorgfaltspflichten können allerdings nicht Rechtsgrundlage für ein unsorgfältiges Handeln in der Konzerngesellschaft darstellen, da

---

134 VISCHER/RAPP 195 f. mit Verweis auf Ausnahmen; vgl. dazu auch die Problematik des Rechts des Aktionäres (oder Gläubigers) auf Anfechtung von Verwaltungsratsbeschlüssen, ausführlich dargestellt bei STAUBER 167 ff.
Nach STAUBER 130 ff. soll jedoch dem Aktionär eine Leistungsklage gegen die Gesellschaft auf Anordnung eines Geschäftsführungsaktes offenstehen, wenn die Verwaltung eine im Gesellschaftsinteresse liegende Handlung nicht vornehmen will oder kann. Begründet wird diese actio pro societate mit dem Notgeschäftsführungsrecht jedes Aktionärs. Vorauszusetzen sei die Verletzung einer zwingenden gesetzlichen oder statutarischen Handlungspflicht der Verwaltung, insbesondere auch eine Verletzung von Treu und Glauben. Letzteres sei bei der Bevorzugung von - dem Gesellschaftsinteresse "diametral" entgegengesetzten - Drittinteressen zu prüfen.

135 A. von PLANTA 26 mit Verweisen auf CAFLISCH 131 und W. von STEIGER 313a Anm. 212.

136 Das "Interessenwahrungsverhältnis" hat keine aktienrechtliche Wirkung, THALMANN 52 f. Anm. 36; die Handlung, welche die Pflicht zur Wahrung der Konzerninteressen verletzt, kann allenfalls eine Sorgfaltspflichtsverletzung oder eine Vertragsverletzung darstellen, die den Verwaltungsrat aktien- oder vertragsrechtlich verantwortlich macht, vgl. A. von PLANTA 26.

137 Da den Doppelorganen je nach Organstellung in den abhängigen Konzerngesellschaften dort selbständige Entscheidungsbefugnisse zukommen, entfällt oft eine formelle Weisung seitens der Konzernleitung; vgl. dazu KAUFMANN 71 f. Dies gilt auch, wenn sie in der abhängigen Konzerngesellschaft aufgrund ihres Wissensvorsprunges über konzerninterne Informationen die Meinungsbildung der übrigen Verwaltungsratsmitglieder und deren Entscheidung massgeblich beeinflussen können.

sie sich innerhalb von Gesetz und guten Sitten halten müssen[138]. Daher ist zu Recht vom Vorrang des Sorgfaltspflichtsverhältnisses der Doppelorgane der abhängigen Konzerngesellschaft gegenüber auszugehen[139]. Für Konzernleitungskompetenzen von Doppelorganen gelten somit dieselben Schranken wie für das Weisungsrecht der Konzernleitung im allgemeinen[140].

II. ZUR AUSKUNFTS- UND AKTIENRECHTLICHEN SCHWEIGEPFLICHT VON DOPPELORGANEN

Der Vorrang des Sorgfaltspflichtverhältnisses der abhängigen Konzerngesellschaft gegenüber wirkt sich auch auf die Auskunfts- und aktienrechtliche Schweigepflicht der Doppelorgane aus[141]: In dem Masse wie die Gesellschaftsinteressen der abhängigen Konzerngesellschaft ein Weisungsrecht seitens der Holdinggesellschaft zulassen, lässt die - letztlich auf eben diesen Interessen fussende - Schweigepflicht des Doppelorgans auch die Information an die Holding zu, die zur Erteilung von Weisungen notwendig ist[142].

Umgekehrt sollte das Doppelorgan in der abhängigen Konzerngesellschaft nur dann die Auskunft über Geschäftsgeheimnisse der Holdinggesellschaft verweigern dürfen, wenn sie nicht das Gesellschaftsinteresse der abhängigen Konzerngesellschaft betrifft und nicht deren Willensbildung massgeblich beeinflussen kann[143].

III. ZUR ZURECHNUNG DES RECHTLICH RELEVANTEN WISSENS DES DOPPELORGANS AUF DIE KONZERNGESELLSCHAFTEN UND DEREN ORGANPERSONEN

Die Wissenszurechnung hängt mit der Passiv- und der Wissensvertretung durch Organpersonen zusammen[144]. Beide Institute behandeln letztlich die Frage, "inwieweit die Kenntnis oder das Kennenmüssen von Tatsachen einem anderen..." zugerechnet werden kann[145]. Sie bestimmen, wie sich das Wissen der Doppelorgane auf dasjenige der Konzerngesellschaften, zu denen sie in Doppelorganstellung stehen, sowie auf deren übrige Organpersonen auswirkt.

---

138 Vgl. F. von PLANTA 130 f.; HANDSCHIN 342.

139 ALBERS-SCHÖNBERG 88; F. von PLANTA 131; VISCHER, Verantwortung 88 f.; dies gilt analog auch für formelle Organpersonen der Holdinggesellschaft, die in der abhängigen Konzerngesellschaft materielle Organstellung einnehmen und daher dort grundsätzlich den gleichen Pflichten unterliegen wie formelle Organpersonen.

140 Wenn im folgenden von Konzernleitung mittels Weisungen die Rede ist, ist auch immer der Fall der Konzernleitung durch Doppelorgane eingeschlossen.

141 Vgl. dazu im allgemeinen OR 715a; WENNINGER, ganze Arbeit; PLÜSS A. 40 f. und 50 ff.; DRUEY, Informationsrecht 51 f.

142 WENNINGER 165 f.; PLÜSS A. 52. DRUEY, Informationsrecht 51 f. Die Information darf dabei nur an die ebenfalls zum Schweigen verpflichtete Verwaltung der Holdinggesellschaft gelangen, WENNINGER a.a.O.

143 Vgl. dazu WENNIGER 172, die bereits vor der RevOR ein umfassendes verwaltungsinternes Auskunftsrecht postulierte.

144 Vgl. dazu WATTER 201 ff.; SIEGER, ganze Arbeit; .

145 WATTER 201.

Beiden Konzerngesellschaften ist grundsätzlich das gesamte Wissen des Doppelorgans zuzurechnen, sowohl das private wie auch - im Rahmen der oben erwähnten Einschränkung - dasjenige aus geschäftlicher Tätigkeit bei der anderen Gesellschaft[146]. Das (Teil-) Wissen eines Doppelorgans um die Angelegenheiten einer Konzerngesellschaft z.B., das für sich allein noch keine Rechtsfolgen für die andere Gesellschaft auslösen würde, kann dabei nur durch Informationsaustausch mit demjenigen einer anderen Organperson zusammen ein rechtlich relevantes (Gesamt-)Wissen für eine Gesellschaft ergeben. Liegt einem fehlenden Informationsaustausch jedoch ein Organisationsmangel zugrunde, so kann sich die betroffene Gesellschaft nicht mehr auf das fehlende rechtlich relevante Gesamtwissen berufen[147].

Ebenso spielt das Wissen des Doppelorgans für die Organpflichten der übrigen Organpersonen in beiden Gesellschaften eine Rolle. Deren Sorgfaltspflichten gebieten grundsätzlich ein Eingreifen bei schädigenden Handlungen von untergeordneten und auch nebengeordneten Organpersonen[148]. Pflichtwidrig handelt nicht nur, wer von solchen schädigenden Handlungen weiss und nicht interveniert, sondern auch derjenige, welcher trotz einer Überwachungspflicht wegen mangelnder Sorgfalt oder Organisation des Informationsflusses gar nicht zu dieser Kenntnis gelangt und daher nicht einschreiten kann[149].

Die Konzernleitungspflicht begründet zudem bei entsprechendem Wissen einer Organperson um Geschäftsangelegenheiten der abhängigen Konzerngesellschaften eine Pflicht zu sorgfältiger Konzernleitungstätigkeit[150]. Erlangt diese Organperson jedoch sorgfaltspflichtwidrig nicht Kenntnis vom Wissen des Doppelorgans von solchen Geschäftsangelegenheiten, so muss sie sich allenfalls den Vorwurf der pflichtwidrigen Unterlassung des Eingreifens gefallen lassen.

E. ZUR HAFTUNG FÜR KONZERNLEITUNGSTÄTIGKEIT

Es ist nicht die Aufgabe dieses Abschnittes, die Haftung für Konzernleitung umfassend darzustellen. Dazu sei auf andere Publikationen verwiesen[151]. In erster Linie geht es

---

146 Vgl. SIEGER 64 f. Dies ist auch bezüglich des Auskunftsrechts der Aktionäre der Holdinggesellschaft nach OR 697 zu berücksichtigen. Je nach Intensität der Konzernverflechtung erstreckt sich dieses grundsätzlich auf geschäftliche Vorfälle in den abhängigen Konzerngesellschaften, sofern diese von der Holdingverwaltung veranlasst und daher als Akte von deren Geschäftsführung gelten können, GRAF 85 m.w.N.
Insofern der Auskunftsanspruch bezüglich Konzernverhältnissen und -vorfällen jedoch von den Bestimmungen über die Konzernrechnungslegung abgedeckt wird, kann er nicht über deren Inhalt hinausgehen, EPPENBERGER 157; NOBEL, Anmerkungen zu Fall 49.
147 Dazu SIEGER 66.
148 OR 716a. I Ziff. 5; DRUEY, SAG 85; SIEGER 129 f.; STAUBER 80; MEIER-WEHRLI 31 und 38 f.
149 SIEGER 132 f.; die Nichtintervention stellt dabei eine Zustimmung dar, SIEGER a.a.O.
150 ALBERS-SCHÖNBERG 68.
151 ALBERS-SCHÖNBERG; KAUFMANN 79 ff.; GEHRIGER 83 ff.; A. von PLANTA 81 ff.; GRAF 51 ff.; F. von PLANTA 116 ff.

darum, auf die möglichen Rechtsgrundlagen für eine Haftung für Konzernleitungstätigkeit hinzudeuten[152].

I. ZUR AKTIENRECHTLICHEN VERANTWORTLICHKEIT

Für die grundsätzlichen Zusammenhänge hinsichtlich der aktienrechtlichen Verantwortlichkeit von OR 752 ff., insbesondere für die Haftungsvoraussetzungen (Schaden, pflichtwidriges, d.h. widerrechtliches oder vertragswidriges Verhalten, adäquater Kausalzusammenhang und Verschulden), sei auf die Literatur verwiesen[153]. Hier wird lediglich daran erinnert, dass eine Haftung nach OR 754 I eine Organstellung voraussetzt[154], mehrere Ersatzpflichtige solidarisch nach Massgabe ihres Verschuldens haften und sich die Klage- bzw. Anspruchsberechtigung danach richtet, ob ein unmittelbarer oder mittelbarer Schaden im oder ausser Konkurs der Gesellschaft[155] geltend gemacht wird.

1. Der Konzernleitungspersonen

a. Konzernleitungsmitglieder mit **Organstellung in der Holdinggesellschaft** sind im Rahmen ihrer Konzernleitungspflichten für deren sorgfältige Wahrnehmung verantwortlich[156]. Sie haften der Holdinggesellschaft sowie deren Aktionären und Gläubigern für sorgfaltspflichtwidrige Schädigungen nach OR 754 ff.[157].

b. Mitglieder der Konzernleitung, die direkt oder indirekt tatsächlich Verwaltungs- und Geschäftsführungsfunktionen **in den abhängigen Konzerngesellschaften** ausüben, werden dort nach Massgabe des funktionellen Organbegriffs allenfalls zu materiellen Organen. Wenn ihr Einfluss derart ist, dass sie den formellen Organpersonen vorbehaltene Entscheide treffen und damit massgebliche korporative Aufgaben selbständig erfüllen, üben sie materiell Organfunktionen aus. Mitglieder der Konzernleitung können daher auch der abhängigen Konzerngesellschaft sowie deren Aktionären und Gläubigern nach

---

152 Ausgenommen ist hier die Haftung aus vertraglichen und quasivertraglichen Verpflichtungen der Holdinggesellschaft Dritten gegenüber. Zu der Haftung u.a. aus Patronatserklärungen und Culpa in contrahendo vgl. BOSMAN 183 ff.; ALBERS-SCHÖNBERG 181 ff.; HANDSCHIN 304 ff.; A. von PLANTA 100 ff.; SCHNYDER Anton K.: Patronatserklärungen, Haftungsgrundlage für Konzernobergesellschaften, in: SJZ 86 (1990) 57 ff.
153 Dazu grundlegend FORSTMOSER, Verantwortlichkeit.
154 BGE 117 II 441 f.
155 Vgl. OR 756 f.; OR 759 I.; BGE 111 II 182 ff.; 117 II 433 ff.; FORSTMOSER, Verantwortlichkeit § 1 N 8 ff.
156 Es sei daran erinnert, dass die Haftung nach OR 754 I eine Organstellung voraussetzt. Diese besteht in einer formellen, materiellen oder kundgegebenen gesellschaftsrechtlichen Stellung, welche die massgebliche Mitwirkungsmöglichkeit bei der Willensbildung der Gesellschaft beinhaltet. Eine blosse Mithilfe bei der Willensbildung durch Bereitstellung oder Vorbereitung der Entscheidgrundlagen führt nicht zu einer Organstellung. Im Konzern, wo viele untergeordnete Funktionäre Bereitstellungs- und Vorbereitungsaufgaben ausführen, bekleidet demnach regelmässig nur die oberste Leitung eine Organstellung in der Holdinggesellschaft, vgl. dazu BGE 117 II 753.
157 Vgl. dazu ALBERS-SCHÖNBERG 71 ff.

OR 754 ff. für sorgfaltspflichtwidrige Schädigungen verantwortlich werden[158].

c. Solange die Konzernleitungspersonen der Holdinggesellschaft lediglich die **Aktionärsrechte der Holdinggesellschaft** in den abhängigen Konzerngesellschaften wahrnehmen, trifft sie dafür regelmässig keine aktienrechtliche Verantwortlichkeit in den Konzerngesellschaften[159].

d. Ausser bei Geschäften zwischen konzernverbundenen Gesellschaften bedeutet die Schädigung einer Konzerngesellschaft regelmässig auch eine **mittelbare Schädigung der Holdinggesellschaft**[160]. In diesem Fall werden die Konzernleitungspersonen bei Pflichtverletzungen gegenüber beiden Gesellschaften grundsätzlich auch in beiden Gesellschaften aktienrechtlich verantwortlich[161]. Die Holding kann jedoch einen bei der abhängigen Konzerngesellschaft verursachten Schaden dann nicht als Aktionär geltend machen, wenn sie - aufgrund einer ihr nach ZGB 55 zurechenbaren Handlung einer Organperson - in die Schädigung eingewilligt hat. Dies ist nach dem Grundsatz "volenti non fit iniuria" ausgeschlossen[162].

e. Umstritten ist, ob Aktionäre und Gläubiger der Holdinggesellschaft durch eine Schädigung der abhängigen Konzerngesellschaft ebenfalls mittelbar geschädigt sind und ihnen daher ein Verantwortlichkeitsanspruch zusteht[163].

2. Von Organpersonen der abhängigen Konzerngesellschaften

a. Formelle Organpersonen der abhängigen Konzerngesellschaften sind ihrer Gesellschaft sowie deren Aktionären und Gläubigern für konzernleitende Entscheide Dritter, welche sie in ihrem Aufgabenbereich zulassen oder befolgen, nach OR 754 ff. verantwortlich, wie wenn sie die Entscheide selber getroffen hätten[164].

---

158 FORSTMOSER, Verantwortlichkeit § 2 N 657 ff.; A. von PLANTA, Doppelorganschaft 604; A. von PLANTA 83 ff. Sie unterstehen dabei denselben Sorgfaltspflichten, wie sie den formellen Organen der abhängigen Konzerngesellschaften auferlegt sind, GEHRIGER 86; ALBERS-SCHÖNBERG 69; A. von PLANTA a.a.O.

159 BÜREN v., Konzern 61 m.w.N.

160 Zum unmittelbaren und mittelbaren Schaden vgl. FORSTMOSER, Verantwortlichkeit § 1 N 186 ff.

161 ALBERS-SCHÖNBERG 71 und 79; der mittelbare Schaden ist regelmässig gegeben, wenn der innere Wert der Beteiligung infolge Substanzverlustes bei der abhängigen Konzerngesellschaft sinkt, und die Schädigung nicht im Interesse der Holdinggesellschaft zu deren Gunsten erfolgte, vgl. ALBERS-SCHÖNBERG 71; der Anspruch geht auf Leistung an die abhängigen Konzerngesellschaft, OR 756.

162 Dazu KAUFMANN 100 f. Allerdings ist im Innenverhältnis ein Rückgriff der Holdinggesellschaft auf die fehlbare Organperson nach Auftrags- bzw. Arbeitsvertragsrecht grundsätzlich möglich, vgl. KAUFMANN 100 mit Anm. 162; SIEGER 138 f.; SPIRO 644 f.

163 Bejahend ALBERS-SCHÖNBERG 73 f. und 79; verneinend KAUFMANN 103 f.

164 FORSTMOSER, Verantwortlichkeit § 2 N 695 f.; vgl. ALBERS-SCHÖNBERG 84 und 172; REIFF 144 für den Fall unerlaubter Delegation; dies gilt grundsätzlich auch für abhängige Verwaltungsräte, seien dies nun offene oder verdeckte Vertreter der Holdinggesellschaft im Verwaltungsrat der abhängigen Konzerngesellschaft, F. von PLANTA 116 ff.

Die Haftung ist jedoch gemäss dem Grundsatz "volenti non fit iniuria" gegenüber der **Konzerngesellschaft** ausgeschlossen, wenn in Ausführung von rechtmässigen, anfechtbaren - aber nicht angefochtenen - oder nichtigen Generalversammlungsbeschlüssen, denen alle Aktionäre zugestimmt haben, gehandelt wurde[165]. Analoges gilt, wenn der schädigende Entscheid von allen Aktionären bzw. dem Alleinaktionär gebilligt wurde[166] oder - in beschränktem Umfang - wenn eine unterstellte Organperson Weisungen des Verwaltungsrats befolgte[167]. Die Haftung bleibt hingegen bestehen, wenn die Schädigung mit Zustimmung aller Verwaltungsratsmitglieder geschah[168].

Nach dem gleichen Grundsatz steht auch denjenigen Aktionären kein Ersatz zu, die dem schädigenden Entscheid in Kenntnis des Sachverhalts zugestimmt haben[169]. Analog dazu haften die Organpersonen der Konzerngesellschaften der Holding nicht für befolgte Holdingweisungen[170].

b. Organpersonen der abhängigen Konzerngesellschaften können dann in der **Holdinggesellschaft** aktienrechtlich verantwortlich werden, wenn sie dort eine Organstellung bekleiden[171]. Regelmässig wird die "Einmischung" der Organpersonen in die Angelegenheiten der Holdinggesellschaft jedoch nicht als funktionelles Organhandeln in der Holdinggesellschaft angesehen werden können[172].

3. Der Holdinggesellschaft

Umstritten ist, ob die Holdinggesellschaft als juristische Person eine materielle Organstellung in der abhängigen Konzerngesellschaft einnehmen und dadurch aktienrechtlich verantwortlich werden kann[173].

---

165 FORSTMOSER, Verantwortlichkeit § 1 N 544 ff. m.w.N.

166 FORSTMOSER, Verantwortlichkeit § 1 N 549.

167 FORSTMOSER, Verantwortlichkeit § 1 N 265; da deren Eigenverantwortlichkeit jedoch gerade den Schutz der Gesellschaft vor Schädigung durch sämtliche Organpersonen bezweckt, kann diese nur bedingt durch übergeordnete Organe eingeschränkt werden. Nur wenn ihnen der Rücktritt nicht zumutbar ist, nachdem sie sich soweit möglich um die Erteilung einer rechtmässigen Weisung bemüht haben, verhindert ein Handeln mit Zustimmung oder auf Weisung des Verwaltungsrats deren aktienrechtliche Verantwortlichkeit, vgl. FORSTMOSER, Verantwortlichkeit § 1 N 555 f. mit Verweisen auf SIEGER 135 und 136; ALBERS-SCHÖNBERG 100 mit Verweisen auf MEIER-WEHRLI 37 f.; WYSS 111; VOLLMAR 208 ff.

168 Es kommt diesfalls zu keinem Haftungsausschluss gegenüber der Gesellschaft; dieser ist das Verschulden der Organpersonen nicht als Selbstverschulden und damit als Einwilligung in die schädigende Handlung zuzurechnen, will die Eigenverantwortlichkeit doch gerade die Gesellschaft vor schädigenden Organpersonen schützen, vgl. FORSTMOSER, Verantwortlichkeit § 1 N 555 f.; SPIRO 644 f.

169 FORSTMOSER, Verantwortlichkeit § 1 N 551 m.w.N.

170 Vgl. KAUFMANN 100 f.; F. von PLANTA 119 f. Ersatzansprüche können zudem u.a. infolge Entlastungsbeschlusses oder Verjährung bzw. Verwirkung untergehen, vgl. OR 758; FORSTMOSER, Verantwortlichkeit § 1 N 410 ff.

171 Vgl. BGE 117 II 570 ff.

172 Vgl. BGE 117 II 570 ff.; unten 135 f., § 9.D.II.2.

173 Ablehnend A. von PLANTA 87; A. von PLANTA, Doppelorganschaft 603; GRAF 51; ALBERS-SCHÖNBERG 171; GEHRIGER 105 ff.

Für eine solche Haftung spricht die Zugrundelegung des funktionellen Organbegriffs. Abzustellen ist auf die tatsächliche Einflussnahme auf die Verwaltung und Geschäftsführung in der abhängigen Konzerngesellschaft über offene oder verdeckte Vertreter in deren Verwaltungsrat. Die Haftung der Holdinggesellschaft ist dann in Betracht zu ziehen, wenn sie derart über ihre Organpersonen direkt oder indirekt massgeblich an der Willensbildung der abhängigen Konzerngesellschaft teilnimmt und korporative Aufgaben selbständig wahrnimmt[174]. Eine regelmässige Einflussnahme ist nicht notwendig; auch das Treffen massgeblicher Einzelentscheide kann - v.a. wenn es systematisch erfolgt - zu einer materiellen Organstellung führen[175].

Die Holdinggesellschaft kann somit letztlich durch Organhandeln verpflichtet werden. Zurechnungsnorm ist daher ZGB 55 II[176].

II. ZUR HAFTUNG DER HOLDINGGESELLSCHAFT FÜR IHRE ORGANPERSONEN NACH ZGB 55/OR 722

1. Im allgemeinen

Die Holdinggesellschaft haftet nach ZGB 55 II/OR 722 für unerlaubte Handlungen ihrer Organpersonen gegenüber den abhängigen Konzerngesellschaften, die im Rahmen von deren geschäftlicher, d.h. organamtlicher, Verrichtung für die Holdinggesellschaft erfolgen[177]. Darunter fällt etwa die Beeinflussung der Verwaltung der abhängigen Konzerngesellschaften, ihre Pflichten zu vernachlässigen und Gläubiger zu schädigen[178]. Allerdings haftet die Holdinggesellschaft für eine unerlaubte Handlung ihrer Organpersonen nur dann, wenn die darauf beruhende schädigende Pflichtwidrigkeit der Organpersonen in der abhängigen Konzerngesellschaft ebenfalls eine unerlaubte Handlung darstellt[179]. In

---

Bejahend FORSTMOSER, Verantwortlichkeit § 2 N 727; SPIRO 641 ff.; KAUFMANN 90 f.; BÖCKLI N 1993; HANDSCHIN 334; ZÜRCHER 161; das OR und die BOTSCHAFT geben darüber keine Auskunft.

174 Dazu FORSTMOSER, Verantwortlichkeit § 2 N 727. Gegen eine aktienrechtliche Verantwortlichkeit der Holdinggesellschaft selber in diesem Fall spricht formell die vom Gesetzgeber auf natürliche und individualisierte Personen zugeschnittene Normierung der Verantwortlichkeit in OR 754, vgl. dazu ALBERS-SCHÖNBERG 171.

175 FORSTMOSER, Verantwortlichkeit § 2 N 669.

176 A. von PLANTA 87; SPIRO 644; daher auch der Einwand von ALBERS-SCHÖNBERG 171, dass die Anwendung von OR 754 auf juristische Personen diesen eine über ZGB 55 II hinausreichende Haftung für fremdes Verschulden auferlegen würde.

177 Vgl. dazu allgemein BGE 105 II 28; A. von PLANTA 88 f.; KAUFMANN 88 f.; HANDSCHIN 297 ff.; GEHRIGER 112 f.; ZWEIFEL 99 f.; FORSTMOSER, Verantwortlichkeit § 1 N 595 ff. OR 722 ist Anwendungsfall von ZGB 55 II, vgl. BGE 105 II 289 E.5. zu aOR 718 III.

178 Vgl. SPIRO 641; A. von PLANTA 88 f. mit Anm. 36, der auf die Verleitung zum Vertragsbruch hinweist; ALBERS-SCHÖNBERG 141 ff., der dazu den Fall der rechtswidrigen Ausübung des Stimmrechts erwähnt. Ob nur mittelbar geschädigte Aktionäre und Gläubiger zur Klage legitimiert sind, ist umstritten; vgl. dazu A. von PLANTA 88 f. m.w.N.

179 Nicht jede aktienrechtliche Pflichtwidrigkeit ist eine unerlaubte Handlung; umgekehrt dagegen schon, vgl. FORSTMOSER, Verantwortlichkeit§ 1 N 595 ff.

diesem Fall wird die Holdinggesellschaft als Anstifter nach OR 50 verpflichtet[180].

2. Zur Haftung aus Doppelorganschaft

Doppelorganschaft kann eine Haftungsgrundlage darstellen, wenn Organhandeln im Sinne von ZGB 55 gleichzeitig für zwei Gesellschaften möglich ist[181]. Dann begründet eine Schädigung der einen Gesellschaft die Haftung der anderen[182].

Die Haftung aus Doppelorganschaft wird v.a. hinsichtlich zweier Tatbestände unterschieden; für:

- die Einflussnahme von formellen oder materiellen Organpersonen der Holdinggesellschaft auf die Verwaltung der abhängigen Konzerngesellschaften, welche dort deren materielle Organstellung bewirkt[183], und für
- die Abordnung von verdeckten oder offenen Vertretern nach OR 707 III in den Verwaltungsrat der aufnehmenden Gesellschaft.

a. Formelle oder materielle Organpersonen der Holdinggesellschaft verpflichten diese durch ihre Handlungen in den abhängigen Konzerngesellschaften nach ZGB 55[184]. Die **materielle Organtätigkeit in den abhängigen Konzerngesellschaften** stellt regelmässig ein Organhandeln für die Holdinggesellschaft dar und erfolgt damit unzweifelhaft in Ausübung geschäftlicher Verrichtung für diese[185]. Nach dem funktionellen Organbegriff begründet materielles Organhandeln der Organpersonen der Holdinggesellschaft für die abhängigen Konzerngesellschaften eine Organstellung der Holding selber und - bejaht man die Anwendbarkeit von OR 754 - auch deren aktienrechtliche Verantwortlichkeit[186]. Nach ZGB 55 II/OR 722 hat die Holding zumindest für unerlaubte Handlungen ihrer Organpersonen bei materiellem Organhandeln für die abhängigen Konzerngesellschaften einzustehen.

b. Die Haftung der entsendenden Gesellschaft für ihre als **offene oder verdeckte Vertreter** in die aufnehmende Gesellschaft delegierten Organpersonen ist bekanntlich umstritten[187]. Problematisches Kriterium ist hauptsächlich die Qualifikation der Tätigkeit der als Vertreter delegierten Organperson in der abhängigen Konzerngesellschaft als Ausübung

---

180 Vgl. A. von PLANTA 88; KAUFMANN 88 m.w.N.; HANDSCHIN 299 f. und 326 f.
181 A. von PLANTA, Doppelorganschaft 600; BÖCKLI N 1990.
182 Vgl. SPIRO 643.
183 Nach A. von PLANTA, Doppelorganschaft 603 ff. sog, faktische Doppelorganschaft; vgl. GRAF 53 f.; GEHRIGER 107.
184 A. von PLANTA 87.
185 A. von PLANTA, Doppelorganschaft 606; ZÜRCHER 172; HANDSCHIN 326.
186 Dazu oben 65, § 3.E.I.3.; HANDSCHIN 334.
187 Vgl. SPIRO 640 mit Verweisen auf die Vertreter der verschiedenen Lehrmeinungen; ALBERS-SCHÖNBERG 152 ff.; A. von PLANTA, Doppelorganschaft 609.

von **geschäftlicher Verrichtung**, d.h. Organhandeln, für die Holdinggesellschaft[188].

An der Möglichkeit und Zulässigkeit von doppeltem Organhandeln des Vertreters sollte hingegen nicht mehr gezweifelt werden[189]. Zulässig ist es, eine Organstellung in zwei Gesellschaften gleichzeitig einzunehmen. Auch das Charakteristikum der Doppelorganschaft, wonach das gegenüber der aufnehmenden Gesellschaft vorgeht, verunmöglicht nicht zum vornherein, für beide Gesellschaften organschaftlich tätig zu sein. Namentlich im Verwaltungsrat von Einmanngesellschaften kann das Doppelorgan befugterweise im Konzerninteresse und daher in Ausübung geschäftlicher Verrichtung für beide Gesellschaften handeln[190]. Die Tätigkeit im Konzerninteresse auf der Basis der zulässigen Interessenvertretung ist ebenfalls doppeltes Organhandeln. Und selbst das gegen die Organpflichten der entsendenden Gesellschaft verstossende Handeln eines Vertreters kann doppeltes Organhandeln sein, da der entsendenden Gesellschaft nach ZGB 55 II auch das "sonstige" Verhalten ihrer Organpersonen zuzurechnen ist, solange es in einem funktionalen Zusammenhang mit deren Organtätigkeit liegt[191]. Dieser Zusammenhang, d.h. die Ausübung von geschäftlicher Verrichtung, ist dabei anzunehmen bei einer im Konzerninteresse ausgeübten Tätigkeit in der abhängigen Konzerngesellschaft, die nach der konkreten Konzernorganisation objektiv in den sachlichen Bereich der einheitlichen Leitung durch die entsendende Gesellschaft fällt[192].

Doppeltes Organhandeln ihrer Vertreter nach OR 707 III verpflichtet somit die Holdinggesellschaft im zentralisierten Bereich, ohne dass eine Einflussnahme ihrer anderen Organpersonen auf die abhängigen Konzerngesellschaften vorausgesetzt wird[193]. Allerdings ist die Haftung auf unerlaubte Handlungen ihrer Vertreter beschränkt.

III. DIE GESCHÄFTSHERRENHAFTUNG NACH OR 55

1. Für die Entsendung natürlicher Hilfspersonen in den Verwaltungsrat der abhängigen Konzerngesellschaften

Nach der Konzeption von OR 55 ist ein Subordinationsverhältnis zwischen Geschäftsherr und Hilfsperson massgebendes Kriterium für die Anwendbarkeit[194]. Das Subordinationsverhältnis drückt sich in der Weisungsgebundenheit der Hilfsperson aus, welche ihr keine eigenen Entscheidungsbefugnisse belässt, sowie in einer entsprechenden Aufsichtsgewalt

---

188 A. von PLANTA, Doppelorganschaft 598 m.w.N. Ob dem Vertreter tatsächlich Organstellung in der entsendenden Gesellschaft zukommt, beurteilt sich allerdings nur nach dem allgemeinen Organbegriff, A. von PLANTA 69 Anm. 100; GRAF 51; a.M. SCHUCANY G. 82 ff., insb. 87 f.
189 Vgl. HANDSCHIN 321 f.
190 A. von PLANTA, Doppelorganschaft 603.
191 SPIRO 643 f.; HANDSCHIN 321.
192 ALBERS-SCHÖNBERG 162 und ihm folgend GRAF 53 f.
193 Diese ist daher nicht vom Anspruchsberechtigten geltend zu machen; es genügt, dass das Doppelorgan in Ausübung geschäftlicher Verrichtung handelt.
194 Dazu OFTINGER/STARK § 20 N 62 ff.

des Geschäftsherrn, durch welche eine unerlaubte Handlung gerade verhindert werden könnte[195].

Bejaht wird ein Subordinationsverhältnis eines delegierten Vertreters zur Holdinggesellschaft insbesondere bei der Einsitznahme in den Verwaltungsrat von Einmanngesellschaften und Gesellschaften mit statutarischer Zweckausrichtung auf den Geschäftsherrn[196]. Unter diesen Voraussetzungen ist die Weisungsgebundenheit und Interessenwahrungspflicht des Vertreters nahezu unbeschränkt. Darauf kann ein rechtliches Subordinationsverhältnis und eine Haftung der delegierenden Gesellschaft nach OR 55 gründen. Sie muss dann für unerlaubte Handlungen ihrer Hilfsperson einstehen, die diese in Ausübung geschäftlicher Verrichtung begangen hat[197], unabhängig von ihrem Verschulden oder demjenigen der Hilfsperson[198].

Aber auch bei rechtswidriger und nur tatsächlicher oder organisatorischer Weisungsgebundenheit des Vertreters wird z.T. ein Subordinationsverhältnis bejaht[199]: Auf die Diskrepanz zwischen rechtlichem Können und Dürfen soll es dafür nicht ankommen dürfen. Exemplarisch wird auf die Anwendbarkeit von OR 55 für die Entsendung blosser Strohmänner verwiesen, die faktisch jederzeit ausgewechselt werden können[200].

2. Für abhängige Konzerngesellschaften

Die Geschäftsherrenhaftung der Holdinggesellschaft für abhängige Konzerngesellschaften ist umstritten[201]. Anerkannt ist, dass OR 55 angewendet werden soll, wenn sich ein Geschäftsherr einer Hilfsperson für Besorgungen zu seinem Zweck und in seinem Interesse bedient und diese jenem untergeordnet ist[202]. Der Grundgedanke dieser Haftung für vorausgesetzte Sorgfaltspflichten, nämlich die Abwälzung des Risikos für den Beizug von Gehilfen auf den Geschäftsherren auf objektiver Grundlage, zwingt aber auch, juristische Personen als Hilfspersonen zu betrachten[203]. Vorrangiges Kriterium einer Geschäftsherrenhaftung für abhängige Konzerngesellschaften bleibt somit das Bestehen eines Unterordnungsverhältnisses. Wenn die abhängige Konzerngesellschaft derart unter-

---

195 Vgl. GEHRIGER 114. Unbeachtlich ist das dem Unterordnungsverhältnis zugrunde liegende Verhältnis, insbesondere dessen Zweck, der nicht geschäftlichen Charakter aufzuweisen braucht, dessen rechtliche Qualifikation, Dauer oder Entgeltlichkeit, vgl. A. von PLANTA 71 ff. m.w.N.

196 A. von PLANTA 74 f.; ders., Doppelorganschaft 602 f. und 606.

197 Die "Ausübung geschäftlicher Verrichtung" ist bezüglich ZGB 55 und OR 55 gleichbedeutend, OFTINGER/STARK § 20 N 18; es kann dafür auf oben 66 f., § 3.E.II.2. verwiesen werden.

198 A. von PLANTA 75. Zu den möglichen Exkulpationsbeweisen vgl. OFTINGER/STARK § 20 N 113 ff.

199 ALBERS-SCHÖNBERG 164 ff.; FORSTMOSER, Verantwortlichkeit § 2 N 712. A.M. CAFLISCH 263; KAUFMANN 86 f.; A. von PLANTA 74; W. von STEIGER 312a; ZWEIFEL 97.

200 FORSTMOSER, Verantwortlichkeit § 2 N 712 mit Verweisen auf ALBERS-SCHÖNBERG 167.

201 Vgl. die Übersichten bei ZÜRCHER 223 ff.; ALBERS-SCHÖNBERG 174 f. mit Anm. 1 ff., A. von PLANTA 136 mit Anm. 1 ff. und UTTENDOPPLER 123 Anm. 284.

202 PORTMANN 63.

203 ALBERS-SCHÖNBERG 176; A. von PLANTA 136 m.w.N.

geordnet ist, dass sie von einer Schadensverursachung hätte abgehalten werden können, rechtfertigt sich das Einstehenmüssen der Holdinggesellschaft[204].

Das Subordinationsverhältnis kann auch tatsächlicher Natur sein[205]. Ausschlaggebend ist die faktische Möglichkeit zur Weisungserteilung und zur Aufsicht. Die gegen die Unterordnung der abhängigen Konzerngesellschaften angeführte fehlende Leitungsmacht der Holdinggesellschaft ist daher irrelevant[206].

Ob ein Subordinationsverhältnis vorliegt, ist im Einzelfall aufgrund der gesamten Umstände und der Verkehrsauffassung zu beurteilen[207]. So kann eine Weisungserteilung an eine abhängige Konzerngesellschaft und die darauf gründende unerlaubte Handlung eine Haftung nach OR 55 bewirken. Auch wenn Konzerngesellschaften eingeräumte Befugnisse überschreiten, kann die Holdinggesellschaft haften, wenn sie jene nicht daran hindert[208].

Jedoch verlangt die Ratio von OR 55 ganz allgemein, dem Geschäftsherrn bestimmte Delikte von Dritten zuzurechnen, die als typische Risiken seines gesamten Unternehmensrisikos gelten[209]. Abzustellen ist somit insbesondere auf die konkrete Konzernorganisation. Im zentralisierten Bereich ist die tatsächliche Unterordnung der abhängigen Konzerngesellschaften bei der Ausführung von Konzernleitungsentscheidungen regelmässig gegeben[210]. Im dezentralisierten Bereich sind dagegen Weisungen der Holdinggesellschaft die Ausnahme. Nur bei konkreter Weisungserteilung und darauf beruhender unerlaubter Handlung ist diesfalls die Haftung der Holdinggesellschaft nach OR 55 in Betracht zu ziehen[211].

IV. ZUR HAFTUNG DER HOLDINGGESELLSCHAFT ALS AKTIONÄRIN

Die schweizerische Rechtsordnung enthält keine ausdrücklichen Bestimmungen über die Haftung des Hauptaktionärs[212]. Neben den bereits erwähnten Haftungsgrundlagen bestehen jedoch andere Rechtsgrundlagen, die zur Haftung des Hauptaktionärs für Schaden bei der abhängigen Konzerngesellschaft, deren Aktionären oder Gläubigern führen können.

---

204 ALBERS-SCHÖNBERG 177; BGE 84 II 382; GEHRIGER 114; PORTMANN 65.
205 So ALBERS-SCHÖNBERG 177 m.w.N.; HANDSCHIN 348 f.; vgl. auch OFTINGER/STARK II/1 § 20 N 64, wonach auf das tatsächliche Verhältnis der Hilfsperson zum Geschäftsherrn und nicht das rechtliche abzustellen ist.
206 A.M. A. von PLANTA 137.
207 PORTMANN 66; DALLEVES 615.
208 Vgl. OFTINGER/STARK § 20 N 93.
209 Vgl. REHBINDER E. 524, 529, 531 für BGB 831.
210 Nach ALBERS-SCHÖNBERG 177 soll dabei der Konzerntatbestand gar zur Vermutung führen, die Konzerngesellschaft handle in Ausübung der einheitlichen Leitung nach Weisungen der Holdinggesellschaft.
211 ALBERS-SCHÖNBERG 179.
212 FORSTMOSER, Verantwortlichkeit § 2 N 705 f. mit Anm. 1378 und 1379.

Zu erwähnen sind insbesondere die Haftung für Geschäftsführung ohne Auftrag[213] und die Durchgriffshaftung[214].

F. ZUSAMMENFASSUNG

In organisatorischer Hinsicht zentralisiert die Konzernleitung Verwaltungs- und Geschäftsführungsaufgaben der Konzerngesellschaften. Konzernleitungspersonen nehmen entweder direkt in den Konzerngesellschaften Verwaltungs- und Geschäftsführungsaufgaben im Konzerninteresse wahr oder sie beeinflussen die Geschäftstätigkeit in den Konzerngesellschaften mittels Weisungen, Beratung oder Koordination im Interesse des Konzerns.

Fasst die Holdinggesellschaft mehrere Gesellschaften unter einheitlicher Leitung zusammen, so ist der Verwaltungsrat der Holding verpflichtet, im Rahmen seiner Oberleitungsaufgaben den Konzern zu leiten. Organpersonen der Holdinggesellschaft können auch zur Konzernleitung verpflichtet sein, wenn die Holdinginteressen dies verlangen. Treffen Funktionäre der Holdinggesellschaft massgebliche Entscheidungen im zentralisierten Bereich, können sie zu materiellen Organpersonen der Holding und allenfalls der Konzerngesellschaften werden. Als materielle Organpersonen sind sie für Tun und Unterlassungen in ihrem Aufgabenkreis verantwortlich und somit zur sorgfältigen Konzernleitung verpflichtet.

Die Konzernleitung kann die Konzerngeschäftspolitik in den Konzerngesellschaften nur beschränkt mittels Weisungen oder Doppelorganen durchsetzen. Zwar sind die Organpersonen der Konzerngesellschaften wegen der Interessenverschmelzung im Konzern regelmässig dazu verpflichtet, ihre Tätigkeit sorgfältig nach dem Konzerninteresse zu richten. Konzernweisungen haben sie aber immer auf ihre Vereinbarkeit mit der zwingenden Rechtsordnung sowie den Gläubiger- und allenfalls den Konzerninteressen zu überprüfen. Auch Doppelorgane unterliegen diesen Pflichten, da ihre Organpflichten der Konzerngesellschaft gegenüber ihren Konzernleitungspflichten vorgehen. Ein vorbehaltloses Weisungsrecht der Konzernleitung kann daher nicht begründet werden. Auch eine rechtmässige Weisung kann von der Konzernleitung nicht gerichtlich durchgesetzt werden.

Organpersonen der Holdinggesellschaft und der Konzerngesellschaften sowie - nach der hier vertretenen Auffassung - die Holdinggesellschaft unterliegen grundsätzlich der aktienrechtlichen Verantwortlichkeit für Konzernleitungstätigkeiten. Weiter kann die Holdinggesellschaft für unerlaubte Handlungen ihrer Organpersonen und Doppelorgane bei konzernleitender Tätigkeit haften. Sodann kann die Holdinggesellschaft als Geschäftsherrin für die in den Verwaltungsrat der Konzerngesellschaften delegierten Vertreter einerseits und für die abhängigen Konzerngesellschaften andererseits verantwortlich werden. Schliesslich kommt noch der Durchgriff als Haftungsgrundlage in Frage.

---

213 WOHLMANN 129 ff.; TAPPOLET 131; GEHRIGER 115; kritisch A. von PLANTA 92.
214 Oben 35 ff., § 2.C.II.

§ 4 Zur Problematik der Aufteilung der Konzernleitung zwischen Holding- und Managementgesellschaft

In diesem Paragraphen sollen die Probleme geschildert werden, die bei der Aufteilung der Konzernleitung zwischen Holding- und Managementgesellschaft zu lösen sind.

Zuerst wird auf das Konzept verwiesen, nach dem die Integration der Managementgesellschaft in die Konzernleitungsorganisation erfolgt. Sodann wird aufgezeigt, dass die Managementgesellschaft nicht auf der Grundlage des Konzerntatbestandes selbständig konzernleitend tätig sein kann. Die Aufteilung der Konzernleitung setzt daher voraus, dass die Holding und die Konzerngesellschaften der Managementgesellschaft Konzernleitungsbefugnisse übertragen. Danach wird untersucht, wie Konzernleitungsbefugnisse an die Managementgesellschaft übertragen werden könnten. Darauf gründet schliesslich die Fragestellung für den zweiten und dritten Teil der Arbeit, welche von den Methoden der Übertragung von Konzernleitungskompetenzen auf die Managementgesellschaft handeln.

A. Die Integration der Managementgesellschaft in die Konzernleitungsstruktur

I. Ausgangslage

1. Die Integration der Managementgesellschaft in die Verwaltungsorganisation der Holdinggesellschaft

Die Ausgliederung der Konzernleitung oder von Teilen davon in die Managementgesellschaft verändert die von der Holdingstruktur geprägte Konzernleitungsstruktur. Die Managementgesellschaft muss in eine Konzernleitungsorganisation integriert werden, in der die Holdinggesellschaft konzernleitend tätig ist. Die Konzernleitungstätigkeit fällt damit grundsätzlich in den Aufgabenbereich von deren Verwaltungsrat[1].

In der konzernleitenden Holdinggesellschaft ist der Verwaltungsrat die oberste Konzernleitungsinstanz[2]. Er hat nach der Konzeption des Gesetzes zuerst seine Oberleitungsaufgaben weitgehend selbständig zu umschreiben und damit seine Stellung in der Konzernleitungsorganisation zu konkretisieren[3]. Danach muss er die zur Konzernleitung notwendigen Stellen schaffen, deren Kompetenzen festlegen und die Berichterstattung regeln[4]. Folglich hat er auch über die Integration der Managementgesellschaft in die Holdingstruktur zu entscheiden.

---

1 Oben 45, § 3.B.
2 Oben 45, § 3.B.
3 Vgl. VISCHER, Aktienrechtsreform 161 f.
4 Vgl. STAEHELIN 201; BÖCKLI N 1527 ff.; AMSTUTZ 399.

2. Die Integration der Managementgesellschaft in die Konzernleitungsorganisation

Die Integration der Managementgesellschaft in die Konzernleitungsorganisation basiert auf folgendem Konzept: Die Verwaltungsorganisation der Holding übt grundsätzlich die Konzernleitung aus. Ihre Konzernleitungspersonen besitzen bestimmte Konzernleitungskompetenzen. Zu deren Wahrnehmung bedienen sie sich der Organisation der Managementgesellschaft. Weil Konzernleitungspersonen zumeist auch Doppelorgane in der Managementgesellschaft sind, können sie dortige Geschäftsführungsaufgaben auf weitere Funktionsträger der Managementgesellschaft übertragen und/oder deren Tätigkeit in Organisationsreglementen, Arbeitsverträgen oder durch Weisungen regeln. Konzernleitungspersonen der Holdinggesellschaft legen derart die Geschäftstätigkeit der Managementgesellschaft im Sinne der gesamten Konzernorganisation fest.

Die Integration der Managementgesellschaft in die Konzernleitungsorganisation hängt zum einen davon ab, welche **konzernleitenden Einflussmöglichkeiten** der Managementgesellschaft aus dem Konzerntatbestand zustehen[5]. Zum anderen ist massgeblich, ob der Managementgesellschaft Einflussmöglichkeiten von den konzernverbundenen Gesellschaften übertragen werden können[6]. Wie im folgenden aufgezeigt wird, besteht das Hauptproblem bei der Integration darin, dass der Managementgesellschaft aus dem Konzerntatbestand keine selbständigen Einflussrechte auf die Verwaltung und Geschäftsführung der Konzerngesellschaften zustehen.

II. DIE FEHLENDEN SELBSTÄNDIGEN EINFLUSSMÖGLICHKEITEN DER MANAGEMENTGESELLSCHAFT AUF VERWALTUNG UND GESCHÄFTSFÜHRUNG IN DEN KONZERNGESELLSCHAFTEN

Wenn die Managementgesellschaft konzernleitend tätig sein will, muss sie direkt oder indirekt massgebliche Verwaltungs- und Geschäftsführungsaufgaben in den Konzerngesellschaften selbständig wahrnehmen können. Im folgenden wird gezeigt, dass der Managementgesellschaft in der Regel keine solchen Befugnisse zustehen:

1. Keine Einflussmöglichkeiten aus Stimmenmacht

Die Managementgesellschaft besitzt keine Kapitalbeteiligung an anderen konzernverbundenen Gesellschaften. Dort kann sie weder Aktionärsrechte geltend machen noch aus dem Konzerntatbestand Einflussrechte ableiten. Die Managementgesellschaft ist von den Konzerngesellschaften als rechtlich aussenstehender Dritter zu betrachten[7]. Weisungen der Managementgesellschaft sind von den Organpersonen der abhängigen Konzerngesellschaften daher nicht als Ausdruck der Aktionärsinteressen der Holdinggesellschaft aufzufassen, sondern als Drittinteressen.

---

5 Dazu sogleich 72, § 4.A.II.
6 Dazu unten 77 ff., 2.TEIL.
7 Dies zeigt sich auch darin, dass Konzerngesellschaften aus dem Konzernverbund allein keine Vertretungsmacht ableiten können, um andere konzernverbundene Gesellschaften vertraglich zu verpflichten, vgl. ZÜRCHER 210; unten 119 ff., § 7.B.III.3.a.

2. Keine Einflussmöglichkeiten aus einer Interessenvertretungspflicht

a. Keine Interessenvertretungspflicht der Organpersonen der Konzerngesellschaften

Weisungen der Managementgesellschaft können nur in die Interessenabwägung der Konzerngesellschaften einbezogen und beachtet werden, wenn ein Ermessensspielraum besteht oder die Interessen der abhängigen Konzerngesellschaften denselben Entscheid verlangen würden[8]. Die Organpersonen der abhängigen Konzerngesellschaften könnten sich somit verpflichten, Weisungen der Managementgesellschaft im Rahmen ihrer Ermessensausübung zu berücksichtigen. Die Interessenabwägung wird aber wegen der Interessenverschmelzung im Konzern regelmässig von den Konzerninteressen dominiert. Um mit aller Sorgfalt die Drittinteressen am Gesellschaftsinteresse abzuwägen, ist daher bei den die zentrale Willensbildung betreffenden Weisungen zuerst eine Stellungnahme der Holdinggesellschaft über die zu wahrenden Konzerninteressen einzuholen. Vertreten Organpersonen der Konzerngesellschaften die von der Managementgesellschaft kundgetanen Interessen ohne Rückfrage bei der Holdinggesellschaft, verletzen sie regelmässig ihre Sorgfaltspflichten, welche die angemessene Abwägung aller beteiligten Interessen gebieten. Folglich können sich Organpersonen der Konzerngesellschaften nicht zur vorbehaltlosen, persönlichen Interessenvertretung gegenüber der Managementgesellschaft verpflichten.

b. Keine Interessenvertretungspflicht der Doppelorgane von Management- und Konzerngesellschaften

Organpersonen der Managementgesellschaft, welche in der Konzerngesellschaft eine Organstellung bekleiden, haben in erster Linie ihre Organpflichten der Konzerngesellschaft gegenüber zu wahren[9]. Auch Doppelorgane dürfen die Interessen der Managementgesellschaft in der Regel nicht ohne Rückfrage bei der Holdinggesellschaft vertreten. Ihnen wird die selbständige und direkte Einflussnahme auf die Gesellschaftstätigkeit der Konzerngesellschaft im Interesse der Managementgesellschaft verunmöglicht.

c. Fazit

Der Managementgesellschaft können auf Grundlage von Interessenvertretungsverhältnissen keine Einflussrechte zugestanden werden, die ein selbständiges Konzernleitungshandeln erlauben würden.

---

8 Oben 51, § 3.C.II.2.
9 Oben 59 f., § 3.D.I.

3. Keine statutarischen Weisungsrechte der Managementgesellschaft

Der Managementgesellschaft kann ein statutarisches Weisungsrecht bezüglich der Geschäftsführung in der Konzerngesellschaft nur zugewiesen werden, wenn die Konzerngesellschaftsinteressen auf die Interessen der Managementgesellschaft festgeschrieben werden[10]. Das ist in der Praxis unüblich[11].

Ohne entsprechende Fassung des Gesellschaftszweckes können der Managementgesellschaft - wie jedem andern Dritten - nur beschränkte statutarische Einflussmöglichkeiten auf die Verwaltung und Geschäftsführung in den Konzerngesellschaften eingeräumt werden[12]. Diese Einflussmöglichkeiten betreffen insbesondere untergeordnete Teilnahme- und Mitwirkungsrechte, erlauben jedoch keine konzernleitende Tätigkeit[13].

4. Keine vertraglichen Weisungsrechte der Managementgesellschaft

a. Durch einen **Unternehmensvertrag mit den Konzerngesellschaften** kann sich die Managementgesellschaft kein Recht zum Erteilen von verbindlichen Weisungen einräumen lassen. Denn eine generelle vertragliche Weisungsbefolgungspflicht darf den Organpersonen der abhängigen Konzerngesellschaften die Wahrnehmung ihrer zwingenden Sorgfalts- und Treuepflichten im konkreten Einzelfall nicht verunmöglichen. Nur wo alle Organpersonen einer Gesellschaft auch im Einzelfall Weisungen befolgen dürfen, kann die Gesellschaft ein Weisungsrecht Dritter gültig vereinbaren[14]. Da sich Organpersonen der Konzerngesellschaft gegenüber der Managementgesellschaft regelmässig nicht zur Interessenvertretung verpflichten dürfen, kann ein Weisungsrecht gegenüber der Konzerngesellschaft folglich nicht vertraglich vereinbart werden.

b. Die Vereinbarung eines Weisungsrechts wäre dagegen bei **vollständig beherrschten Konzerngesellschaften** und solchen mit entsprechendem **statutarischen Zweck**, der die Interessen auf den Weisungsgeber ausrichtet, beschränkt möglich[15]: Das Weisungsrecht muss dem Verwaltungsrat zum einen die Wahrung seiner zwingenden Hauptaufgaben und der Gläubigerinteressen ermöglichen. Zum anderen kann der Verwaltungsrat nicht zur Befolgung konkreter Einzelinstruktionen im Bereich seiner Hauptaufgaben verpflichtet werden. Weil es sowohl am Statutenerfordernis wie auch an der Kapitalbeteiligung fehlt, ist ein Weisungsvertrag zwischen der Managementgesellschaft und den übrigen abhängigen Konzerngesellschaften aber regelmässig undenkbar.

---

10 Oben 31, § 2.B.III.3.c.cc.
11 Oben 5, § 1.B.II.2.b.
12 Dazu oben 5, § 1.B.II.2.b
13 Vgl. dazu oben 31 ff., § 2.B.III.3.c. und unten 80 ff., § 5.A.II.2. und 116 ff., § 8.B.II.
14 Oben 32 f., § 2.B.III.4.; GRAF 103.
15 Oben 31, § 2.B.III.3.c.cc. und 55 f., § 3.C.IV.1.d.

III. Problemstellung

Die Managementgesellschaft darf keine konzernleitende Tätigkeit selbständig vornehmen. Um zu beantworten, wie die Konzernleitung zwischen Holding- und Managementgesellschaft aufgeteilt werden kann, muss folglich abgeklärt werden, welche konzernleitenden Einflussmöglichkeiten der Managementgesellschaft von der Holding oder den Konzerngesellschaften übertragen werden können. Diese Aufteilung - und damit die Integration der Managementgesellschaft in die Konzernleitungsorganisation - kann theoretisch auf verschiedene Arten vorgenommen werden:

B. Zu den Methoden der Aufteilung der Konzernleitung zwischen Holding- und Managementgesellschaft

Konzernleitungskompetenzen könnten der Managementgesellschaft dadurch eingeräumt werden, dass:

- die Holding der Managementgesellschaft Konzernleitungskompetenzen überträgt[16].

- die abhängigen Konzerngesellschaften der Managementgesellschaft Einflussrechte auf ihre Gesellschaftstätigkeit gewähren und Entscheidungskompetenzen übertragen.

- die abhängigen Konzerngesellschaften von der Holdinggesellschaft dazu angewiesen werden, der Managementgesellschaft Einflussmöglichkeiten auf die Geschäftstätigkeit zu gewähren oder dieser Entscheidungskompetenzen zu übertragen.

Es soll überprüft werden, welche Methoden zulässig sind und welche Konzernleitungskompetenzen der Managementgesellschaft übertragen werden können. Dies führt zu folgenden Fragestellungen für die weiteren Teile der Arbeit:

C. Fragestellungen

In §§ 5, 6 und 7 wird abgeklärt, wie und mit welchen Kompetenzen die Holding die Managementgesellschaft in den **Statuten**, durch **Kompetenzdelegation** oder durch Zuweisung von **Vorbereitungs- und Ausführungsaufgaben** in die Konzernleitungsorganisation integrieren kann. Insbesondere wird danach gefragt, ob der Managementgesellschaft selbständige Konzernleitungsbefugnisse übertragen werden dürfen.

In § 8 wird untersucht, wie die Managementgesellschaft auf der Basis von einheitlichen Kompetenzübertragungen durch mehrere Konzerngesellschaften in die Konzernleitungsorganisation integriert werden kann.

---

16 "Kompetenzübertragung" wird dahingehend verstanden, dass Kompetenzen aus dem Rechtskreis des Übertragenden zum Teil oder ganz herausgelöst und in demselben Umfang auf andere Aufgabenträger zur selbständigen, kompetenzkonformen Erledigung übertragen werden. Der Übertragende kann dabei die Übertragung jederzeit rückgängig machen sowie Entscheide des untergeordneten Aufgabenträgers aufheben bzw. deren Ausführung untersagen, vgl. HORBER 91; VOLLMAR 28 f. m.w.N.

In § 9 wird danach gefragt, mit welchen Kompetenzen die Managementgesellschaft ausgestattet werden kann, wenn die Holding die Konzerngesellschaften anweist, der Managementgesellschaft Einflussmöglichkeiten auf die Geschäftstätigkeit zu gewähren oder Entscheidungskompetenzen zu übertragen.

In § 10 wird schliesslich dargestellt, wie die Integration der Managementgesellschaft in die Konzernleitungsorganisation über vertragliche Vereinbarungen zwischen Holding- und Managementgesellschaft gestaltet werden kann.

2. TEIL: DIE ÜBERTRAGUNG VON KONZERNLEITUNGSKOMPETENZEN AUF DIE MANAGEMENTGESELLSCHAFT DURCH DIE HOLDINGGESELLSCHAFT

Dieser Teil handelt davon, wie die Konzernleitung zwischen Holding- und Managementgesellschaft mittels Kompetenzübertragungen aufgeteilt werden kann. Es ist danach zu fragen, welche Konzernleitungskompetenzen der Managementgesellschaft übertragen werden dürfen. Insbesondere soll untersucht werden, ob es möglich ist, die Managementgesellschaft mit selbständigen Konzernleitungsbefugnissen in die Konzernleitungsorganisation einzugliedern.

Ausgegangen wird weiterhin von einem Konzern mit Holdingstruktur, in dem die Holdinggesellschaft andere Konzerngesellschaften unter ihrer einheitlichen Leitung zusammenfasst. Nicht behandelt wird der Fall, in dem die Managementgesellschaft zwar finanziell von der Holdinggesellschaft abhängig ist, diese jedoch aufgrund personeller Verflechtungen mit deren Haupt- oder Alleinaktionär de facto beherrscht und damit eigentlich konzernleitend tätig ist.

§ 5 ZUR ÜBERTRAGUNG VON KONZERNLEITUNGSKOMPETENZEN AUF DIE MANAGEMENTGESELLSCHAFT IN DEN HOLDINGSTATUTEN

Dieser Paragraph handelt von der Übertragung von Konzernleitungskompetenzen auf die Managementgesellschaft in den Statuten der Holdinggesellschaft. Zuerst wird danach gefragt, unter welchen Voraussetzungen Konzernleitungsaufgaben der Holdinggesellschaft statutarisch auf die Managementgesellschaft übertragen werden können. Anschliessend wird untersucht, ob die Aktionäre der Holding die "Leitung", "Beratung" oder "Koordination" der konzernverbundenen Gesellschaften statutarisch aus der Unternehmenstätigkeit der Holding ausklammern und auf die Managementgesellschaft übertragen können. Die Frage, ob und inwieweit die Managementgesellschaft durch die Holdingstatuten in die Konzernleitungsorganisation eingegliedert werden kann, wird zum Schluss behandelt.

Die vorliegende Thematik ist verwandt mit der Frage, welche statutarischen Einflussrechte auf die Gesellschaftstätigkeit einer Drittperson gewährt werden dürfen. Auf die diesbezüglichen Ausführungen wird des öfteren verwiesen[1]. Da die Managementgesellschaft von der Holdinggesellschaft abhängig ist und nicht umgekehrt, spielt es hier keine Rolle, inwieweit eine statutarische Abhängigkeit der Holding begründet werden kann.

---

1 Vgl. oben 29 ff., § 2.B.III.3.

A. DIE ÜBERTRAGUNG VON KONZERNLEITUNGSKOMPETENZEN IN DEN STATUTEN DER HOLDINGGESELLSCHAFT

I. ZUR STATUTARISCHEN VERANKERUNG DER MANAGEMENTGESELLSCHAFT ALS KOMPETENZTRÄGERIN IN DER ORGANISATION DER HOLDINGGESELLSCHAFT

Die Organisationsautonomie der Statuten erlaubt, im Rahmen der zwingenden Rechtsordnung und insbesondere der aktienrechtlichen Zuständigkeitsbestimmungen Kompetenzen der Willensbildung, Geschäftsführung und Kontrolle auf verschiedene Funktionsträger der Holdinggesellschaft zu verteilen[2]. Diese Kompetenzübertragung basiert auf der formellen Umschreibung eines abstrakten Kompetenzbereichs und dessen Trägers in den Statuten. Materiell können nur solche Kompetenzen Gegenstand einer statutarischen Umschreibung bzw. Übertragung sein, die nicht zwingend einem gesetzlichen Organ zustehen[3].

Als **Kompetenzträger** kommen grundsätzlich in Frage:

- Gesetzliche Organe[4],
- Gremien, die durch die statutarische Bezeichnung erst abstrakt geschaffen werden und deren Mitglieder anschliessend zur konkreten Kompetenzwahrnehmung noch gewählt und bestellt werden müssen[5] sowie
- konkrete, insbesondere auch juristische Personen[6].

Wenn es sich bei den übertragenen Kompetenzen um zentrale korporative Aufgaben der Willensbildung, Geschäftsführung oder Kontrolle handelt, gilt der neu geschaffene Funktionsträger nach dem allgemeinen Organbegriff als formelles Organ der Aktiengesellschaft[7]. Werden keine zentralen korporativen Aufgaben übertragen, so geht dem Funktionsträger die Organqualität ab, und er kann aufgrund der untergeordneten Bedeutung seines Aufgabenbereichs lediglich als Hilfsperson bzw. -gremium in der Organisation der Aktiengesellschaft betrachtet werden[8].

---

2 Vgl. FORSTMOSER/MEIER-HAYOZ § 15 N 3 mit Verweis auf F. von STEIGER, AG 180.

3 FORSTMOSER/MEIER-HAYOZ § 15 N 3, § 18 N 25, REIFF 92 f.; TAPPOLET 115.

4 Gesetzliche Organe sind die vom Gesetz vorgeschriebenen ordentlichen Funktionsträger (Generalversammlung, Verwaltungsrat und Revisionsstelle) sowie die ausserordentlichen (Liquidatoren), vgl. REIFF 90 f.

5 Z.B. die "Geschäftsleitung" oder "Konzernleitung", vgl. BÖCKLI N 1584.

6 Dies folgt aus OR 727d I, wonach juristische Personen als Mitglieder der Revisionsstelle in Frage kommen; vgl. auch WYSS 86 für die Möglichkeit der namentlichen Bezeichnung eines Direktors in den Statuten vor der RevOR.

7 Er wird als fakultatives oder statutarisches Organ bezeichnet, da er nicht auf einer gesetzlichen, sondern auf einer statutarischen Bezeichnung und Übertragung von zentralen körperschaftlichen Kompetenzen beruht, REIFF 92 f. m.w.N.

8 So z.B. der Beirat mit beratender Funktion, REIFF 132 und 136. Vgl. auch BGE 117 II 571 ff. zur Unterscheidung des Organbegriffes nach ZGB 55/OR 722 und OR 754 I.

Folglich kann die Managementgesellschaft grundsätzlich als Funktionsträgerin in die Verwaltungsorganisation der Holdinggesellschaft integriert werden. Auf die Konzernleitungsaufgaben, welche der Managementgesellschaft in den Holdingstatuten übertragen werden können, wird sogleich eingegangen:

II. STATUTARISCH ÜBERTRAGBARE VERWALTUNGS- UND GESCHÄFTSFÜHRUNGSAUFGABEN IN DER HOLDINGGESELLSCHAFT

1. Ausserhalb der zwingenden Funktionsausscheidung liegende Gesellschaftsaufgaben

Die Problematik der statutarischen Übertragung von Verwaltungs- und Geschäftsführungskompetenzen ist verwandt mit der Frage nach statutarisch begründbaren Einflussrechten auf die Verwaltung und Geschäftsführung[9]. Da auch im Aktienrecht grundsätzlich Privatautonomie herrscht[10], ist der freien Ausgestaltung des Statuteninhalts in beiden Fällen nur durch die zwingende Rechtsordnung Grenzen gesetzt[11]. Ausserhalb der zwingenden aktienrechtlichen Funktionsausscheidung liegende Kompetenzen können somit statutarisch übertragen werden.

Unzweifelhaft können Funktionen in der Gesellschaftsorganisation anfallen, die keinem gesetzlichen Organ zwingend zugeordnet sind[12]. Das Gesetz nimmt darauf insofern Rücksicht, als es diesbezüglich eine Kompetenzvermutung zugunsten des Verwaltungsrates ausspricht[13].

Als ausserhalb der zwingenden Funktionsausscheidung stehend werden in der Literatur etwa die Beratung der Verwaltungsorgane[14], Schiedsgerichtsfunktionen[15] sowie die materielle Aufsicht über die Angemessenheit und Zweckmässigkeit der Geschäftsführungs-

---

9   Vgl. oben 30 f., § 2.B.III.3.c. und dazu die Arbeit von FREY. Hingegen ist hier irrelevant, inwieweit statutarische Abhängigkeiten begründet oder der Generalversammlung aufgrund ihres Verhältnisses zur Verwaltung Einflussrechte zugestanden werden können.
10 PLÜSS A. 60 m.w.N.
11 Vgl. FREY 74.
12 REIFF 133 f.; FORSTMOSER/MEIER-HAYOZ § 15 N 3; F. von STEIGER, AG 180. Vgl. dazu OR 731 I und II, wonach in den Statuten die Organisation der Revisionsstelle eingehender geregelt und deren Aufgaben erweitert sowie Sachverständige zur "Prüfung der Geschäftsführung..." ernannt werden können.
13 OR 716 I.
14 REIFF 131 ff.; FREY 157 und 161 ff.
15 FREY 171 ff.; STAUBER 118 f.

tätigkeit des Verwaltungsrates[16] genannt. Diesbezüglich sollen Aktionärs-, Gläubiger- oder Sachverständigenbeiräte statutarisch etabliert werden können[17].

2. Ausserhalb der unübertragbaren und unentziehbaren Hauptaufgaben des Verwaltungsrates der Holdinggesellschaft liegende Verwaltungs- und Geschäftsführungsaufgaben.

Mit der RevOR wurde die Möglichkeit der statutarischen Übertragung von Verwaltungs- und Geschäftsführungsaufgaben eingeschränkt: Eine Bestimmung, wonach die Aufgabenerfüllung des Verwaltungsrates "in den Statuten" geregelt werden kann, fehlt im neuen Recht[18]. Eine Kompetenzdelegation kann nicht mehr in den Statuten vorgenommen werden[19]. Schliesslich hat der Verwaltungsrat seine Hauptaufgaben zwingend selber zu erfüllen und insbesondere die Organisation der Gesellschaft selbständig festzulegen[20]:

a. Wie bereits erwähnt, will das neue Recht die **selbständigen Entscheidungsbefugnisse**

---

16 Dem schweizerischen Aktienrecht fehlt ein diesbezügliches Aufsichtsorgan; die Aufsichtsfunktion muss einem anderen Organ übertragen werden, FORSTMOSER/MEIER-HAYOZ § 16 N 2. Diskutiert wird, ob und inwieweit der Generalversammlung, der Revisionsstelle nach OR 731 I, Sachverständigen nach OR 731 II oder Aufsichtsorganen bestehend aus Aktionären bzw. Gläubigern die materielle Aufsicht über die Geschäftsführung übertragen werden kann. Unklar ist dabei die Abgrenzung von Aufsichts- und Geschäftsführungsfunktion, und welche Geschäftsführungsaufgaben zur Wahrnehmung der Aufsicht mitübertragen werden können. Vgl. dazu REIFF 133 ff.; SLINGERLAND 73 f. und 322 ff.; VISCHER, Delegationsmöglichkeit 367 f.; BÜRGI OR 731 N 7 f.; SCHUCANY OR 731 N 1.

Nach REIFF 134 m.w.N. und FORSTMOSER/MEIER-HAYOZ § 16 N 2 kann dort, wo der Verwaltungsrat die Geschäftsführung selber ausübt, die Aufsicht über deren Angemessenheit Gegenstand einer statutarischen Zuweisung - insbesondere an die sachverständige Generalversammlung - sein. Zu berücksichtigen ist, dass bei der Delegation der Geschäftsführung der Verwaltungsrat gemäss OR 716a I Ziff. 5 auch zwingend zur Aufsicht über die Angemessenheit der Geschäftsführungshandlungen berufen ist. Diesbezüglich ist eine statutarische Kompetenzübertragung unzulässig.

Nach VISCHER, Aktienrechtsreform 165 und BOTSCHAFT 99 sollen die unternehmerischen Aspekte der Geschäftsführung nach der Konzeption des Gesetzes dagegen nicht Prüfungsgegenstand der Revisionsstelle sein. Auch vor der RevOR fehlte der materielle Geschäftsführungsprüfung im Pflichtbereich der Kontrollstelle, ZÜND ANDRE: Revisionslehre, Zürich 1982 = Schriftenreihe der Schweizerischen Treuhand- und Revisionskammer Bd. 53, 665.

Demgegenüber sollen Sachverständigen nach OR 731 II grundsätzlich Geschäftsführungsprüfungsaufgaben übertragen werden können (BÜRGI OR 731 N 7 f.), so dass sie damit eine materielle Aufsicht über die Geschäftsführung der Verwaltung ausüben können, ZÜND, Geschäftsführungsprüfung 97.

Gleich den Sachverständigen sollen auch Beiräte mit Aufsichtsfunktionen betraut werden können, REIFF 135 f.

Die Sonderprüfung ist dagegen keine Geschäftsführungsprüfung im Sinne der Aufsicht über die Zweckmässigkeit des Verwaltungshandelns, vgl. OR 697a ff.; CASUTT ANDREAS: Die Sonderprüfung im künftigen schweizerischen Aktienrecht, Diss. Zürich 1991 = Schweizer Schriften Bd. 136, 57 f.

17 Dazu FREY 158 ff.; GEHRIGER 67 ff.; REIFF, ganze Arbeit.
18 Vgl. aOR 712 II.
19 OR 716b I; FORSTMOSER, Organisation 33; BÖCKLI N 1588 f.; vgl. aOR 717 II.

des Verwaltungsrates im Bereich seiner Hauptaufgaben wahren[21]. Unzulässig ist daher eine statutarische Kompetenzübertragung, die in den zwingenden Aufgabenbereich des Verwaltungsrates eingreift[22], diesem vorbehaltene Entscheidungen betrifft[23] oder die sorgfältige Aufgabenerfüllung durch den Verwaltungsrat gefährdet. Verwaltungs- und Geschäftsführungsaufgaben, die selbständige Entscheidungsbefugnisse beinhalten, können somit nicht statutarisch übertragen werden[24].

Für eine Übertragung kommen höchstens solche Aufgaben in Betracht, welche die Teilnahme und Mitwirkung am Entscheidungsprozess der Organpersonen erlauben, aber diesen nicht entscheidend zu beeinflussen vermögen. Vorbereitende Beratungs- und Planungsaufgaben mit unverbindlichen Antrags- und Vorschlagsbefugnissen sowie Ausführungsaufgaben im Bereich der Anordnung und Kontrolle können dafür als Beispiele genannt werden. Sollen solche Aufgaben statutarisch übertragen werden, sind jedoch auch die **Organisationspflichten** des Verwaltungsrates zu wahren:

b. Grundsätzlich fällt jede **Aufgabenübertragung** in der Gesellschaftsorganisation unter die **Organisationsverantwortung** des Verwaltungsrates und - bei delegierter Geschäftsführung - unter diejenige der ihm unterstellten Organpersonen[25]. Auch die Übertragung untergeordneter Entscheidungs- sowie Vorbereitungs- oder Ausführungsaufgaben unterliegt zwingend den selbständigen Entscheidungsbefugnissen von Verwaltungsrat und allenfalls Geschäftsführern. Die Statuten dürfen den Organpersonen daher nicht vorschreiben, wie sie die Vorbereitung oder Ausführung ihrer Geschäftsführungsaufgaben zu organisieren haben.

c. Die **Ernennung der mit der Vertretung betrauten Personen** sowie der Prokuristen und anderer Bevollmächtigten obliegt dem Verwaltungsrat[26]. Die Statuten können diese Befugnis nicht mehr anderen Organen zuweisen[27]. Entgegen OR 726 II ist es insbesondere der Generalversammlung nicht mehr gestattet, Vertretungsbefugnisse zu erteilen[28].

Für die statutarische Übertragbarkeit von Konzernleitungskompetenzen auf die Managementgesellschaft gilt demnach folgendes:

---

20 OR 716a I Ziff. 2; FORSTMOSER, Organisation 23 f.
21 Oben 23, § 2.B.II.1.b.
22 Z.B. in die Delegation der Geschäftsführung, OR 716b I und OR 716a I Ziff. 4.
23 Z.B. im Bereich der unentziehbaren Hauptaufgaben nach OR 716a I.
24 Die Kompetenzübertragung darf zu keiner Abwertung der Entscheidungsgewalt und Verantwortung der Verwaltung führen, VISCHER, Delegationsmöglichkeit 368. Vgl. FREY 147 f. und 170 f.
25 Vgl. OR 716b II; oben 23, § 2.B.II.1.c.
26 OR 716a I Ziff. 4 und OR 721; vgl. FORSTMOSER, Organisation 24 f.; BÖCKLI N 1582.
27 BÖCKLI N 1582.
28 FORSTMOSER, Organisation 25; vgl. aOR 721 III.

III. STATUTARISCH AUF DIE MANAGEMENTGESELLSCHAFT ÜBERTRAGBARE KONZERNLEITUNGSKOMPETENZEN

1. Keine massgeblichen Konzernleitungsbefugnisse

Eine statutarische Übertragung von selbständigen Konzernleitungsentscheidungen auf die Managementgesellschaft widerspricht der zwingenden Funktionsausscheidung des Aktienrechts. Die Organpersonen der Holdinggesellschaft legen fest, wie die Konzernleitungsaufgaben übertragen werden und wie ihre Vorbereitung und Ausführung organisiert wird. Nicht nur die Delegation von Entscheidungsbefugnissen hinsichtlich der Konzernleitungstätigkeit im engeren Sinne fällt somit in deren Zuständigkeit. Auch über die Übertragung von Hilfsaufgaben, welche die **Beratung** und **Koordination** von Konzerngesellschaften betreffen, haben die Organpersonen der Holdinggesellschaft zwingend selbständig zu entscheiden[29].

Der Managementgesellschaft dürfen keine Vertretungsbefugnisse in den Statuten eingeräumt werden. Sie kann nicht statutarisch berechtigt werden, konzernleitende Tätigkeiten in den Konzerngesellschaften im Namen der Holdinggesellschaft vorzunehmen. Folglich können der Managementgesellschaft statutarisch keine Aufgaben übertragen werden, welche Befugnisse beinhalten, im Konzern selbständige Weisungs-, Beratungs- oder Koordinationsfunktionen als Vertreterin der Holding wahrzunehmen.

2. Beratende und überwachende Aufgaben

Der Managementgesellschaft dürfen beratende und überwachende Aufgaben in den Holdingstatuten zugewiesen werden[30]. Die Managementgesellschaft kann diesbezüglich wie Aktionärs-, Gläubiger- oder Sachverständigenbeiräte in der Gesellschaftsorganisation statutarisch etabliert werden[31].

Die beratenden oder überwachenden Funktionen der Managementgesellschaft sind nicht dazu geeignet, die Konzernleitungstätigkeit der Holdinggesellschaft zu ergänzen: Die Managementgesellschaft darf bei beratender Tätigkeit dem Verwaltungsrat der Holding die selbständigen Entscheidungen in der Sache selbst nicht abnehmen. Der Verwaltungsrat bleibt auch zuständig, über die sorgfältige Vorbereitung und Ausführung seiner Aufgaben zu entscheiden. Eine statutarische Überwachungsfunktion muss die Entscheidungsfreiheit des Verwaltungsrates wahren und darf nur das Eingreifen bei krassen Fällen von unzweckmässigen Geschäftsführungsentscheidungen erlauben[32]. Diese Funktionen

---

29 OR 716b I; vgl. für die Aufteilung von Vorbereitungs- und Ausführungsaufgaben unten 105 und 112, § 7.A.II.2.a. und III.
30 Oben 79 f., § 5.A.II.1.
31 Dazu FREY 158 ff.; GEHRIGER 67 ff.; REIFF, ganze Arbeit.
32 VISCHER, Delegationsmöglichkeit 368, REIFF 135 m.w.N.

sollen daher nicht weiter konkretisiert werden, zumal auch in den Statuten der untersuchten Holdinggesellschaften keine Zuweisung von beratenden oder kontrollierenden Funktionen an die Managementgesellschaft gefunden wurde.

3. Fazit

Es ist unzulässig, der Managementgesellschaft in den Holdingstatuten Aufgaben zuzuweisen, welche ihr einen entscheidenden Einfluss auf die Organ- und damit Konzernleitungstätigkeit der Holdinggesellschaft ermöglichen. Der Managementgesellschaft kann nicht die Befugnis übertragen werden zu entscheiden, wie Geschäftsführungsaufgaben in den Konzerngesellschaften erfüllt, geplant oder koordiniert werden sollen. Ebensowenig darf sie statutarisch dazu ermächtigt werden, als Vertreterin der Holdinggesellschaft zu handeln. Es ist folglich nicht möglich, die Managementgesellschaft durch statutarische Kompetenzübertragungen in die Konzernleitungsorganisation zu integrieren.

Ob sich an dieser Feststellung etwas ändert, wenn die Holdingstatuten die "Leitung" "Beratung" oder "Koordination" der konzernverbundenen Gesellschaften aus dem Tätigkeitsgebiet der Holding ausklammern und auf die Managementgesellschaft übertragen, wird im folgenden untersucht:

B. ZUR ÜBERTRAGUNG VON KONZERNLEITUNGSAUFGABEN DURCH ZUWEISUNG DER "LEITUNG", "BERATUNG" UND "KOORDINATION" DER KONZERNGESELLSCHAFTEN AN DIE MANAGEMENTGESELLSCHAFT

Es fragt sich, ob die Statuten der Holdinggesellschaft die "Leitung", "Beratung" oder "Koordination" der in der Holdinggesellschaft zusammengefassten Beteiligungen aus der Unternehmenstätigkeit der Holding ausklammern und auf die Managementgesellschaft übertragen dürfen.

Die Statuten können das Tätigkeitsgebiet der Holdinggesellschaft frei umschreiben, eingrenzen oder in den Dienst eines Dritten stellen[33]. Die Gesellschaftstätigkeit der Holdinggesellschaft kann damit statutarisch auf die Beteiligungsverwaltung beschränkt werden.

Die Statuten können auch vorschreiben, welche Unternehmenstätigkeiten von der Gesellschaft und welche von Dritten in deren Interesse besorgt werden sollen[34]. Die Pflichten

---

33 Vgl. FREY 130; W. von STEIGER 285a erwähnt als Beispiel die Herstellung oder den Verkauf von Produkten für ein anderes Unternehmen.

34 Vgl. W. von STEIGER 301a, wonach selbst die Verwaltung "bestimmte oder zumindest bestimmbare Bindungen ihrer Geschäftsführung" hinsichtlich dem "Abschluss von Verträgen mit Dritten" eingehen kann.

der Organpersonen der Holding und ihre Geschäftsführungskompetenzen richten sich nach der statutarischen Vorgabe der Gesellschaftstätigkeit. Die Geschäftsführungsfunktionen werden durch die Vorgabe nicht grundsätzlich tangiert, sondern nur sachlich beschränkt. Die Organpersonen bestimmen nach wie vor die Bedingungen, zu welchen Dritte für sie tätig sind. Zudem entscheiden sie frei, ob das Resultat der Aufgabenerfüllung den Interessen der Gesellschaft gerecht wird und für die Gesellschaft Verwendung finden soll. Solange die selbständige und sorgfältige Wahrnehmung dieser Entscheidungsbefugnisse nicht beeinträchtigt wird, können Unternehmenstätigkeiten statutarisch auf Dritte übertragen werden[35]. Als übertragbare Tätigkeiten werden etwa die "Forschung" und "Werbung" genannt[36].

Die zur Erfüllung der Unternehmenstätigkeit berufenen Dritten werden durch den Statuteneintrag allein - den allgemeinen Wirkungen der Statuten gemäss - weder berechtigt noch verpflichtet[37]. Nur wenn ihnen statutarisch oder durch die Verwaltung Kompetenzen zusätzlich übertragen werden, können sie so an der gesellschaftsinternen Willensbildung und -durchsetzung beteiligt werden[38]. Auch wenn der Managementgesellschaft somit statutarisch die "Leitung", "Beratung" oder "Koordination" der abhängigen Konzerngesellschaften zugewiesen würde, hängen ihre diesbezüglichen selbständigen Konzernleitungsbefugnisse im Verhältnis zur Holdinggesellschaft davon ab, welche Kompetenzen ihr in den Holdingstatuten oder insbesondere vom Verwaltungsrat zusätzlich übertragen werden. Wie oben erwähnt wurde, sind selbständige Entscheidungsbefugnisse im Bereich der Konzernleitungsaufgaben nicht statutarisch übertragbar. Mit der Zuweisung von "Leitung", "Beratung" oder "Koordination" in den Holdingstatuten kann die Managementgesellschaft daher nicht in die Konzernleitungsorganisation integriert werden.

C. ZUSAMMENFASSUNG

Aus der Unternehmenstätigkeit der Holdinggesellschaft können die Bereiche Konzernleitung, -planung und -koordination statutarisch ausgeklammert werden. Die Managementgesellschaft darf in den Holdingstatuten als zusätzliche Funktionsträgerin in die Holdingorganisation integriert werden. Wenn die Aktionäre der Holding die "Leitung",

---

35 Vgl. FREY 130 f.
36 OESCH F.P. 165 mit Anm. 12.
37 Nach TAPPOLET 110 und FREY 185 soll dem Berechtigten jedoch ein obligatorischer Anspruch auf Erfüllung bzw. ein gerichtlich durchsetzbarer Anspruch zustehen.
38 Von diesen gesellschaftsinternen Organ- oder Hilfspersonentätigkeiten ist die Einflussnahme von aussen auf die Willensbildung der Gesellschaft zu trennen. Dritte beeinflussen diese i.d.R. auch aus ihrem vertraglichen Verhältnis als Lieferanten, Unternehmer oder Beauftragte. Dabei werden sie aber auch aufgrund eigener Interessen tätig. Solange sie gestützt darauf Einfluss auf die Geschäftsführung nehmen, kann ihre Stellung daher nicht mit derjenigen von gesellschaftsinternen Personen verglichen werden; vgl. dazu FORSTMOSER, Verantwortlichkeit § 2 N 662 und 667 f.

"Beratung" der "Koordination" der konzernverbundenen Gesellschaften der Managementgesellschaft zuweisen, hängen deren Konzernleitungskompetenzen davon ab, welche konkreten Aufgaben und Befugnisse ihr statutarisch übertragen werden können:

Die Holdingstatuten dürfen der Managementgesellschaft statutarische Beratungs- oder Kontrollfunktionen gegenüber dem Verwaltungsrat der Holding einräumen. Teilnahme-, und Mitwirkungsrechte an Verwaltungsrats- und Geschäftsführungssitzungen können mitübertragen werden. Unzulässig ist jedoch, der Managementgesellschaft Verwaltungs- und Geschäftsführungsaufgaben sowie deren Ausführung oder Vorbereitung zuzuweisen.

Die übertragbaren Befugnisse ermöglichen der Managementgesellschaft keinen massgeblichen Einfluss auf die Entscheidungen der Organpersonen der Holdinggesellschaft. Folglich können der Managementgesellschaft in den Holdingstatuten keine selbständigen Konzernleitungskompetenzen übertragen werden. Weil die Management- von der Holdinggesellschaft abhängig ist, kommt es in der Praxis auch kaum zu der statutarischen Zuweisung von Beratungs- oder Kontrollfunktionen an die Managementgesellschaft.

§ 6 Die Delegation von Konzernleitungskompetenzen an die Managementgesellschaft

In diesem Paragraphen wird untersucht, inwieweit der Verwaltungsrat der Holdinggesellschaft Konzernleitungskompetenzen an die Managementgesellschaft delegieren und diese so in die Konzernleitungsorganisation integrieren kann.

Zuerst wird geklärt, ob eine Kompetenzdelegation an die Managementgesellschaft als juristische Person gültig erfolgen kann. Danach wird untersucht, welche Konzernleitungskompetenzen nicht gültig an die Managementgesellschaft delegiert werden können. Auf die gültig delegierbaren Kompetenzen wird sodann hingewiesen.

A. Die Ungültigkeit der Kompetenzdelegation an die Managementgesellschaft

I. Die Kompetenzdelegation nach OR 716B im Allgemeinen

1. Zu Grundlage und Wesen der Kompetenzdelegation

OR 716b regelt die "Übertragung der Geschäftsführung"[1]. Der Verwaltungsrat kann diese auf statutarischer Basis nach Massgabe eines Organisationsreglementes - und unter Vorbehalt der in OR 716a I genannten Aufgaben - zum Teil oder ganz an einzelne Mitglieder oder Dritte übertragen[2]. Nach einer bereits unter altem Recht gefestigten Terminologie wird diese Übertragung fortan mit Kompetenzdelegation bezeichnet[3].

Unter **Geschäftsführung** können alle auf Verfolgung und Förderung des Gesellschaftszweckes gerichteten Tätigkeiten verstanden werden, die nicht unübertragbar dem Verwaltungsrat zustehen[4]. Die in OR 716b gemeinten, übertragbaren Geschäftsführungsaufgaben lassen sich - wie auch schon unter der Geltung von aOR 717 II - dadurch charakterisieren, dass sie selbständige Entscheidungsbefugnisse beinhalten[5]. Aus der Sicht dieser Bestimmung und derjenigen des Verwaltungsrates ist der Kompetenzdelegation daher wesenseigen, dass übertragbare Kompetenzen zur selbständigen Erledigung auf untergeordnete Träger delegiert werden[6].

Auch die **Vertretungsbefugnisse** von OR 718 können im Sinne von OR 716 b delegiert

---

1 Marginale zu OR 716b.
2 Vgl. dazu die Arbeiten von FORSTMOSER, Organisation; BÖCKLI N 1583 ff.
3 Vgl. FORSTMOSER/MEIER-HAYOZ § 24 N 22.
4 Vgl. OR 716 II i.Verb.m. 716a I; SCHULTHESS 70 m.w.N.; STAUBER 79 m.w.N.; HORBER 11 f.
5 Vgl. dazu KLEINER 10, der alle Personen mit eigenem Entscheidungsbereich zu den Geschäftsführern rechnet.
6 Vgl. dazu VOLLMAR 28 f. m.w.N.

werden[7]. Schliesst der delegierte Geschäftsführungsbereich Vertretungsbefugnisse ein, so ist in der Organbestellung die konkrete Bevollmächtigung zur Vertretung zu sehen[8]. Mit Kompetenzdelegation kann diesfalls neben der Übertragung von Geschäftsführungsbefugnissen i.e.S. auch diejenige der damit eng zusammenhängenden Vertretungsbefugnisse auf reglementarischer Grundlage an einzelne Verwaltungsratsmitglieder oder an Dritte bezeichnet werden[9].

2. Voraussetzungen und Zuständigkeit

Voraussetzungen einer gültigen Kompetenzdelegation sind[10]:

- **formell** eine statutarische Ermächtigung an den Verwaltungsrat zur Delegation[11] sowie ihre Regelung im Organisationsreglement[12] und
- **materiell** die Übertragbarkeit der entsprechenden Kompetenz[13].

Zuständig für die Kompetenzdelegation ist der Verwaltungsrat, da diesem die alleinige Kompetenz zum Erlass eines Organisationsreglementes nach OR 716b II zusteht[14]. Die Delegationsempfänger sind daher weder von sich aus zur Weiterdelegation befugt noch kann ihnen das Recht zur Subdelegation übertragen werden[15]. Den Geschäftsführern kann einzig die Befugnis zur Wahl der ihnen unterstellten Delegationsempfängern delegiert werden[16].

---

7 Vgl. schon zu aOR 717 BÜRGI OR 718 N 8; SCHÄRRER 34. Nach wie vor muss aber ein Verwaltungsratsmitglied zur Vertretung der Gesellschaft befugt bleiben, OR 718 III.

8 Auch die Organvollmacht entsteht durch Bevollmächtigung, dazu WATTER 118; SCHÄRRER 37 und 45 f.

9 Vgl. FORSTMOSER/MEIER-HAYOZ § 24 N 22; auf eine Unterscheidung wird daher im folgenden verzichtet und im Zusammenhang mit der Delegation nur von Geschäftsführung gesprochen.

10 Vgl. BOTSCHAFT 180; FORSTMOSER, Organisation 29 ff.

11 OR 716b kennt im Gegensatz zum aOR 717 II keine Ermächtigung an die Generalversammlung zur Kompetenzdelegation mehr. Eine solche Ermächtigung würde gegen Art. 716a I Ziff. 2 OR verstossen, der dem Verwaltungsrat die Organisation der Gesellschaft unübertragbar und unentziehbar vorbehält, vgl. FORSTMOSER, Organisation 23.

12 In der statutarischen Delegationsermächtigung ist die Ermächtigung zum Erlass des Organisationsreglementes mitenthalten, da ein solches Reglement ein notwendiges Mittel für die Durchführung der Delegation darstellt, FORSTMOSER, Organisation 29 und 30. Vgl. zu dieser Begründung schon vor der RevOR GREYERZ 205; REIFF 113 f. und 141; PLÜSS A. 66 Anm. 341 mit Verweisen auf a.M.

13 Materiell nicht gültig übertragbar sind solche Aufgaben, die das Gesetz als unübertragbar bezeichnet. Dazu gehören die Hauptaufgaben des Verwaltungsrates nach OR 716a I, vgl. FORSTMOSER, Organisation 34.

Nach h.L. zu aOR 717 II mussten die Statuten festlegen, ob der Verwaltungsrat zu einer Teil- oder Totaldelegation an seine Mitglieder oder an Dritte ermächtigt wird; vgl. VOLLMAR 33; BÜRGI OR 712 N 43 f.; EIGENMANN 20 f.; PLÜSS A. 66 Anm. 340. Auch nach OR 716b I ist daran festzuhalten, BÖCKLI N 1589.

14 HORBER 79; vgl. FORSTMOSER, Würdigung 125.

15 FORSTMOSER, Würdigung 127; zum Begriff der Subdelegation vgl. VOLLMAR 29 f.

16 Vgl. BOTSCHAFT 178 zu OR 716a I Ziff. 4.

Ausgeführt wird die Kompetenzdelegation durch die Bezeichnung eines Funktionsträgers und die Zuweisung von abstrakten Geschäftsführungskompetenzen auf diesen im Organisationsreglement sowie durch die anschliessende Wahl/Bestellung von dessen Mitgliedern[17] durch den Verwaltungsrat[18].

II. DIE MATERIELLEN SCHRANKEN DER KOMPETENZDELEGATION IM BESONDEREN

1. Unübertragbare Aufgaben von OR 716a

In OR 716a werden die gesetzlich unübertragbaren Aufgaben des Verwaltungsrats weitgehend abschliessend aufgezählt[19]. Die massgeblichen Entscheidungsbefugnisse in diesen Aufgabenbereichen können nicht gültig delegiert werden.

2. Sorgfalts- und Treuepflichten

Die Stellung und Funktion der Mitglieder des Verwaltungsrates wird auch nach der Konzeption des neuen Gesetzes massgeblich durch ihre konkreten Sorgfalts- und Treuepflichten determiniert[20]. Diese sind daher - wie in der Lehre zu aOR 717 II bereits gefordert[21] - als Richtschnur für die Delegierbarkeit von Kompetenzen im Einzelfall heranzuziehen. Eine Kompetenzdelegation sollte in solchem Umfang möglich sein, als sie mit den Sorgfaltspflichten der Delegierenden vereinbar ist und sorgfältig vorgenommen wird[22]. Dafür bleibt unabdingbar, dass sich die Delegierenden Restkompetenzen erhalten, die ihnen eine selbständige Erfüllung ihrer Sorgfaltspflichten gerade noch ermöglichen[23]. Die aus

---

17 Die Wahl ist ein Beschluss des kompetenten Gesellschaftsorganes. Die nachfolgende Bestellung besteht als zweiseitiges Rechtsgeschäft aus einer Bestellungserklärung der Gesellschaft und einer Annahmeerklärung seitens der zu bestellenden Person, WATTER 119 m.w.N.; vgl. auch SCHÄRRER 27 u. 44 ff.

18 OR 716b II und 716a I Ziff. 4. Nach aOR 717 II konnte die Wahlinstanz durch eine innergesellschaftliche Zuständigkeitsordnung festgelegt werden und die Wahl der Geschäftsführer so der Generalversammlung überlassen werden, vgl. REIFF 148 f.; VOLLMAR 109.

19 FORSTMOSER, Organisation 18 f. Übernommen wurden z.T. die von der Lehre zum aOR 717 II als unübertragbar qualifizierten Kompetenzen, die dem Verwaltungsrat aufgrund von dessen Stellung und Funktion in der gesetzlichen Organisationsstruktur der Aktiengesellschaft zukommen müssen; vgl. VOLLMAR 92; SPIRO, Aktienbuch 4; HOLZACH 17; HORBER 56.

Andere als die in OR 716a aufgeführten Aufgaben, welche der Verwaltungsrat selber zu erfüllen hat, betreffen die Einberufung nachträglicher Leistungen von Einlagen auf nicht voll liberierte Aktien (OR 634a I), die Durchführung der Kapitalerhöhung (OR 651 IV, 651a, 652g, 652h, 653g, 653h), die Erteilung der Vertretungsbefugnis (OR 721) und die Abberufung aller Personen mit delegierten Kompetenzen (OR 726 I); vgl. dazu BÖCKLI N 1518a; FORSTMOSER, Organisation 18 f.

20 OR 717; vgl. dazu BÖCKLI N 1614 ff.

21 HORBER 71 ff. m.w.N.

22 MEIER-WEHRLI 35. Angemessene organisatorische Massnahmen sind immer zu den materiellen Voraussetzungen einer Kompetenzdelegation zu zählen, vgl. SCHOOP 100 mit Verweisen auf BÄR, ZBJV 106 (1970) 479 und BÜRGI OR 714 N 28. Dazu gehören die Regelungen der Entscheidungsbefugnisse in der Sache selbst, der Planungs-, Anordnungs- und Kontrollkompetenzen sowie der Berichterstattung. Nach VISCHER, Delegationsmöglichkeit 350 ff., ist dabei der betroffene Unternehmensbereich und die Natur der konkreten Aufgabe besonders zu berücksichtigen.

23 HORBER 71.

den verbleibenden Kompetenzen rührenden Einwirkungsmöglichkeiten müssen dem Verwaltungsrat insbesondere erlauben, seinen Auswahl-, Instruktions- und Überwachungspflichten angemessen nachzukommen[24]. Erfüllt eine Delegation diese materielle Voraussetzung nicht, ist sie ungültig.

3. Natürliche Personen als Delegationsempfänger

Nach h.L. können nur natürliche, klar individualisierte Personen als Delegationsempfänger gewählt bzw. bestellt werden und keine juristischen Personen[25]. Dies wird weder aus aOR 717 II noch aus dem Wesen der juristischen Person abgeleitet, sondern aus der Regelung der aktienrechtlichen Verantwortlichkeit und der Wählbarkeit in den Verwaltungsrat[26].

OR 754 schliesst zwar das gesellschaftsschädigende Verhalten von juristischen Personen nicht explizit ein. Konzeptionell können unter dem materiellen Organbegriff aber auch **juristische Personen** erfasst werden[27]. Diesfalls träfe die juristische Person die Sorgfaltspflichten von OR 717 und die Organverantwortlichkeit[28], was eine Delegation unter dem Aspekt von OR 754 erlauben würde.

Dem widerspricht jedoch OR 707 III. Diese Bestimmung verdeutlicht, dass Verwaltungsratsmitglieder - aufgrund ihrer Vertrauensstellung in der Aktiengesellschaft - zum Handeln unter persönlicher Verantwortlichkeit für Sorgfaltspflichtverletzungen berufen sind[29]. Durch OR 707 III soll die "Undurchsichtigkeit der personellen Zusammensetzung" des Verwaltungsrats "bewusst" verhindert[30] und damit "Zweifel, Unübersichtlichkeit und Gelegenheit zu Missbrauch" vermieden werden[31]. Aufgrund einer Organstellung könnte die juristische Person nämlich die natürlichen Personen frei wählen, die effektiv in den Verwaltungsrat einsitzen würden. Daneben soll OR 707 III verhindern, dass Vertreter von juristischen Personen, die selber nicht persönlich verantwortlich wären, neben persönlich haftenden Verwaltungsratsmitgliedern tätig sind. Zweifellos gelten diese Überlegungen auch im Verhältnis zu den übrigen Organpersonen und damit für die ganze Verwaltungsorganisation[32].

---

24 VOLLMAR 96; vgl. HORBER 71 f.; HOLZACH 17.
25 BÜRGI OR 717 N 28.
26 ALBERS-SCHÖNBERG 169 ff.
27 Oben 46 f., § 3.B.I.2.a. und 64 f., § 3.E.I.3.
28 Vgl. A. von PLANTA, Doppelorganschaft 600.
29 Vgl. BÜRGI 707 N 8.
30 A. von PLANTA, Doppelorganschaft 601.
31 SPIRO 646; BGE 58 I 378 ff.
32 OR 707 III widerspricht aber einer Haftung der juristischen Person nach OR 754 I nicht, da jene Bestimmung nur das Handeln der Vertreter in Eigenverantwortung postuliert, sich aber nicht zur Zurechenbarkeit des Handelns gegenüber der entsendenden Gesellschaft im Sinne von OR 754 äussert, ALBERS-SCHÖNBERG 170.

Die Undelegierbarkeit der Geschäftsführung auf juristische Personen beruht somit primär auf der haftungsbegründenden Wirkung der Kompetenzdelegation und nicht auf ihrem Wesen. Auf diese Wirkungen ist daher zuerst einzugehen, bevor abzuklären ist, inwieweit eine Kompetenzdelegation an juristische Personen unzulässig ist.

III. DIE WIRKUNG DER KOMPETENZDELEGATION

Die Wirkung der Kompetenzdelegation wird mehrheitlich in der Haftungsbeschränkung nach OR 754 II und einer Kompetenzbegründung für den Delegationsempfänger gesehen, welche dessen aktienrechtliche Verantwortlichkeit nach sich zieht[33]. Diesbezüglich ist jedoch zu präzisieren:

1. Wird ein Verwaltungsratsmitglied durch seine Zugehörigkeit im **Verwaltungsratsausschuss oder als -delegierter** zum Delegationsempfänger, so wirkt die Delegation zwar kompetenz-, aber nicht haftungsbegründend. Denn das Verwaltungsratsmitglied unterliegt bereits wegen seiner formellen Organstellung dem Verantwortlichkeitsrecht[34].

2. Es kommt nur zur **Haftungsbeschränkung nach OR 754 II bei der Kompetenzdelegation an ein anderes Organ**.

a. Nach BOTSCHAFT 106 ist mit Organ eine Organperson gemeint; die Delegation an den Verwaltungsratsausschuss oder -delegierten soll daher nicht haftungsbeschränkend wirken[35]. Folglich soll es lediglich zur Haftungsbefreiung nach OR 754 II kommen, wenn eine Delegation auf der Basis des Organisationsreglementes nach OR 716b an fakultative Organe vorgenommen wird[36].

b. Nach BOTSCHAFT 106 hat die Kompetenzdelegation an eine Hilfsperson keine entlastende Wirkung. Diese Ansicht ist zu Recht kritisiert worden[37]. Denn die Stellung des Delegationsempfängers, der nicht dem Verwaltungsrat angehört, ist je nach Inhalt der delegierten Kompetenzen sowohl organisatorisch als auch hinsichtlich seiner aktienrechtlichen Verantwortlichkeit verschieden. Folglich ist anhand des materiellen Organbegriffes zu differenzieren:

aa. Erfolgt die Kompetenzdelegation gemessen am materiellen Organbegriff in organ-

---

33 GREYERZ 207 f.
34 Vgl. HORBER 142 ff.
35 VISCHER, Aktienrechtsrefom 163 f.; ders., Delegationsmöglichkeit 361; vgl. dazu die Kritik bei FORSTMOSER, Organisation 31 und FORSTMOSER, Verantwortlichkeit § 10 N 1234.
36 Nach der hier vertretenen Auffassung bewirkt die Delegation an den Verwaltungsratsausschuss ebenfalls eine Beschränkung der Verantwortung der restlichen Verwaltungsratsmitglieder auf sorgfältige Auswahl, Instruktion und Überwachung des Ausschusses, dazu unten 102, § 7.A.I.; FORSTMOSER, Organisation 31.
37 FORSTMOSER, Organisation 34; BÖCKLI N 1981.

begründendem Umfang, wird der Empfänger zum materiellen Organ im Sinne von OR 754 ff.[38]. Es sollte daher zur Haftungsbefreiung nach OR 754 II kommen, wenn die Hilfsperson durch die Delegation zur materiellen Organperson wird.

bb. Die Delegation von geringfügigen Teilnahmebefugnissen an der Willensbildung oder -durchsetzung für die Gesellschaft führt zu keiner materiellen Organstellung des Empfängers[39]. Eine materielle Organstellung setzt selbständige Entscheidungsbefugnisse und die Massgeblichkeit des zur selbständigen Entscheidung zugewiesenen Aufgabenbereichs voraus[40]. Massgebliche Entscheidungsbefugnisse ermöglichen wenigstens die indirekte Beeinflussung von Verwaltungsratsbeschlüssen und tragen unmittelbar zur Realisierung des Gesellschaftszweckes bei[41]. Werden nicht-organschaftliche Aufgaben delegiert, wird der Empfänger nicht zur materiellen Organperson. Es kommt zu keiner Haftungsbeschränkung nach OR 754 II[42].

3. Nur bei der Delegation von **organschaftlichen Geschäftsführungsaufgaben** kommt es demnach:

- zur Schaffung eines fakultativen Organes i.w.S. in der Verwaltungsorganisation der Aktiengesellschaft[43],

- zum Einbezug der Delegationsempfänger, die nicht bereits dem Verwaltungsrat angehören, in die aktienrechtliche Verantwortlichkeit nach OR 754[44] und

- zu einer Haftungsbeschränkung für den Delegierenden nach OR 754 II, weil die Delegation in organbegründendem Umfang erfolgt und der Empfänger somit zum "anderen Organ" wird[45].

---

38 HORBER 149.
39 Vgl. BGE 117 II 570; SCHULTHESS 2; oben 46 f., § 3.B.I.2.a.
40 Vgl. dazu die Bemerkungen zum materiellen Organbegriff oben 47, § 3.B.I.2.a. und BGE 117 II 570 ff.
41 MEIER-WEHRLI 12 zu aOR 717 II; vgl. BGE 107 II 353 f.; 112 II 185; 114 V 80.
42 BOTSCHAFT 106. Trotzdem sollte der Delegierende bei einer Übertragung nicht organschaftlicher Aufgaben auf Hilfspersonen nicht für deren Fehler persönlich einstehen müssen, vgl. FORSTMOSER, Organisation 38. Zur diesbezüglichen Haftungsbefreiung für den Delegierenden vgl. unten 110 f., § 7.A.II.5.a.; FORSTMOSER, Organisation 34; BÖCKLI N 1981; DRUEY, SAG 77 ff.
43 Vgl. zum Begriff des fakultativen Organes oben 78 FN 7, § 5.A.I.
44 Es kommt zu einer Übertragung von Kompetenzen in organbegründendem Umfang.
45 Vgl. HORBER 148 f. Erfolgt eine Delegation nicht an formelle Organpersonen oder in organbegründendem Umfang - sie wird dann zur "Delegation an Hilfspersonen" -, kommt es zu keiner Haftungsbeschränkung nach OR 754 II, vgl. BOTSCHAFT 104. Für die diesbezügliche Haftungsentlastung vgl. aber unten 110 f., § 7.A.II.5.a.

IV. DIE UNGÜLTIGKEIT DER DELEGATION VON ORGANSCHAFTLICHEN GESCHÄFTSFÜHRUNGSAUFGABEN DER HOLDINGGESELLSCHAFT AN DIE MANAGEMENTGESELLSCHAFT

1. Die Delegation von organschaftlichen Geschäftsführungsaufgaben an die Managementgesellschaft ist ungültig

Der Verwaltungsrat der Holdinggesellschaft kann keine organschaftlichen Geschäftsführungsaufgaben nach OR 716b II gültig an die Managementgesellschaft delegieren. Die Delegation würde in die fundamentale gesetzliche Organisation der Holdinggesellschaft eingreifen, die nur eigenverantwortlich handelnde, natürliche Personen als Geschäftsführer vorsieht.

Massgebliche Vertretungsbefugnisse auf juristische Personen zu übertragen, widerspräche zudem OR 707 III und auch OR 716a I Ziff. 4 darin, dass die Vertretungsorganisation der juristischen Person der Regelung der delegierenden Holdinggesellschaft entzogen ist. Erstere könnte frei bestimmen, welcher Funktionär für sie im Namen der Holding tätig sein soll. Auch diese Undurchsichtigkeit der Vertretungsorganisation will OR 707 III verhindern. Folglich ist zu beachten:

a. Der Verwaltungsrat der Holdinggesellschaften darf Konzernleitungsaufgaben, welche in den Geschäftsführungsbereich der Holding fallen, nur beschränkt an die Managementgesellschaft delegieren. Darauf wird unten näher einzugehen sein[46].

b. OR 707 III steht einer Delegation nicht-organschaftlicher Geschäftsführungsaufgaben an die Managementgesellschaft nicht entgegen[47]. Der Verwaltungsrat der Holdinggesellschaft darf daher im Organisationsreglement nach OR 716b untergeordnete Geschäftsführungs- sowie Vorbereitungs- und Ausführungsaufgaben auf die Managementgesellschaft übertragen. Welche Konzernleitungsaufgaben konkret delegierbar sind, wird unten behandelt[48].

c. **Exkurs**: Auch wenn die Holdinggesellschaft nicht konzernleitend tätig ist und sich auf die **Beteiligungsverwaltung** beschränkt, kann ihr Verwaltungsrat keine organschaftlichen Aufgaben aus dem Bereich der Beteiligungsverwaltung an die Managementgesellschaft delegieren. Die massgeblichen Entscheidungen darüber, wie das Aktionärsinteresse der Holdinggesellschaft in den Beteiligungsgesellschaften auszuüben ist, sind in der Holdinggesellschaft zu treffen. Die Entscheidvorbereitung oder -ausführung kann hingegen auf die Managementgesellschaft übertragen werden[49]. Wenn der Managementgesellschaft keine selbständigen Entscheidungsbefugnisse eingeräumt werden, darf sie auch als

---

46 Unten 95 ff., § 6.B.
47 Unten 98, § 6.C.I.
48 Unten 98 ff., § 6.C.
49 Dazu unten 112 ff., § 7.B.

§ 6

Vertreterin der Holdinggesellschaft deren Aktionärsrechte und -interessen in der Beteiligungsgesellschaft wahrnehmen[50].

2. Die Managementgesellschaft kann nicht als fakultatives Organ oder als dessen Mitglied in die Verwaltungsorganisation der Holdinggesellschaft integriert werden

Die Managementgesellschaft kann nicht auf reglementarischer Basis als fakultatives Verwaltungsorgan in der Holdinggesellschaft etabliert oder als Mitglied eines solchen Organs gewählt und bestellt werden, da ihr keine zentralen Geschäftsführungsbefugnisse delegiert werden können.

Eine ungültige Delegation begründet keine der Reglementsbestimmung entsprechenden Geschäftsführungskompetenzen der Managementgesellschaft[51]. Auch den Organpersonen der Managementgesellschaft, welche die eigentlichen Delegationsempfänger sind, stehen keine solchen Kompetenzen zu. Die Organpersonen können in der Folge nicht Holdinggeschäftsführungskompetenzen innerhalb der Managementgesellschaft auf unterstellte Organe delegieren und sich auf die Haftungsbeschränkung von OR 754 II berufen.

V. DIE FOLGEN EINER UNGÜLTIGEN KOMPETENZDELEGATION AN DIE MANAGEMENTGESELLSCHAFT

1. Materielle Organstellung der Organpersonen der Managementgesellschaft

a. In der Holdinggesellschaft

Funktionäre der Managementgesellschaft werden als materielle Organpersonen der Holdinggesellschaft angesehen, wenn sie deren Verwaltungs- oder Geschäftsführungsaufgaben derart erfüllen, dass sie die holdinginterne Willensbildung massgebend mitbestimmen, überwiegend selbständig und weisungsfrei handeln und sich wie ein typisches Organ im formellen Sinne der Holdinggesellschaft verhalten[52].

Delegiert der Verwaltungsrat der Holdinggesellschaft massgebliche Entscheidungsbefugnisse zur selbständigen Erledigung an die Managementgesellschaft, werden die für die Managementgesellschaft handelnden Funktionäre in der Regel zu materiellen Organen der Holding[53]. Denn die ungültig delegierten Befugnisse werden in der Holding üblicher- und typischerweise von einem Organ im formellen Sinn ausgeübt. Funktionäre der Managementgesellschaft, denen materielle Organstellung in der Holdinggesellschaft

---

50 Dazu unten 118, § 7.B.II.2.c.

51 Die Managementgesellschaft bekleidet bei ungültiger Kompetenzdelegation somit keine formelle Organstellung in der Holdinggesellschaft.

52 Vgl. FORSTMOSER, Verantwortlichkeit § 2 N 659 ff. m.w.N.; oben 47, § 3.B.I.2.a.; BGE 117 II 570.

53 Vgl. dazu unten 135 f., § 9.D.II. Immerhin ist zu beachten, dass in Konzernen regelmässig nur die oberste Leitungshierarchie materielle Organstellung in der Holdinggesellschaft bekleidet und aktienrechtlich verantwortlich wird, BGE 117 II 572 f.

zukommt, können der Holdinggesellschaft sowie deren Aktionären und Gläubigern nach OR 754 ff. für sorgfaltspflichtwidrige Schädigungen verantwortlich werden.

b. In den abhängigen Konzerngesellschaften

Funktionäre der Managementgesellschaft, die aufgrund einer ungültigen Delegation von Entscheidungsbefugnissen der Holdinggesellschaft direkt oder indirekt in die Gesellschaftstätigkeit der Konzerngesellschaften eingreifen, werden dort allenfalls zu materiellen Organen[54]. Als solche können sie nach OR 754 ff. für Pflichtverletzungen der Konzerngesellschaft sowie deren Aktionären und Gläubigern aktienrechtlich verantwortlich werden.

2. Keine Haftungsentlastung nach OR 754 II

a. Für den Verwaltungsrat der Holdinggesellschaft

Die Verwaltungsratsmitglieder der Holdinggesellschaft bleiben bei ungültiger Kompetenzdelegation an die Managementgesellschaft in ihrem "übertragenen" Aufgabenbereich zu selbständigem und eigenverantwortlichem Organhandeln verpflichtet. Sie können durch eine ungültige Delegation ihre Verantwortlichkeit nicht auf die sorgfältige Auswahl, Instruktion und Überwachung der Managementgesellschaft reduzieren. Die Mitglieder des Verwaltungsrates haften im Gegenteil für die sorgfältige Aufgabenerfüllung der Managementgesellschaft. Sie sind für die Entscheidungen der Managementgesellschaft und auch für deren Durchsetzung bei den abhängigen Konzerngesellschaften verantwortlich, wie wenn sie die Aufgabe selber ausgeführt hätten[55].

b. Für unterstellte Organpersonen der Holdinggesellschaft

Eine inhaltlich gegen zwingende Gesetzesvorschriften verstossende Reglementsbestimmung, wie diejenige über eine Kompetenzdelegation an die Managementgesellschaft, ist nichtig[56]. In ihrem eigenen Kompetenzbereich dürfen unterstellte Organpersonen geschäftsführende Handlungen der Managementgesellschaft wegen deren mangelnder Geschäftsführungskompetenz daher nicht als solche auffassen, zulassen und befolgen[57]. Ihre aktienrechtliche Verantwortlichkeit für befolgte oder zugelassene Handlungen der Managementgesellschaft können sie nicht mit dem Hinweis auf die (ungültige) Kompetenzdelegation durch den Verwaltungsrat beschränken. Denn das Handeln mit Zustimmung oder auf Weisung des Verwaltungsrats schränkt die aktienrechtliche Verantwortlichkeit des Handelnden grundsätzlich nicht ein[58]. Unterstellte Organpersonen haben im Gegenteil

---

54 Vgl. unten 134, § 9.D.I.
55 VOLLMAR 51 f. und 192 f.; HORBER 110; NIGGLI 39.
56 FORSTMOSER/MEIER-HAYOZ § 11 N 25.
57 Vgl. OR 716a I Ziff. 5 implizite, wonach unterstellte Organpersonen ihr Organhandeln in Übereinstimmung mit Gesetz und - damit vereinbarer - innergesellschaftlicher Satzung auszuüben haben.
58 Oben 64, § 3.E.I.2.

darauf zu bestehen, dass der Verwaltungsrat ein rechtmässiges Organisationsreglement erlässt[59].

B. NICHT GÜLTIG AN DIE MANAGEMENTGESELLSCHAFT DELEGIERBARE KONZERNLEITUNGSKOMPETENZEN

Zweifellos ist die Konzernleitungstätigkeit Verwaltungshandeln der Holdinggesellschaft[60]. Der Verwaltungsrat der Holdinggesellschaft ist daher im Rahmen seiner Oberleitungspflichten dafür verantwortlich, seine undelegierbaren Konzernleitungsaufgaben zu konkretisieren. Zudem hat er die Konzernleitung angemessen zu organisieren und regelmässig Aufgaben zu übertragen.

Welches die Konzernleitungsaufgaben sind, die vom Verwaltungsrat zwingend selber wahrzunehmen sind, soll hier nicht entschieden werden. Es interessiert lediglich, welche Aufgaben nicht an die Managementgesellschaft delegierbar sind. Diesbezüglich gilt, dass der Verwaltungsrat alle selbständigen Entscheidungsbefugnisse, die dem Bereich der zentralen Willensbildung oder -durchsetzung in der Holding zuzurechnen sind, nicht an die Managementgesellschaft delegieren kann. Der Kreis der nicht an die Managementgesellschaft delegierbaren Aufgaben geht also weiter als die undelegierbaren Hauptaufgaben des Verwaltungsrates.

Folglich ist zu fragen, welche Konzernleitungsaufgaben den zentralen Entscheidungsbefugnissen der Holdinggesellschaft unterliegen. M.E. sind - ausgehend vom Holdingzweck der **Konzernleitung im Konzerninteresse** - die folgenden Differenzierungen anzubringen:

I. NICHT GÜLTIG DELEGIERBARE KONZERNLEITUNGSKOMPETENZEN AUS DER GESCHÄFTSFÜHRUNG I.E.S. IN DER HOLDINGGESELLSCHAFT

1. Die Bestimmung der Konzerngeschäftspolitik

Konzernstrategische Entscheidungen sind als zentraler Gegenstand der Willensbildung in der Holdinggesellschaft nicht an die Managementgesellschaft delegierbar. Ebensowenig kann dieser die Befugnis delegiert werden, darüber zu entscheiden, wie konzernstrategische Aufgaben geplant, entschieden, angeordnet oder kontrolliert werden sollen. Diese Entscheidungen sind nach der hier vertretenen Auffassung ein Teil der Aufgabe selbst und müssen daher vom Aufgabenträger selber getroffen werden[61]. Auch betreffend die

---

59 Der Verwaltungsrat muss mit einer zweckmässigen Organisation die Voraussetzung dafür schaffen, dass alle Organpersonen ihre Aufgaben in pflichtgemässer Sorgfalt ausüben können, BÖCKLI N 1617. Eine ungültige Delegation an die Managementgesellschaft lässt die Organpersonen der Holding mit ihren Sorgfaltspflichten in Konflikt geraten. Der Verwaltungsrat ist daher verpflichtet, die ungültige Delegation und das der Delegation zugrunde liegende Organisationsreglement zu korrigieren.

60 Insbesondere auch die Ausübung des Weisungsrechts, vgl. KOPPENSTEINER § 308 Anm. 7; GRAF 85; ZÜRCHER 172.

61 Dies gebietet die Organisationspflicht der Organpersonen, welche sich an den betriebswirtschaftlichen

Aufbauorganisation des Konzerns oder die Konzernleitungsorganisation kann die Managementgesellschaft keine massgeblichen Entscheidungsbefugnisse delegiert erhalten.

2. Die Bestimmung des Holding- und Konzerninteresses

Die Bestimmung von Holding- und Konzerninteresse ist ohne Zweifel Gegenstand zentraler Entscheidungsbefugnisse in der Holdinggesellschaft. An die Managementgesellschaft kann daher nicht die Befugnis delegiert werden, selbständig das Holding- oder Konzerninteresse festzulegen.

3. Die Bestimmung der Aktionärsinteressen der Holdinggesellschaft in den abhängigen Konzerngesellschaften

Die Holdinggesellschaft realisiert ihren Gesellschaftszweck dadurch, dass sie die Aktionärsrechte in den abhängigen Konzerngesellschaften im Konzerninteresse wahrnimmt. Die Wahrnehmung der Aktionärsrechte stellt auch die Grundlage der Konzernleitungstätigkeit dar. Diese Aufgabe ist daher als zentraler Gegenstand der Willensbildung in der Holdinggesellschaft anzusehen. Die Entscheidungen, wie die Aktionärsrechte und -interessen der Holdinggesellschaft in den Konzerngesellschaften wahrgenommen werden sollen, können somit nicht gültig an die Managementgesellschaft delegiert werden.

4. Die Bestimmung der Willensbildung in den Konzerngesellschaften

Konzernleitungsentscheide betreffen direkt oder indirekt die Verwaltung und Geschäftsführung in den abhängigen Konzerngesellschaften. M.E. könnte die Bedeutung der Entscheide für die Willensbildung in der abhängigen Gesellschaft ein Kriterium dafür sein, ob ihnen auch massgebliche Bedeutung für die Holdinggesellschaft zukommt. Entscheidungen in der Holdinggesellschaft, welche die zentrale Willensbildung in den abhängigen Konzerngesellschaften massgeblich zu bestimmen vermögen, sind als zentrale und daher undelegierbare Geschäftsführungsentscheide in der Holdinggesellschaft anzusehen.

II. NICHT GÜLTIG DELEGIERBARE KONZERNLEITUNGSKOMPETENZEN AUS DER GESCHÄFTSFÜHRUNG I.W.S. IN DER HOLDINGGESELLSCHAFT

1. Massgebliche Weisungskompetenzen

Der Verwaltungsrat der Holdinggesellschaft darf der Managementgesellschaft keine Weisungsrechte delegieren, welche dieser erlauben, selbständig massgebliche Konzernleitungsentscheidungen zu treffen und bei den Konzerngesellschaften im Namen der Holdinggesellschaft zu vertreten[62]. Etwas konkreter kann folgendes gesagt werden:

---

und organisationswissenschaftlichen Regeln messen lassen muss, vgl. dazu SCHOOP 100; KLEINER 4; BÖCKLI N 1568.

[62] Auch solche Weisungsrechte sind undelegierbar, welche der Managementgesellschaft einen massgeblichen Spielraum einräumen, wie sie die in der Holdinggesellschaft getroffenen Entscheide in der Konzerngesellschaft durchsetzen wollen.

Weisungsrechte, die es der Managementgesellschaft erlauben würden, die Konzerngeschäftspolitik sowie die Konzern- oder Holdinginteressen zu bestimmen und in den Konzerngesellschaften durchzusetzen, sind nicht delegierbar.

Ebensowenig kann der Managementgesellschaft die Befugnis delegiert werden, die Aktionärsinteressen der Holdinggesellschaft selbständig festzulegen und in den Konzerngesellschaften zu vertreten[63].

Der Verwaltungsrat der Holdinggesellschaft kann auch solche selbständige Weisungsrechte nicht delegieren, die einen massgeblichen Einfluss auf die Willensbildung in den Konzerngesellschaften erlauben[64].

2. Zentrale Beratungs- und Koordinationskompetenzen

In der Holdinggesellschaft fallen zentrale Geschäftsführungsentscheide auch im Zusammenhang mit der konzernleitenden Beratungs- und Koordinationstätigkeit an. Die zentralen Entscheidungen über **Aufnahme**, **Umfang** und **Vergütung** der Tätigkeiten tragen unmittelbar zur Realisierung des Gesellschaftszweckes der Holding bei. Auch die diesbezüglichen Entscheidungsbefugnisse sind nicht an die Managementgesellschaft delegierbar.

Soweit sich der **konkrete Inhalt** der Beratungs- und Koordinationstätigkeiten - wie v.a. bei Dienstleistungen üblich - nach dem Interesse der abhängigen Konzerngesellschaften richtet, fallen in der Holdinggesellschaft keine Entscheidungen an[65]. Das Problem der Delegation stellt sich hier nicht.

III. FAZIT: KEINE KONZERNLEITENDEN BEFUGNISSE DER MANAGEMENTGESELLSCHAFT DURCH KOMPETENZDELEGATION

Der Verwaltungsrat der Holdinggesellschaft darf der Managementgesellschaft keine massgeblichen Konzernleitungskompetenzen delegieren. Eine Kompetenzdelegation an die Managementgesellschaft kann dieser nicht ermöglichen, die Konzerngeschäftspolitik bei den Konzerngesellschaften selbständig durchzusetzen, die Willensbildung in den Konzerngesellschaften massgeblich zu beeinflussen oder über die Koordination und Beratung der Konzerngesellschaften selbständig zu bestimmen. Die Managementgesellschaft kann folglich nicht über eine Kompetenzdelegation mit konzernleitender Funktion in die Konzernleitungsorganisation integriert werden.

---

63 Die Managementgesellschaft kann zwar als Vertreterin der Holdinggesellschaft deren Mitgliedschaftsrechte in der Generalversammlung der Konzerngesellschaften wahrnehmen, zumindest solange die Statuten nicht die Aktionärseigenschaft für einen Vertreter vorschreiben, OR 689a. Bei der Ausübung der Mitwirkungsrechte muss sie aber die Weisungen der Holdinggesellschaft befolgen, OR 689b.

64 Vgl. oben 96, § 6.B.I.4.

65 Vgl. zum Inhalt der Beratungs- und Koordinationstätigkeit oben 41, § 3.A.II.3.

C. Gültig auf die Managementgesellschaft delegierbare Konzernleitungsaufgaben (Hinweis)

I. Nicht-organschaftliche Geschäftsführungsaufgaben der Holdinggesellschaft

Bei der Delegation nicht-organschaftlicher Geschäftsführungsaufgaben stellt sich die Frage der aktienrechtlichen Sorgfaltspflicht und Verantwortlichkeit des Delegationsempfängers nicht[66]. Eine solche Delegation an juristische Personen ist nicht deswegen unzulässig, weil die juristische Person nicht derselben Eigenverantwortlichkeit unterliegt wie ein natürlicher Delegationsempfänger. Aufgaben, welche nicht die Tragweite von organschaftlichen Geschäftsführungsaufgaben haben, können somit gültig nach OR 716b an die Managementgesellschaft delegiert werden.

Delegierbare, nicht-organschaftliche Geschäftsführungsaufgaben beinhalten einerseits **untergeordnete Entscheidaufgaben**, welche nicht die zentrale Willensbildung der Holdinggesellschaft betreffen und andererseits die **Vorbereitung oder Ausführung von organschaftlichen Entscheiden**[67]. Auf die Übertragung nicht-organschaftlicher Konzernleitungsaufgaben auf die Managementgesellschaft wird im nächsten Paragraphen eingegangen[68]. Zu den an die Managementgesellschaft gültig delegierbaren Konzernleitungsaufgaben sei hier nur folgendes bemerkt:

II. Vorbereitende und Ausführende Konzernleitungsaufgaben (Verweis)

Nicht-organschaftliche Geschäftsführungsaufgaben der Holdinggesellschaft beinhalten Konzernleitungsentscheidungen, welche die zentrale Willensbildung in den abhängigen Konzerngesellschaften nicht massgeblich zu bestimmen vermögen. Solche untergeordneten Konzernleitungsentscheidungen können gültig an die Managementgesellschaft delegiert werden. Soweit der Holdinggesellschaft zur Durchsetzung ihrer Entscheidungen Weisungsrechte gegenüber den Konzerngesellschaften zustehen, kann der Verwaltungsrat diese mitübertragen[69].

Die an die Managementgesellschaft delegierbaren **untergeordneten Weisungsrechte** lassen eine selbständige konzernleitende Tätigkeit der Managementgesellschaft nicht zu. Die Managementgesellschaft darf den Konzerngesellschaften nur solche Weisungen erteilen, welche die massgeblichen Entscheidungsbefugnisse der Organpersonen der Konzerngesellschaft im betroffenen Bereich nicht umgehen dürfen. Die delegierbaren Weisungsrechte dienen somit hauptsächlich zur **Vorbereitung oder Ausführung** von Konzernleitungsentscheidungen.

---

66 Oben 91, § 6.A.III.2.b.bb.; vgl. FORSTMOSER, Organisation 35 und 38.
67 FORSTMOSER6R, Organisation 35.
68 Unten 116 ff., § 7.B.II.
69 Vgl. zu den untergeordneten Weisungsrechten, die v.a. organisatorische oder fachliche Anweisungen bezüglich der Gestaltung von Rechnungs-, Informations- und Personalwesen beinhalten, unten 117 f., § 7.B.II.2.a.

Auf die konkreten vorbereitenden und ausführenden Konzernleitungsaufgaben, die an die Managementgesellschaft delegiert werden dürfen, wird im nächsten Paragraphen näher eingegangen[70].

III. Zur Haftungsbeschränkung bei der Delegation von Konzernleitungsaufgaben an die Managementgesellschaft (Verweis)

Auch bei der Delegation nicht organschaftlicher Aufgaben an die Managementgesellschaft kann die Verantwortung des delegierenden Verwaltungsrates auf die gebotene Sorgfalt bei der Auswahl, Instruktion und Überwachung der Managementgesellschaft und ihrer Organpersonen beschränkt werden[71]. Dies folgt aus der Organisationsverantwortung des Verwaltungsrates. Dieser hat Aufgaben, die er sinnvollerweise nicht selber wahrnehmen kann oder will, auf Dritte zu übertragen[72]. Den Organpflichten ist mit der sorgfältigen Kompetenzdelegation Genüge getan. Der Delegationsempfänger erfüllt seine Aufgaben folglich zugunsten der Gesellschaft und nicht als Hilfsperson oder Substitut des delegierenden Verwaltungsrates[73]. Verwaltungsratsmitglieder haben deshalb nicht persönlich für die Fehler der Delegationsempfänger einzustehen, ohne sich auf eine Haftungsentlastung berufen zu können[74].

Die Auswahl-, Instruktions- und Überwachungspflichten, welche der Verwaltungsrat bei der Kompetenzdelegation an die Managementgesellschaft zu wahren hat, werden unten im Zusammenhang mit der Übertragung von nicht-organschaftlichen Aufgaben auf die Managementgesellschaft dargestellt[75].

D. Zusammenfassung

Der Verwaltungsrat der Holdinggesellschaft kann keine massgeblichen Verwaltungs- und Geschäftsführungskompetenzen an die Managementgesellschaft delegieren. Die Delegation von nicht-organschaftlichen Aufgaben an die Managementgesellschaft ist dagegen zulässig.

Bei einer ungültigen Kompetenzdelegation an die Managementgesellschaft wird der Verwaltungsrat der Holdinggesellschaft nicht nach OR 754 II von der aktienrechtlichen Verantwortlichkeit für die Tätigkeit der Managementgesellschaft befreit. Auch die für die Managementgesellschaft handelnden Delegationsempfänger können in diesem Fall aus materieller Organstellung in der Holdinggesellschaft und allenfalls in den abhängigen Konzerngesellschaften in beiden Gesellschaften aktienrechtlich verantwortlich werden.

---

70 Unten 116 ff., § 7.B.II.
71 Vgl. FORSTMOSER, Organisation 38 f.; unten 110 f., § 7.A.II.5.a.
72 FORSTMOSER, Organisation 38; DRUEY, SAG 77 ff.; unten 103 f., § 7.A.II.1.
73 DRUEY 85 f.
74 Vgl. dazu unten 111, § 7.A.II.5.a. für die Haftungsentlastung bei der Übertragung von nicht-organschaftlichen Aufgaben auf Organ- oder Hilfspersonen.
75 Unten 113 ff., § 7.B.I.2.

Massgebliche Konzernleitungskompetenzen sind nicht an die Managementgesellschaft delegierbar. Dazu gehören die Entscheidungsbefugnisse über den Inhalt von Konzerngeschäftspolitik und Konzerninteressen, über die Wahrnehmung der Holdinginteressen in den Konzerngesellschaften sowie über Aufnahme, Art und Umfang der konzernweiten Beratung und Koordination. Undelegierbar sind auch alle Entscheidungsbefugnisse, welche die Willensbildung und -durchsetzung in den abhängigen Konzerngesellschaften massgeblich zu beeinflussen vermögen. Der Managementgesellschaft dürfen folglich keine Weisungsrechte gegenüber den Konzerngesellschaften delegiert werden, die der Managementgesellschaft eine konzernleitende Tätigkeit erlauben.

Der Verwaltungsrat darf untergeordnete Geschäftsführungsaufgaben sowie die Vorbereitung und Ausführung von organschaftlichen Aufgaben an die Managementgesellschaft delegieren. Die delegierbaren Konzernleitungsbefugnisse lassen die Managementgesellschaft untergeordnete Weisungen an die Konzerngesellschaften erteilen, welche u.a. die konzernweite Datenverarbeitung, Berichterstattung, Finanzplanung, Finanzkontrolle sowie das Personalwesen betreffen können[76]. Bei einer gültigen Delegation nicht organschaftlicher Aufgaben sollte die Haftung des Verwaltungsrats auf sorgfältige Auswahl, Instruktion und Überwachung der Managementgesellschaft und ihrer Organpersonen beschränkt werden.

Der Verwaltungsrat der Holdinggesellschaft kann die Managementgesellschaft nicht durch Kompetenzdelegation mit konzernleitenden Befugnissen in die Konzernleitungsorganisation integrieren. Auf die Konzernleitungsbefugnisse, welche nicht die selbständige konzernleitende Tätigkeit betreffen und der Managementgesellschaft zugewiesen werden können, wird im nächsten Paragraphen eingegangen.

---

[76] Dazu unten 117 f., § 7.B.II.2.a.

§ 7 Die Übertragung von vorbereitenden und ausführenden Konzernleitungsaufgaben auf die Managementgesellschaft

Dieser Paragraph handelt davon, welche vorbereitenden und ausführenden Konzernleitungsaufgaben von der Holding- auf die Managementgesellschaft übertragen werden können.

Zuerst wird dargestellt, wie nicht-organschaftliche Aufgaben in der Holdinggesellschaft auf einzelne Verwaltungsratsmitglieder oder Dritte übertragen werden. In Anlehnung an OR 716a II wird dieser Vorgang mit "Übertragung von Vorbereitungs- und Ausführungsaufgaben" bezeichnet. Anschliessend wird untersucht, welche vorbereitenden und ausführenden Konzernleitungsaufgaben die Holding- auf die Managementgesellschaft übertragen darf. Inwieweit die Managementgesellschaft mittels dieser Aufgabenübertragung in die Konzernleitungsorganisation integriert werden kann, wird zum Schluss behandelt.

A. Die Übertragung von Vorbereitungs- und Ausführungsaufgaben auf Verwaltungsratsmitglieder und Dritte

Dieser Abschnitt handelt von der Übertragung von Verwaltungs- und Geschäftsführungsaufgaben, bei denen keine organschaftlichen Funktionen in Frage stehen, auf Mitglieder des Verwaltungsrats und Dritte. Diese Aufgaben betreffen untergeordnete Geschäftsführungsfunktionen sowie die Vorbereitung und Ausführung der Organentscheide[1].

Zusammen mit Vorbereitungsaufgaben werden regelmässig Planungs- und Beratungsbefugnisse übertragen. Zur Übertragung von Ausführungshandlungen, die dem Entscheid nachgehen und dessen Verwirklichung dienen, gehören Befugnisse zur Anordnung oder Kontrolle sowie zur Vornahme einer konkreten Rechts- oder Tathandlung. Bei beiden Arten von Aufgaben können insoweit untergeordnete Entscheidungsbefugnisse anfallen, als die Aufgabenerfüllung einen freien Ermessensbereich zulässt.

Die beschriebene Zuweisung nicht-organschaftlicher Aufgaben an Funktionsträger wird in Anlehnung an OR 716a II mit "Übertragung von Vorbereitungs- und Ausführungsaufgaben" bezeichnet. Es soll im folgenden untersucht werden, inwieweit bzw. unter welchen Voraussetzungen eine Übertragung von Ausführungs- und Vorbereitungsaufgaben zulässig ist und welches ihre Auswirkungen sind.

I. Die Übertragung von Vorbereitungs- und Ausführungsaufgaben nach OR 716a II auf Verwaltungsratsmitglieder

Nach OR 716a II kann der Verwaltungsrat die Vorbereitung und die Ausführung seiner Beschlüsse oder die Überwachung von Geschäften Ausschüssen oder einzelnen Mitglie-

---

[1] FORSTMOSER, Organisation 35; vgl. BOTSCHAFT 179 f.

dern zuweisen[2]. Eine statutarische oder reglementarische Ermächtigung ist nicht nötig[3].

Alle Mitglieder des Verwaltungsrats sind verpflichtet, die ihnen vom Gesamtverwaltungsrat zur Erledigung übertragenen, zusätzlichen Verwaltungs- oder Geschäftsführungsaufgaben zu erfüllen[4]. Die Aufgabenaufteilung bezweckt regelmässig das Verbessern der Funktionsfähigkeit der Gesellschaft[5]. Die damit verbundenen Pflichten bestehen folglich gegenüber der Gesellschaft und nicht gegenüber dem Gesamtverwaltungsrat. Sie sind damit Gegenstand des bestehenden organschaftlichen Rechtsverhältnisses der Verwaltungsratsmitglieder zur Gesellschaft und nicht eines besonderen auftragsrechtlichen Verhältnisses[6].

Die Kompetenzübertragung nach OR 716a II wirkt zwar kompetenzbegründend für den Empfänger, jedoch nicht haftungsbeschränkend nach OR 754 II für den Übertragenden, da sie nicht an ein anderes Organ erfolgt[7]. Richtigerweise sollte es aber zu derselben Haftungsbefreiung kommen, wie im Falle einer gültigen Delegation an einen Delegierten des Verwaltungsrates oder an einen Geschäftsführer[8].

---

2   Analog zu aOR 714 ist davon auszugehen, dass diese Kompetenzaufteilung nur Aufgaben betreffen kann, die nach innen gerichtet sind und keine Entscheidungsbefugnisse beinhalten. Im Vordergrund stehen Planungsaufgaben, Antragsrechte und Kontrollaufgaben, wobei diese sich auf ganze Unternehmensbereiche erstrecken können; vgl. BOTSCHAFT 179 f.; zu aOR 714 STAUBER 77 m.w.N.; VOLLMAR 45 m.w.N.
3   Vgl. FORSTMOSER, Organisation 30.
4   PLÜSS A. 67 f. und 128.
5   Dazu eindrücklich GLAUS 187 ff. und 189, wonach die Ausschussbildung als "typisch schweizerische Strukturform" bezeichnet wird, welche die Notwendigkeit eines vorbereitenden Aufgabenträgers bei grossen Verwaltungsräten deutlich macht und deren "Flexibilisierung und Dynamisierung" dienen soll.
6   PLÜSS A. 129.
7   OR 754 II; BOTSCHAFT 106 und 192; VISCHER, Aktienrechtsreform 163 f.; vgl. oben 90, § 6.A.III.
8   FORSTMOSER, Organisation 31. Richtig ist, dass der Verwaltungsrat trotz der Übertragung von vorbereitenden oder ausführenden Aufgaben den Entscheid in der Sache selbst trifft, damit die (Mit-) Ursache für dessen allenfalls schädigende Folge setzt und daher auch für eine Schädigung grundsätzlich haftbar ist, vgl. FORSTMOSER, Verwaltungsräte 48.
    Allerdings ist zu beachten, dass in der Ausschussbildung eine angemessene organisatorische Massnahme des Gesamtverwaltungsrates liegen kann. Wenn sie sorgfältig vorgenommen wird, genügt der Verwaltungsrat seinen Organpflichten. Auch dürfen sich die Mitglieder des Verwaltungsrat auf die richtige Aufgabenerfüllung durch den Ausschuss verlassen, sofern sie diesen unter den konkreten Umständen richtig instruiert und überwacht haben. Deshalb sollte die Verantwortung des Gesamtverwaltungsrats bei korrekter Ausschussbildung auf die sorgfältige Auswahl, Instruktion und Überwachung des Ausschusses beschränkt werden; vgl. dazu unten 111, § 7.A.II.5.a.; FORSTMOSER, Organisation 31; ders., Beurteilung 60; ders., Verantwortlichkeit §§ 1 und 10, N 300, 329 und 1234; HOLZACH 74 ff.
    Vgl. zur Haftungsentlastung im internen Verhältnis OR 759 III und VOLLMAR 194 f.

II. Die Übertragung von Vorbereitungs- und Ausführungsaufgaben auf Dritte nach OR 717

1. Materielle Rechtsgrundlagen: Die organschaftlichen Organisationspflichten

a. Im Gesetz ist nicht ausdrücklich vorgesehen, dass Vorbereitungs- und Ausführungsaufgaben auf Nicht-Verwaltungsratsmitglieder übertragen werden können. Die Kompetenzübertragung basiert auf der **Organisationspflicht** der Organpersonen nach OR 716a I Ziff. 2 bzw. OR 717:

aa. Der **Verwaltungsrat** hat im Rahmen seiner Kompetenzen die Gesellschaft nach deren Bedürfnissen zu organisieren und eine den Verhältnissen angemessene Organisationsstruktur zu schaffen[9]. Der Inhalt dieser Pflicht ist in **OR 716a und 716b** vorgezeichnet: Dem Verwaltungsrat obliegt die Umschreibung des eigenen Aufgabenbereichs sowie die **Aufgabenteilung und -übertragung** auf weitere Aufgabenträger mit der Regelung der entstehenden Leitungsbeziehungen[10].

bb. Die übrigen **Organpersonen** trifft eine Organisationspflicht aus ihrer **Pflicht zur sorgfältigen Geschäftsführung** nach OR 717[11]. Diese verlangt regelmässig eine zweckmässige Arbeitsteilung mit entsprechender Kompetenzübertragung[12].

b. Die Organisationspflichten wirken sich in der **Verantwortlichkeit der Organpersonen für organisatorische Defizite** im eigenen Aufgabenbereich aus[13]. Organpersonen müssen in ihrem Aufgabenbereich auftretende Organisationsdefizite beheben, soweit dies für das Funktionieren der Gesellschaft erforderlich ist[14]. Sie sind grundsätzlich dazu verpflichtet, die zu ergänzenden Vorbereitungs- und Ausführungsaufgaben selber zu erfüllen[15]. Ihre Organisationspflichten können jedoch deren ganze oder teilweise Übertragung auf Dritte auch ohne Kompetenzdelegation gebieten bzw. erlauben:

aa. Organpersonen sind zur Kompetenzübertragung **verpflichtet**, wenn die Wahrnehmung der zu ergänzenden Aufgabe von ihnen aufgrund ihrer individuellen Sorgfaltspflichten nicht persönlich verlangt werden kann[16]. Zwar entfällt diesfalls die Pflicht zur

---

9 Vgl. dazu KLEINER 10, BÖCKLI N 1533 ff.
10 Vgl. BOTSCHAFT 104; VISCHER, Delegationsmöglichkeit 349, 351 und 357 m.w.N. Das Gesetz erwähnt insbesondere die Berichterstattung, OR 716b II.
11 MEIER-WEHRLI 34 m.w.N. zu aOR 722; SCHOOP 99; KLEINER 4; FORSTMOSER, Organisation 38.
12 Die Notwendigkeit einer differenzierten Arbeitsteilung in nicht ganz kleinen Unternehmen ist unbestritten, vgl. BOTSCHAFT 104; VISCHER, Delegationsmöglichkeit 349.
13 Vgl. DRUEY, SAG 84.
14 FORSTMOSER, Organisation 29.
15 PLÜSS A. 67 f.
16 Aufgrund der objektiv von der betreffenden Organperson zu erwartenden Kenntnisse und Fähigkeiten kann dieser oftmals nicht die Pflicht zukommen, die zur Behebung von Organisationsdefiziten in ihrem Aufgabenbereich zu ergänzenden Funktionen persönlich wahrzunehmen, DRUEY, SAG 84 f.

persönlichen Erfüllung, aber nicht diejenige zum Beizug von gesellschaftsinternen oder externen Hilfspersonen bzw. anderen Organpersonen[17].

bb. Organpersonen sind zur Kompetenzübertragung **berechtigt**, wenn sie, gemessen an der Organisationspflicht der Organpersonen, sinnvoll erscheint[18] und sorgfältig organisiert wird[19]. Organpersonen dürfen den unternehmerischen Entscheid treffen, welche Aufgaben sinnvollerweise durch sie selbst, die Gesellschaftsorganisation oder durch Dritte auf vertraglicher Basis für die Gesellschaft erfüllt werden sollen[20].

c. An der konkret zu beachtenden **Sorgfalt** ist dabei insbesondere zu messen, ob und inwieweit:

- die Übertragung von Ausführungs- und Vorbereitungshandlungen zu deren Erfüllung auch untergeordnete Entscheidungskompetenzen mitumfassen können[21] und
- dem Dritten geheimhaltungsbedürftige Informationen preisgegeben werden dürfen[22].

d. Abgesehen von den soeben erwähnten Sorgfaltspflichten, haben Organpersonen **keine**

---

17 Vgl. DRUEY, SAG 86; FORSTMOSER, Verantwortlichkeit § 1 N 300 und 305; SCHOOP 99 f., welche die Rechtsgrundlage in der analogen Anwendung der auftragsrechtlichen Substitutionsregelung von OR 398 III sieht.

18 Vgl. FORSTMOSER, Organisation 38; SCHOOP 100 und 104; ALBERS-SCHÖNBERG 63; FORSTMOSER, Verantwortlichkeit § 1 N 320 und 327a.

19 Vgl. MEIER-WEHRLI 34. Diese Sorgfaltspflicht ist grundsätzlich mit derjenigen identisch, die bei der Kompetenzdelegation zu wahren ist, dazu oben 88 f., § 6.A.II.2. und unten 112 ff., § 7.B.I.

20 Dies gilt insbesondere für Verwaltungsräte, die sich allenfalls auf die Oberleitung beschränken können und sich "im Sinne einer effizienten und qualifizierten Beschlussfassung" die Entscheidgrundlagen durch interne oder externe Dritte beschaffen und bewerten lassen dürfen, SCHOOP 100.

21 Durch die Entscheidungsvorbereitung kann der Entscheid materiell präjudiziert werden: Alle am Willensbildungsprozess des Entscheidträgers teilnehmenden Personen beeinflussen diesen mehr oder minder. Die Teilnehmer können durch beratende oder mitplanende Tätigkeit eine Entscheidung derart vorbestimmen, dass sie vom Entscheidträger nur noch formell selbständig getroffen wird. Insbesondere Stabsangehörige oder andere Spezialisten, die zur Abklärung von bestimmten Fragen beigezogen werden, können zu materiellen Entscheidungsträgern werden, DRUEY, SAG 78.

Vgl. auch FORSTMOSER, Verantwortlichkeit § 1 N 320, wonach in der Übertragung von untergeordneten Entscheidkompetenzen allgemein eine organisatorisch gerechtfertigte und damit haftungsentlastende Massnahme der Verwaltung gesehen werden kann.

22 Vgl. dazu PLÜSS A. 40 f. m.w.N.; WENNINGER 90 f., 184 ff.

Organpersonen unterliegen einer aus ihrer Treuepflicht fliessenden aktienrechtlichen Schweigepflicht, die zur Geheimhaltung von Geschäftsinterna verpflichtet. Geschäftsinterna umfassen Geschäftsgeheimnisse nach StGB 162, erheblich börsenwirksame Informationen nach StGB 161 Ziff. 1 und andere Interna, deren Bekanntwerden der Gesellschaft schaden könnte, BÖCKLI N 1649. Letztere sind insoweit geheimhaltungsbedürftig, als "deren Publizität materielle oder immaterielle Nachteile für die Gesellschaft zur Folge hätte."(PLÜSS A. 40 mit Verweisen auf WENNINGER 9 und 113).

Ob Geschäftsinterna bei der Übertragung von Vorbereitungs- und Ausführungsaufgaben dem Dritten offenbart werden dürfen, ist Gegenstand eines am Gesellschaftsinteresse abzuwägenden, mit aller Sorgfalt zu treffenden Entscheides des Geheimnisträgers. Im positiven Sinne wird dieser Entscheid allerdings dadurch beeinflusst, dass der Dritte aufgrund seines Verhältnisses zur Gesellschaft regelmässig ebenfalls einer Geheimhaltungspflicht für erhaltene Informationen unterliegt (PLÜSS A. 45 f.).

weiteren **materiellen Schranken** bei der Übertragung von Vorbereitungs- und Ausführungsaufgaben zu beachten, da bei ihnen keine Organtätigkeit in Frage steht[23].

2. Formelle Rechtsgrundlagen

Untersucht werden die formellen Rechtsgrundlagen, die den übertragbaren Funktionen zugrunde liegen können. Während Statuten und Reglemente als solche kaum in Frage kommen, ist die Übertragung von Vorbereitungs- und Ausführungsaufgaben auf vertraglicher Basis mit entsprechender Bevollmächtigung die Regel.

a. Statuten

Aufgrund der den Statuten zukommenden Organisationsautonomie können grundsätzlich weitere, im Gesetz nicht vorgesehene Funktionsträger auf statutarischer Basis in die Organisation der Aktiengesellschaft integriert werden[24].

Die unentziehbaren Organisationspflichten des Verwaltungsrates schränken jedoch ein statutarisches Einflussrecht auf die Gesellschaftsorganisation ein[25]: Alle massgeblichen Entscheidungen bezüglich der Organisation der Gesellschaft fallen in den Zuständigkeitsbereich des Verwaltungsrates. Auch der Entscheid über die Übertragung von Vorbereitungs- oder Ausführungsaufgaben gehört dazu[26]. Eine statutarische Zuweisung dieser Aufgaben verstösst daher gegen zwingende Zuständigkeitsvorschriften. Folglich kann die Vorbereitung und Ausführung von Organentscheiden nicht in den Statuten übertragen werden[27]. Ein entsprechender Statuteneintrag wäre nichtig[28].

b. Reglemente

"Reglemente stehen zu den Statuten im gleichen Verhältnis wie Verordnungen zu Gesetz und Verfassung"[29]. Sie enthalten regelmässig körperschaftsrechtliche Normen zur "Ausführung, Erläuterung oder Ergänzung der Statuten"[30], vor allem für "jenen Bereich, der

---

23 FORSTMOSER, Organisation 35. Zu den materiellen Schranken der Kompetenzdelegation vgl. oben 88 ff., § 6.A.II.
24 Oben 78 f., § 5.A.I. Auch die statutarische Verankerung von Hilfsfunktionen ist formellrechtlich grundsätzlich zulässig, Vgl. REIFF 131 f.
25 Dazu oben 81, § 5.A.II.2. und 29 ff., § 2.B.III.3.
26 Dazu oben 81, § 5.A.II.2.
27 Wie bereits erwähnt, können die Beratung oder Kontrolle von Verwaltungsorganen in den Statuten verankert werden, oben 79 f., § 5.A.II.1. Der Verwaltungsrat bleibt aber in diesem Fall zuständig, den Funktionsträgern Befugnisse zu übertragen und Organentscheide vorzubereiten oder auszuführen.
28 OR 706b. Vgl. zur Nichtigkeit der gegen zwingendes Recht verstossenden Statutenbestimmungen FORSTMOSER, Aktienrecht § 7 N 60 f.
29 FORSTMOSER/MEIER-HAYOZ § 11 N 22. Zum Reglementsbegriff vgl. FORSTMOSER, Organisation 25 ff.; FORSTMOSER, Aktienrecht § 7 N 7 und 146 mit Anm. 336; BÜRGI OR 712 N 31 und 35; FREY 5 f.; REIFF 119; VOLLMAR 34.
30 SIEGWART, Einleitung zu OR 620-659 N 296.

nicht schon durch Gesetz oder Statuten geordnet und den letzteren zwingend vorbehalten ist"[31].

Nicht-organschaftliche Geschäftsführungsfunktionen können auf reglementarischer Basis abstrakt verankert werden[32]. Ungleich den sog. "unechten" Reglementsbestimmungen, die sich weder an die Gesellschaft noch die Gesellschafter oder die Gesellschaftsorgane richten und die Abmachungen schuldvertraglicher Natur enthalten, sind reglementarisch verankerte Hilfsfunktionen mindestens teilweise auch körperschaftsrechtliche Normen, welche die Regelung der gesellschaftlichen Verhältnisse bezwecken und von gewisser "gesellschaftlicher Relevanz" sind[33].

Jedes **Organ ist berechtigt**, für sich Reglemente aufzustellen[34]. Solche Reglemente kann es aber auch - im Rahmen der vom Verwaltungsrat festgelegten Kompetenzordnung - für unterstellte Organe erlassen, um diesen verbindliche Verhaltensmassregeln zu erteilen[35]. Die Übertragung von Vorbereitungs- und Ausführungsaufgaben kann somit von den zuständigen Organpersonen sowohl im Organisationsreglement nach OR 716b I als auch in Organisationsreglementen von unterstellten Organen verankert werden.

c. Verträge

aa. Bei rechtmässiger Übertragung von Vorbereitungs- und Ausführungsaufgaben erfüllen die Funktionsträger nicht Organpflichten der Organpersonen, denn diese bestehen nur in der Pflicht zum Beizug Dritter. Mit der Kompetenzübertragung werden sie erfüllt[36]. Die Funktionsträger bezwecken mit ihrer Tätigkeit vielmehr die Ergänzung von Willensbildungs- oder Willensdurchsetzungsfunktionen der Gesellschaft selber, und sie han-

---

31 EIGENMANN 14. Organisationsreglemente entfalten wie Statuten Wirkungen nach innen und regeln die Organisation der Körperschaft durch Umschreibung von Kompetenzen, ihrer Zuordnung auf die Funktionsträger und durch Regelung von deren personeller Besetzung und Arbeitsweise u.s.w., vgl. FORSTMOSER/MEIER-HAYOZ § 11 N 8 und 22.

Die in aOR 722 II Ziff. 2 gemeinten Geschäftsreglemente enthalten dagegen die zur praktischen Führung des Betriebs in rechtlicher, kaufmännischer, technischer und finanzieller Hinsicht notwendigen Anweisungen an die jeweiligen Aufgabenträger, SCHULTHESS 45 f.

Nach der RevOR wird eine Unterscheidung beider Reglementstypen praktisch unnötig, wird doch die ihnen zugrunde liegende Materie in den Gesellschaften in der Regel in einem einzigen (Organisations-) Reglement behandelt, FORSTMOSER, Organisation 29 mit Verweis auf EHRAT FELIX, Mehr Klarheit für den Verwaltungsrat, AJP 1 (1992) 789 ff., 794.

32 Das Gesetz enthält keine abschliessende Ordnung des möglichen Inhalts von Reglementen, FORSTMOSER, Aktienrecht § 7 N 151.

33 Zu den unechten Reglementsbestimmungen vgl. FORSTMOSER, Aktienrecht § 7 N 151 und 43 f.

34 FORSTMOSER, Organisation 29; FORSTMOSER/MEIER-HAYOZ § 11 N 24; vgl. REIFF 112 f. m.w.N.; FORSTMOSER, Aktienrecht § 7 N 153 ff.; VOLLMAR 41 Anm. 2.

35 FORSTMOSER, Organisation 33 f. Zum Erlass von Reglementen für ihm unterstellte Organe kann es aufgrund von OR 717 I als berechtigt bzw. sogar als verpflichtet gelten, vgl. FORSTMOSER, Verantwortlichkeit § 1 N 332.

36 Vgl. dazu unten 111, § 7.A.II.5.a.

deln zu deren Gunsten[37]. Sie nehmen somit ihre Aufgaben - unabhängig von einer zusätzlichen reglementarischen Verankerung ihrer Funktion - regelmässig auf der Basis eines **Vertragsverhältnisses mit der Gesellschaft** wahr, nicht mit dem übertragenden Organ[38].

bb. Die **vertragliche Verankerung einer Kompetenzübertragung** vermag die durch Statuten, Reglemente, Weisungen und Observanz gestaltete interne Kompetenzordnung zwar nicht zu modifizieren[39]. Die Kompetenzübertragung selber stellt aber eine organisatorische Abmachung dar, die ihren Adressaten zur Teilnahme an der Willensbildung und -durchsetzung in der Gesellschaft aus interner Position heraus berechtigt. Sie vermittelt **gesellschaftsinterne Zuständigkeiten und Befugnisse** und schafft damit normähnliches Recht zwischen den Parteien[40].

Die Übertragung von Vorbereitungs- und Ausführungsaufgaben auf vertraglicher Basis ist gegenüber einer allfälligen reglementarischen Verankerung der Hilfsfunktion rechtlich selbständig. Durch die Aufnahme in die Reglemente ändert sich an deren vertraglicher Rechtsnatur nichts[41]. Allerdings bindet eine zusätzliche reglementarische Verankerung der Hilfspersonenfunktion bei entsprechender Annahmeerklärung durch die Hilfsperson beide Vertragsparteien, und der Vertrag entfaltet dann eine zusätzliche gesellschaftsrechtliche Wirkung[42].

cc. Als **vertragliche Grundlage** einer Kompetenzübertragung lassen sich hauptsächlich unterscheiden:

- **Arbeitsvertragsverhältnisse** mit Arbeitnehmern der Gesellschaft, den sog. internen Hilfspersonen[43], die zu einer entgeltlichen Arbeitsleistung für eine gewisse Dauer in der Gesellschaftsorganisation verpflichtet sind,

- andere Vertragsverhältnisse mit natürlichen oder juristischen Personen, die ihre Arbeits- oder Dienstleistung ebenfalls im Interesse der Gesellschaft nach deren Willen erfüllen.

---

37 DRUEY, SAG 86; FORSTMOSER, Verantwortlichkeit § 1 N 329.
38 DRUEY, SAG 86; FORSTMOSER, Verantwortlichkeit § 1 N 329; SCHOOP 99.
39 REIFF 102 mit weiteren Literaturhinweisen auch zum Begriff der Observanz; vgl. FORSTMOSER/MEIER-HAYOZ § 11 N 33 f.
40 Ihre Wirkung ist vergleichbar mit der Einordnung des Arbeitnehmers in die Arbeitsorganisation des Arbeitgebers; auch dessen allgemeine Anordnungen und Arbeitsbedingungen haben zwar ihre Grundlage im Arbeitsvertrag, doch ist ihre Wirkung normähnlich, REHBINDER OR 321d N 5.
41 FORSTMOSER, Aktienrecht § 7 N 150 f., N 44 und N 47.
42 Bei Reglementsänderungen sind auch die Anforderungen an die Aufhebung oder Änderung von Verträgen zu beachten, vgl. FORSTMOSER, Aktienrecht § 7 N 151 m.w.N. Die Auslegung des Reglementes richtet sich nach den für Verträge geltenden Grundsätzen. Dies gilt insbesondere für die Frage, ob eine reglementarisch verankerte Verpflichtung zugunsten eines Dritten diesem ein eigenes Forderungsrecht einräumt oder welche Auswirkung eine Reglementsänderung auf die Vereinbarung hat, vgl. FORSTMOSER, Aktienrecht § 7 N 51.
43 GUTZWILLER, SPR 494.

Je nach Ausgestaltung der gegenseitigen Leistungspflichten kann das Vertragsverhältnis mit diesen sog. externen Hilfspersonen[44] etwa als **Werkvertrag**, als **Auftrag oder besondere Auftragsart** oder als **Innominatkontrakt** qualifiziert werden.

3. Zuständigkeiten

Grundsätzlich ist jedes Organ im Rahmen seiner Organisationspflichten für die Kompetenzübertragung zuständig, solange ihr das Gesetz, die innergesellschaftliche Satzung und insbesondere die interne Kompetenzordnung oder Weisungen nicht entgegenstehen[45]. Im Rahmen der internen Kompetenzordnung kann insbesondere auch ein übergeordnetes Organ einem untergeordneten die Übertragung von Kompetenzen als auch den konkreten Empfänger vorschreiben[46].

Formell ist weder eine statutarische noch eine reglementarische Ermächtigung vorauszusetzen[47]. Analog zu OR 716a II genügt m.E. ein formeller Beschluss oder Entscheid der übertragenden und kompetenten Instanz.

4. Übertragung und Bevollmächtigung

a. Gehören die Empfänger der übertragenen Aufgaben nicht bereits zum Kreis der formellen Vertreter der Gesellschaft[48], muss die - für die Aufgabenerfüllung allenfalls notwendige - Vertretungsbefugnis ihnen gegenüber noch gesondert erklärt werden[49]. Dieses einseitige Rechtsgeschäft unterliegt, soweit nicht spezielle Normen hinsichtlich kaufmännischer Stellvertreter zu beachten sind, ganz den Regeln der **Bevollmächtigung von OR 32 ff.**[50] Es kann ausdrücklich oder stillschweigend erfolgen[51]. Die Bevollmächtigung ist zu unterscheiden von der sog. externen Vollmacht, mit der Fälle der Vertretungswirkung

---

44 GUTZWILER, SPR 494.

45 Vgl. SCHOOP 104; VISCHER, Delegationsmöglichkeit 354; SPIRO, Aktienbuch 6. Auch Ausführungs- und Vorbereitungsaufgaben von undelegierbaren Aufgaben des Verwaltungsrats sind dergestalt übertragbar, FORSTMOSER, Organisation 33.

46 Vgl. FORSTMOSER, Organisation 33. Im Gegensatz zur Wahl der obersten Geschäftsführer, die nach OR 716a I Ziff. 4 zwingend dem Verwaltungsrat zukommt, kann die Auswahl von Hilfspersonen allerdings delegiert werden, BOTSCHAFT 178.

47 FORSTMOSER, Organisation 33 f.

48 Formelle Vertreter der Gesellschaft sind zur Wahrnehmung der Vertretungskompetenzen aus deren abstrakter Zuweisung auf einen Funktionsträger in Gesetz, Statuten oder Reglementen und ihrer Mitgliedschaft darin berufen und sind regelmässig im Handelsregister eingetragen, vgl. WATTER 110; SCHÄRRER 38 und zur Bedeutung und Zulässigkeit des Registereintrages MEIER-HAYOZ/ FORSTMOSER § 5 N 235 und 270.

49 WATTER 123 ff.; SCHÄRRER 47 ff.

50 MEIER-HAYOZ/FORSTMOSER § 5 N 218. Zur Unterscheidung von kaufmännischer und bürgerlicher Stellvertretung vgl. zudem WATTER 15 ff. und 45 ff.

51 WATTER 123; SCHÄRRER 47; ders. 50 ff. erwähnt eine Bevollmächtigung durch konkludentes Verhalten oder als stillschweigender Mitinhalt eines Arbeitsvertrages nach OR 396 II.

trotz fehlender (interner) Vollmacht auf der Basis des Gutglaubensschutzes zusammenfassend umschrieben werden[52].

Wem die Vertretungsbefugnis erst durch Bevollmächtigung eingeräumt werden muss, sei es, weil sein abstrakt delegierter Funktionskreis bislang keine Vertretungsbefugnisse beinhaltete oder weil er keinem formellen Funktionsträger angehörte, ist **materieller Vertreter**[53]. Nach dem Inhalt der Vollmacht ist zu beurteilen, ob es sich um eine Organvollmacht handelt und damit eine Organstellung begründet wird[54]. Werden mit der Vollmacht nur untergeordnete Entscheidungsbefugnisse verbunden, so gilt der Empfänger zwar als Stellvertreter der Gesellschaft, jedoch intern nur als deren **Hilfsperson**[55]. Keine Stellvertreter sind diejenigen Hilfspersonen, denen keine Entscheidungsbefugnisse zugestanden werden und die keine eigene Erklärung an Stelle der Gesellschaft abgeben oder entgegennehmen, sondern lediglich als **Erfüllungsgehilfen** handeln[56].

b. **Zuständig** zur Übertragung der Vertretung sowie zur Ernennung und Abberufung der mit der Vertretung betrauten Personen ist der **Verwaltungsrat**[57]. Diesem steht auch die Erteilung von bürgerlichen oder kaufmännischen Vollmachten zu[58]. Wegen der Zuständigkeitsregelung bei der Kompetenzdelegation sind untergeordnete Organpersonen nicht befugt, an sie delegierte, organschaftliche Vertretungsbefugnisse weiterzudelegieren. Auch die Kompetenz zur Erteilung von bürgerlichen oder kaufmännischen Vollmachten soll den unterstellten Organpersonen nicht mehr - wie noch vor der Revision des OR[59] - delegiert oder durch Bevollmächtigung eingeräumt werden können[60].

In Anbetracht der Organisationspflichten der unterstellten Organpersonen und der Vielzahl von Situationen, die eine Bevollmächtigung Dritter aus laufender Geschäftsführung

---

52 Dazu GAUCH/SCHLUEP N 1405 ff.; WATTER 16 ff., 24 ff. und 46 f.; eine externe Vollmacht liegt vor, wenn der Geschäftsherr keine Vollmacht erklären wollte, der Dritte jedoch nach dem Vertrauensprinzip von einer (auch stillschweigenden) Vollmachtserteilung an den vermeintlichen Vertreter ausgehen durfte und daher in seinem guten Glauben in die Vertretungswirkung geschützt wird, vgl. MEIER-HAYOZ/FORSTMOSER § 5 N 234; WATTER 46 f.
53 WATTER 115, 123 f.; SCHÄRRER 41 f.
54 Vgl. WATTER 129. Es sei hier zudem daran erinnert, dass - ähnlich wie die externe Vollmacht eine Vertretungsmacht einer internen Organ- oder Hilfsperson nach sich ziehen kann - eine Kundgabe nach aussen eine Organstellung zu begründen vermag, wenn der Aussenstehende nach dem Vertrauensprinzip auf Organeigenschaften des für die Gesellschaft Handelnden vertrauen durfte; dazu FORSTMOSER, Verantwortlichkeit § 2 N 676 ff.
55 WATTER 86; SCHÄRRER 25; eine kaufmännische oder bürgerliche Stellvertretung kann jedoch auch unabhängig neben einer Organstellung bestehen, SCHÄRRER 53 und 100; BGE 86 I 105 ff.
56 GAUCH/SCHLUEP N 1316.
57 OR 716a I Ziff. 4; OR 718 II.
58 OR 721.
59 Dazu WATTER 42 und 157.
60 OR 718 II; BÖCKLI N 1582. Den obersten Geschäftsführern soll zwar die Bestellung der ihnen untergeordneten Funktionäre überlassen werden können, die Regelung der "Vertretung, also die Einräumung der Unterschriftsberechtigung", wird hingegen allein dem Verwaltungsrat vorbehalten, vgl. BOTSCHAFT 178 und 181.

notwendig machen, sollten dagegen OR 716a I Ziff. 4 und OR 718 II **nicht** auf die Bevollmächtigung bürgerlicher Stellvertreter mit **untergeordneten Vertretungsbefugnissen** angewandt werden[61]. Neben dem Verwaltungsrat sollten auch andere formelle Vertreter der Gesellschaft zur Erteilung von Spezialvollmachten für einzelne bekannte Rechtshandlungen befugt sein[62]. Diesfalls würde auch eine Ermächtigung an den neu Bevollmächtigten zur Erteilung einer Untervollmacht oder zur Substitution OR 716a I Ziff. 4 nicht widersprechen, solange die Ermächtigung wiederum untergeordnete Vertretungsbefugnisse betrifft[63]. Damit könnte auch vermieden werden, dass zur Vertretung befugte Organpersonen zwar nicht mehr gemäss ihrer Vertretungsmacht und in analoger Anwendung von OR 398 II Stellvertreter nach OR 32 ff. bevollmächtigen dürfen, im Namen der Gesellschaft für diese zu handeln[64], sie aber deren vollmachtlose Handlungen aufgrund ihrer eigenen Vertretungsmacht regelmässig - auch stillschweigend - genehmigen könnten.

5. Auswirkungen

a. Keine aktienrechtliche Verantwortlichkeit des Übertragenden

Nach BOTSCHAFT 106 soll die übertragende Organperson für schädigende Handlungen einer Hilfsperson haften, an welche Aufgaben zur Erfüllung übertragen wurden, ohne sich auf die Haftungsbeschränkung nach OR 754 II berufen zu können. Dies entspricht dem Grundsatz, wonach aktienrechtlich verantwortlich wird, wer einen Schaden sorgfaltspflichtwidrig und kausal verschuldet oder für Erfüllungsgehilfen nach OR 101 einstehen muss, die zur Erfüllung von Organpflichten beigezogen werden[65].

Bei einer Kompetenzübertragung entfällt somit die Kausalhaftung nur dort, wo Hilfspersonen nicht Organpflichten erfüllen[66]. Nach der hier vertretenen Auffassung ist das der

---

61 Untergeordnet sind solche Vertretungsbefugnisse, die zum einen kein Recht einräumen, zentrale Geschäftsführungsentscheide zu treffen und zum anderen keinen massgeblichen Spielraum bei der Vertretung solcher Entscheide gewähren, vgl. oben 86 f., § 6.A.I.1.

Bereits VISCHER, Delegationsmöglichkeit 356 weist darauf hin, dass es "keiner Notwendigkeit einer richtig funktionierenden Hierarchie entspricht" dem Verwaltungsrat die Ernennung und Abberufung von Bevollmächtigten und Beauftragten vorzubehalten; FORSTMOSER, Beurteilung 66 hält sogar die alleinige Zuständigkeit des Verwaltungsrates zur Einräumung der Unterschriftsberechtigung in grossen Aktiengesellschaften als zu weitgehend.

62 Vgl. MEIER-HAYOZ/FORSTMOSER § 5 N 224 für die diesbezügliche Befugnis des Prokuristen vor der Revision des OR.

63 Sie kann daher auch stillschweigend erteilt werden oder im Arbeitsvertrag nach OR 396 II mitenthalten sein.

64 Dazu WATTER 66 und 157.

65 Vgl. VISCHER, Aktienrechtsreform 171 mit Verweis auf SPIRO Karl: Die Haftung für Erfüllungsgehilfen, Bern 1984, § 41; DRUEY, SAG 75 f.; vgl. auch HÜTTE 25; VOLLMAR 122 f.; EXNER 159 bezüglich BGB 278. Die Organperson ist demnach für unsorgfältiges Verhalten von Hilfspersonen ohne eigenes Verschulden haftbar. Es kommt zu einer "Kausalhaftung" für das Verhalten von Hilfspersonen; vgl. dazu FORSTMOSER, Verantwortlichkeit § 10 N 1234. Für schädigendes Verhalten der Hilfsperson Dritten gegenüber haftet somit diesfalls nicht allein die Gesellschaft nach Massgabe von OR 101 oder OR 55.

66 DRUEY, SAG 85.

Fall, wenn die Kompetenzübertragung aufgrund der Organisationspflicht der Organpersonen geboten oder organisatorisch gerechtfertigt ist. Diesfalls haben die Organpersonen ihren Organpflichten bereits mit der Übertragung genüge getan[67]; die Hilfspersonen erfüllen keine Organpflichten, sondern allein ihre vertraglichen Verpflichtungen der Gesellschaft gegenüber.

Die Erfüllung von Vorbereitungs- und Ausführungsaufgaben durch Hilfspersonen sollte demnach keine Haftung des Übertragenden auslösen, wenn diesen nach OR 754 I gemessen an den allgemeinen Sorgfaltspflichten kein Verschulden trifft[68]. Dazu ist im konkreten Einzelfall abzuklären, ob die Übertragung organisatorisch gerechtfertigt ist und ob insbesondere die Auswahl, Instruktion und Überwachung der Hilfsperson angemessen erfolgte[69]. Diese Auffassung verträgt sich auch damit, dass Organpersonen für sorgfaltspflichtwidrige Unterlassung einer organisatorisch gebotenen Kompetenzübertragung verantwortlich werden können[70].

b. Keine materielle Organstellung des Empfängers

Ob eine Kompetenzübertragung und die darauf beruhende Teilnahme am Willensbildungsprozess des Entscheidträgers eine materielle Organstellung des Übertragungsempfängers bewirkt, beurteilt sich weder nach dem Wesen der Kompetenzübertragung noch nach deren Zulässigkeit im Einzelfall, sondern allein nach dem **Organbegriff**[71].

Als **materielles Organ** gilt nur, wer die Willensbildung der Gesellschaft durch das Treffen von massgeblichen Entscheidungen aus einer organtypischen Stellung heraus beeinflusst[72]. Die Einflussnahme auf die formelle Entscheidung einer Organperson durch blosse planende und beratende Tätigkeit führt kaum zu einer Organstellung. Dieser Entscheidvorbereitung kommt nicht die gleiche Bedeutung zu wie der selbständigen Erfüllung von korporativen Aufgaben[73]. Naturgemäss gilt dies auch für rein ausführende und kontrollierende Tätigkeiten. Lediglich wenn nach objektiven Gesichtspunkten etwa Vor-

---

67 Dies folgt wie gesagt aus den individualisierten Organpflichten; DRUEY, SAG 85 f. führt das am Beispiel eines zugezogenen Spezialisten aus: Wenn zur Verbesserung der Willensbildung in der Gesellschaft besonderes Fachwissen notwendig wird, geht es beim Beizug des Spezialisten nicht darum, das persönliche Wissen einer Organperson zu ergänzen, sondern das "für die Gesellschaft zur Willensbildung verfügbare Wissen". Denn von der Organperson kann nicht allein wegen der Möglichkeit des Beizugs von Spezialisten generell dasselbe Wissen verlangt werden. Allein die Fähigkeit muss vorausgesetzt werden, je nach Situation auf die Notwendigkeit des Beizugs Dritter hinzuweisen. Darin liegt ihre konkrete Organpflicht.
68 Vgl. ALBERS-SCHÖNBERG 63; SCHOOP 101, allerdings in Analogie zu OR 399 I und 101 I.
69 FORSTMOSER, Verantwortlichkeit § 1 N 329.
70 Dazu MEIER-WEHRLI 34 Anm. 101; FORSTMOSER, Verantwortlichkeit § 1 N 305 für die Unterlassung, einen Fachmann beizuziehen; vgl. BGE 93 II 26 f.; BGE 97 II 413.
71 Dazu oben 46 ff., § 3.B.I.2.a.
72 FORSTMOSER, Verantwortlichkeit § 2 N 659 f.
73 Vgl. BGE 117 II 572 f. Insbesondere ist derjenige Arbeitnehmer kein Organ der Holdinggesellschaft i.S.v. OR 754 I, welcher wegen seiner Sachkenntnis zur Vorbereitung gesellschaftsrechtlicher Entscheide beigezogen wird und nicht massgeblich am Entscheid mitwirkt, BGE 117 II 575.

bereitungs- oder Kontrollhandlungen als organtypische Beeinflussung des Entscheidungsträgers angesehen werden können, ist eine materielle Organstellung zu erwägen. Diese ist etwa für den Hintermann zu bejahen, der seinen Strohmann von ihm bereits gefasste Entscheidungen formell treffen und durchsetzen lässt[74].

III. Zur Zulässigkeit der Übertragung von Vorbereitungs- und Ausführungsaufgaben auf die Managementgesellschaft

Wie bereits erwähnt wurde, darf der Verwaltungsrat der Holdinggesellschaft eine Delegation nicht-organschaftlicher Aufgaben an die Managementgesellschaft vornehmen[75]. Folglich ist auch eine Übertragung von Vorbereitungs- und Ausführungsaufgaben an die Managementgesellschaft grundsätzlich zulässig. Verwaltungsratsmitglieder und übrige Organpersonen der Holdinggesellschaft können der Managementgesellschaft daher wie einer natürlichen Person untergeordnete Verwaltungs- und Geschäftsführungsaufgaben übertragen. Auch mit der Vorbereitung und Ausführung von Organaufgaben darf die Managementgesellschaft betraut werden, solange dabei keine materielle Organtätigkeit in Frage steht[76]. **Übertragbar** sind folglich Befugnisse, welche die **Planung von Organentscheiden**, die **Mitwirkung am Entscheidungsprozess** oder die **Ausführung der getroffenen Entscheide** betreffen und **keinen wesentlichen Entscheidungsspielraum offenlassen**.

In dieser Arbeit interessiert, welche Konzernleitungsaufgaben der Managementgesellschaft unter welchen Voraussetzungen zur Vorbereitung oder Ausführung übertragen werden können. Darauf wird im nächsten Abschnitt eingegangen.

B. Die Übertragung von vorbereitenden und ausführenden Konzernleitungsaufgaben auf die Managementgesellschaft

I. Voraussetzungen: Organisatorische Rechtfertigung und sorgfältige Durchführung

1. Organisatorische Rechtfertigung

Die organisatorische Rechtfertigung einer Kompetenzübertragung auf die Managementgesellschaft kann nur für den konkreten Fall untersucht werden. Anhaltspunkte für Rechtfertigungsgründe sind in den oben genannten Motiven für eine Bildung von Managementgesellschaften zu suchen[77]. Ob die Kompetenzübertragung im Einzelfall gerechtfertigt ist, beurteilt sich nach dem allgemein an das Organhandeln anzulegenden Sorgfaltspflichtsmassstab[78]. Die diesbezüglich objektivierte Betrachtungsweise bringt die be-

---

74 FORSTMOSER, Verantwortlichkeit § 2 N 703.

75 Oben 98, § 6.C.I.

76 Die Managementgesellschaft darf m.a.W. nicht Organentscheide durch ihre beratende oder planende Tätigkeit materiell vorwegnehmen, dazu oben 104, § 7.A.II.1.c.

77 Oben 10, § 1.C.II. und 75, § 4.B.

78 OR 717 I. Die durch die Kompetenzübertragung geschaffene Organisation muss sich insbesondere

triebswirtschaftliche und organisationswissenschaftliche "gute Übung" ins Spiel[79].

2. Sorgfältige Durchführung

Die sorgfältige Durchführung der Kompetenzübertragung an die Managementgesellschaft verlangt insbesondere nach angemessener Sorgfalt bei der Auswahl, Instruktion und Überwachung der Managementgesellschaft bzw. auch ihrer Organpersonen[80].

a. Zur Auswahlpflicht

Die Managementgesellschaft bzw. ihre Organpersonen müssen Gewähr bieten, dass sie den Anforderungen der ihnen übertragenen Aufgaben gewachsen und zu deren Erfüllung befähigt sind[81]. Dies erfordert eine entsprechende Organisation mit genügendem Fachwissen. Da die Holdinggesellschaft die Auswahl aller Verwaltungsratsmitglieder der Managementgesellschaft bestimmen und über Doppelorgane dort auch unterstellte Organpersonen einsetzen kann, erstreckt sich die Pflicht zur sorgfältigen Auswahl bei der Kompetenzübertragung grundsätzlich auch darauf[82].

b. Zur Instruktionspflicht

Die Instruktionspflicht gebietet die "Bekanntgabe der Geschäftspolitik"[83], die "Aufstellung und Durchsetzung einer funktionierenden und widerspruchsfreien Kompetenzordnung"[84] sowie die Einrichtung eines reibungslosen Informationssystems[85]. Es muss eine zweckmässige Organisation geschaffen werden, in welcher der Übertragende jederzeit die nötigen Weisungen erteilen[86] und den veränderten Umständen anpassen kann[87].

Wer der Managementgesellschaft Aufgaben überträgt, muss sie über ihren Aufgaben- und Kompetenzkreis zweckmässig informieren[88]. Ihre Aufgaben sind in Übereinstimmung mit der Kompetenzordnung der Holdinggesellschaft und den durch diese beeinflussten Kompetenzordnungen der abhängigen Konzerngesellschaften angemessen zu gestalten.

---

daran messen lassen, ob sie den in der Gesellschaft tätigen Organpersonen die pflichtgemässe Erfüllung ihrer Aufgaben erlaubt, vgl. BÖCKLI N 1616

79 Vgl. SCHOOP 100 mit Verweis auf KLEINER 4.
80 ALBERS-SCHÖNBERG 179; REHBINDER E. 540. Zu den curae in eligendo, instruendo und custodiendo vgl. BÖCKLI N 1614 ff; HORBER 116 ff.; REIFF 149 ff.; VOLLMAR 196 ff.
81 Vgl. VISCHER, Delegationsmöglichkeit 366.
82 Vgl. ALBERS-SCHÖNBERG 180.
83 HOLZACH 76.
84 VISCHER 367.
85 HORBER 117.
86 Vgl. OR 716a I Ziff. 1. Zur Pflicht des Verwaltungsrates, mit Weisungen seine Oberleitungspflichten wahrzunehmen vgl. BÖCKLI N 1531.
87 Vgl. HORBER 117; BOTSCHAFT 192; BÖCKLI N 1554.
88 Vgl. HORBER 117.

Werden die Aufgabenbereiche nicht abgestimmt, können die intern zuständigen Funktionäre der Managementgesellschaft in Konflikt mit den Kompetenz- und Verantwortungsbereichen von Organpersonen der anderen Konzerngesellschaften geraten. Ein derartiges Verhalten der übertragenden Organpersonen verstösst zumindest gegen deren Organisationspflichten, die regelmässig die Einheit von Kompetenz und Verantwortung verlangen[89].

Bei einer Kompetenzübertragung an die Managementgesellschaft sollten folglich die Statuten der Managementgesellschaft und deren Reglemente mit der Kompetenzordnung im Konzern abgestimmt werden[90]. Dies gilt auch für vertragliche Abmachungen zwischen Management- und Holdinggesellschaft.

c. Zur Überwachungspflicht

aa. Die Überwachungspflicht beinhaltet grundsätzlich die Überwachung der geschaffenen Organisation auf ihr Funktionieren hin[91]. Insbesondere die Vollständigkeit der Berichterstattung muss sichergestellt werden[92]. Das Mass der anzuwendenden Sorgfalt bestimmt sich dabei:

- nach der Gesellschaftstätigkeit, der besonderen Organisation der Gesellschaft und der Stellung des Übertragenden in der Organisationsstruktur[93],

- nach der Qualifikation des Übertragungsempfängers[94] sowie

- nach der Art und Wichtigkeit der übertragenen Aufgaben[95].

bb. Organpersonen der Holdinggesellschaft haben die Managementgesellschaft **äusserst sorgfältig zu überwachen**. Dies folgt aus der besonderen Stellung der Managementgesellschaft in der Konzernleitungsstruktur, welche der Holding weitgehende Kontrollmöglichkeiten gewährt:

Zuerst stehen der Holdinggesellschaft als Alleinaktionärin der Managementgesellschaft

---

89 Vgl. BOTSCHAFT 105; GLAUS 69 und 82 f.

90 Vgl. EXNER 162, wonach die klare Kompetenzregelung im Interesse der Obergesellschaft liege, weshalb deren Organpersonen für mangelhafte Organisation v.a. bei der Übertragung von Weisungsrechten einzustehen haben.

91 DRUEY, SAG 85.

92 BOTSCHAFT 192.

93 Vgl. LUSTENBERGER 135; BÜRGI OR 722 N 21.

94 DRUEY, SAG 84; FORSTMOSER, Verantwortlichkeit § 1 N 305; SCHOOP 97; VISCHER, Delegationsmöglichkeit 357 und 367.

95 Gerade im Fall des Beizugs von Spezialisten kann vom Übertragenden nicht das gleiche Spezialwissen wie von diesem verlangt werden. Er muss allerdings dessen Aufgabenerfüllung in der Tragweite erfassen und Unregelmässigkeiten feststellen können. Informationen müssen kritisch geprüft und allenfalls ergänzt werden, vgl. DRUEY SAG 86.

nahezu unbeschränkte **Kontroll- und Einsichtsrechte** nach OR 697 zu[96].

Sodann besitzen die Vertreter der Holdinggesellschaft im Verwaltungsrat der Managementgesellschaft weitreichende **Informationsrechte** nach OR 715a bezüglich den Angelegenheiten der Managementgesellschaft[97].

Schliesslich unterliegen Doppelorgane in der Managementgesellschaft **kaum** einer **aktienrechtlichen Schweigepflicht**, welche eine Informierung der Holding verbietet[98]. Denn die Schweigepflicht in der Managementgesellschaft ist als Ausfluss der Treuepflicht wie die Gesellschaftsinteressen auf die Interessen der Holding ausgerichtet[99]. Die Schweigepflicht steht einer Informationspreisgabe an die Holding nicht entgegen, wenn die Preisgabe den Interessen der Managementgesellschaft dient, was in der Regel der Fall sein dürfte. Es gibt somit kaum einen Grund, das tatsächliche private und geschäftliche Wissen der Doppelorgane nicht der Holdinggesellschaft als rechtlich relevantes Wissen zuzurechnen[100]. Auch Organpersonen der Holding, welche den Doppelorganen über- oder nebengeordnet sind, müssen sich dieses Wissen zurechnen lassen, wenn ihr Nichtwissen auf einem sorgfaltspflichtwidrigen Organisationsmangel beruht[101].

d. Fazit

Die Übertragung von Kompetenzen auf die Managementgesellschaft verlangt nach einer der Aufgabenteilung und Konzernorganisation angemessenen, sorgfältigen Instruktion und Überwachung aller Organ- und Hilfspersonen der Managementgesellschaft, welche mit Konzernleitungsaufgaben betraut werden.

---

96 Die Holdinggesellschaft kann in der Generalversammlung der Managementgesellschaft vom Verwaltungsrat Auskünfte über die Angelegenheiten der Gesellschaft verlangen. Wegen der Interessenausrichtung auf die Holdinggesellschaft ist das Auskunftsrecht regelmässig nicht durch Geschäftsgeheimnisse oder andere schutzwürdige Interessen der Managementgesellschaft beschränkt. Vgl. zu OR 697 auch WEBER 72 f.

Auch die Einsicht in Geschäftsbücher und Korrespondenz steht der Holdinggesellschaft offen, kann sie sich doch in der Generalversammlung die dazu notwendige Ermächtigung selber erteilen; vgl. OR 697 III.

97 OR 715 a; vgl. dazu BÖCKLI N 1496 ff.; DRUEY, Informationsrecht; oben 57 f., § 3.C.IV.2.d.

Grundsätzlich dürfen Verwaltungsratsmitglieder und Geschäftsführer nicht mit ihrem Wissen über Angelegenheiten der Gesellschaft zurückhalten, wenn sie in den Verwaltungsratssitzungen um Auskunft ersucht werden. Ausserhalb der Sitzungen kann die Auskunftserteilung über ein einzelnes Geschäft vom Verwaltungsratspräsidenten verweigert werden, wenn überwiegende Interessen der Gesellschaft einer Information entgegenstehen, vgl. BÖCKLI N 1503 ff. Dies ist regelmässig nicht der Fall im Verhältnis der Holding- zur Managementgesellschaft.

98 Vgl. dazu oben 60, § 3.D.II.

99 Zur aktienrechtlichen Schweigepflicht vgl. auch BÖCKLI N 1648 ff.; WENNIGER, ganze Arbeit.

100 Vgl. dazu oben 60 f., § 3.D.III.

101 SIEGER 129 ff., insb. 131.

II. ÜBERTRAGBARE VORBEREITENDE UND AUSFÜHRENDE KONZERNLEITUNGSAUFGABEN

In der Holdinggesellschaft können die Organpersonen Vorbereitungs- und Ausführungsaufgaben an die Managementgesellschaft übertragen, welche die Planung ihrer Entscheide, die Mitwirkung am Entscheidungsprozess oder die Ausführung der Entscheide betreffen und keinen wesentlichen Ermessensspielraum offenlassen[102]. Der Managementgesellschaft dürfen insbesondere folgende Konzernleitungsaufgaben eingeräumt werden:

1. Vorbereitende und ausführende Aufgaben aus dem Bereich der Geschäftsführung i.e.S. der Holdinggesellschaft

a. Planungsaufgaben

Der Managementgesellschaft kann die Befugnis übertragen werden, an der Beschaffung, Sichtung und Bewertung der Planungs- und Entscheidgrundlagen mitzuwirken. Im Mitwirkungsrecht ist regelmässig die Befugnis zur Teilnahme an den Verwaltungsrats- und/oder Geschäftsleitungssitzungen mitenthalten. An den Sitzungen darf die Managementgesellschaft ermächtigt werden, Stellungnahmen abzugeben, Ratschläge zu erteilen und Anträge zu stellen. Aufgrund der übertragbaren Befugnisse ist die Managementgesellschaft in der Lage, Planungsaufgaben für die Konzernleitung auszuüben.

b. Untergeordnete Entscheidungsbefugnisse

Untergeordnete Entscheidungsbefugnisse betreffen zum einen die Fragen, wie die Planung der konzernleitenden Entscheide - und der Entscheidprozess selber - gestaltet werden soll und wie Entscheidungen zweckmässig angeordnet und kontrolliert werden sollen. Zum anderen sind alle Entscheidungen als untergeordnet anzusehen, die keinen massgeblichen Einfluss auf die Willensbildung in den abhängigen Konzerngesellschaften darstellen und daher nicht Gegenstand von Geschäftsführungskompetenzen der Holdinggesellschaft sind[103].

Untergeordnete Entscheidungen können den Bereich der konzerngesellschaftlichen **Buchhaltung**, des **Personalwesens** oder der **Datenverarbeitung** betreffen und fachlicher Natur sein. Auch können sie die Beschaffung und den Austausch von konzernweiter **Information** oder die Gestaltung und Durchführung der gesellschaftsrechtlichen und unternehmerischen **Kontrolle** zum Inhalt haben.

2. Vorbereitende und ausführende Aufgaben aus dem Bereich der Geschäftsführung i.w.S. der Holdinggesellschaft

Gegenüber den abhängigen Konzerngesellschaften kann die Managementgesellschaft nur

---

[102] Oben 112, § 7.A.III.
[103] Oben 98, § 6.C.II.

beschränkt als Vertreterin der Holdinggesellschaft auftreten: Eine juristische Person kann nicht als kaufmännischer Stellvertreter eingesetzt werden[104]. Die Vollmacht darf auch nicht die selbständige Wahrnehmung von massgeblichen Geschäftsführungsaufgaben der Holdinggesellschaft beinhalten, da sie dann dem Sinn von OR 707 III widerspricht[105]. Eine Vollmachtserteilung an die Managementgesellschaft, im Namen der Holdinggesellschaft massgebliche Geschäftsführungsentscheidungen zu treffen und gegenüber den abhängigen Konzerngesellschaften zu erklären, ist daher rechtswidrig[106].

Eine Bevollmächtigung kann aber mit der Übertragung nicht-organschaftlicher Aufgaben auf die Managementgesellschaft verbunden werden[107]. Die Holdinggesellschaft darf die Managementgesellschaft ermächtigen, in ihrem Namen Ausführungshandlungen im Bereich der Anordnung und Kontrolle vorzunehmen sowie übrige Rechts- oder Tathandlungen auszuüben, welche der Verwirklichung eines Konzernleitungsentscheides dienen, und keine massgeblichen Entscheidungsbefugnisse beinhalten.

a. Anordnungsaufgaben

Eine Bevollmächtigung kann mit der Übertragung von untergeordneten Entscheidungsbefugnissen verbunden werden. Insoweit der Holdinggesellschaft die entsprechenden Konzernleitungsbefugnisse zustehen, kann die Managementgesellschaft in ihrem Namen auch in den Konzerngesellschaften untergeordnete Weisungen erteilen.

Solche Weisungen betreffen etwa die Beschaffung von Planungsgrundlagen im Konzern[108] und die konzernweite Vereinheitlichung von Datenverarbeitung, Rechnungswesen, Finanzkontrolle oder Personalwesen.

Der Managementgesellschaft können ebenfalls Befugnisse zugewiesen werden, über **Informationen und Erwartungen der Holdinggesellschaft zu orientieren** oder deren

---

104 HRegV 41; BGE 108 II 129; WATTER 47.

105 Oben 92, § 6.A.IV.1.; eine Bevollmächtigung nach OR 32 ff. i.Verb.m. OR 721 (Verbotsnorm) wäre als Umgehung von OR 707 III (umgangene Norm; Zielverbot) zu werten; vgl. zur Gesetzesumgehung allgemein MERZ ZGB 2 N 89 ff. ; vgl. auch KUMMER in ZBJV 133, wonach der Gesellschaftszweck keine Rechtsgeschäfte deckt, die den fundamentalen inneren Aufbau einer Aktiengesellschaft ändern wollen, weshalb den Organpersonen diesbezüglich gar keine Vertretungsmacht zukommen kann.

106 Unrechtmässig sind nach den zu der Regelung der Gesetzesumgehung geschaffenen Kriterien auch alle Rechtsgeschäfte, die dasselbe Ziel haben und so gegen den Sinn der zwingenden Bestimmungen verstossen; vgl. dazu unten 130 f., § 9.A.II.2.

Immerhin ist ein rechtsgeschäftliches Handeln der Managementgesellschaft im Namen der Holdinggesellschaft ohne gültige Vollmacht gegenüber den abhängigen Konzerngesellschaften nicht ungültig. Es kann noch durch die Holdinggesellschaft genehmigt werden; vgl. allerdings die Einschränkung unten 130, § 9.A.II.2.

107 Vgl. oben 108 f., § 7.A.II.4.

108 M.E. nicht zu untergeordneten Weisungsrechten gehören jedoch solche Kompetenzen gegenüber den abhängigen Konzerngesellschaften, die in deren innere Organisation eingreifen und z.B. eine massgebliche Mitwirkung am Entscheidungsprozess ermöglichen.

Weisungen zu überbringen und zu erläutern[109].

b. Kontrollaufgaben

Eine Bevollmächtigung der Managementgesellschaft kann mit der Übertragung von Kontrollaufgaben verbunden werden. Sofern der Holdinggesellschaft das Recht zusteht, die unternehmerische Kontrolle von Konzerngesellschaften vorzunehmen, kann sie entsprechende untergeordnete Aufgaben und Weisungsbefugnisse an die Managementgesellschaft übertragen. Die Weisungsrechte betreffen etwa die organisatorische Gestaltung und Durchführung der konzernweiten Unternehmenskontrolle.

c. Exkurs: Aufgaben der Beteiligungsverwaltung

Zur Beteiligungsverwaltung gehört die Wahrnehmung der aus den Beteiligungen fliessenden Aktionärsrechte, insbesondere des Stimm- und Wahlrechts. In wirtschaftlicher Hinsicht hat die Holdinggesellschaft zu entscheiden, wie sie die Beteiligungen finanziert und welche Finanzgeschäfte sie mit den Beteiligungsgesellschaften abschliesst.

Es wurde bereits erwähnt, dass die Holdinggesellschaft die massgeblichen Entscheide darüber, wie sie die Beteiligungsverwaltung ausüben will, nicht an die Managementgesellschaft übertragen kann[110]. Sie kann aber zumindest ihre Aktien in der Generalversammlung der Konzerngesellschaften durch die Managementgesellschaft vertreten lassen[111], denn diese ist bereits von Gesetzes wegen dazu verpflichtet, die Weisungen der Holdinggesellschaft zu befolgen, wenn sie deren Mitwirkungsrechte ausübt[112].

III. FORMELLE RECHTSGRUNDLAGEN

1. Statuten und Reglemente der Holdinggesellschaft (Verweis)

Wie bereits erwähnt wurde, kommen die Holdingstatuten als Rechtsgrundlage einer Übertragung von vorbereitenden und ausführenden Konzernleitungsaufgaben an die Managementgesellschaft nicht in Frage[113]. Eine Aufgabenübertragung kann aber im Organisationsreglement nach OR 716b oder in einem anderen Reglement eines Geschäftsführungsorgans der Holding vorgenommen werden[114].

---

[109] Koordinationsrechte ergeben sich durch Übertragung von untergeordneten Weisungsrechten und/oder Beratungsrechten gegenüber mehreren abhängigen Konzerngesellschaften.

[110] Oben 92 f., § 6.A.IV.1.

[111] OR 689 II; dies gilt zumindest dann, wenn die Statuten nicht die Vertretung der Aktien durch einen Aktionär vorschreiben.

[112] OR 689b I.

[113] Oben 105, § 7.A.II.2.a.

[114] Oben 105 f., § 7.A.II.2.b.

2. Statuten der Managementgesellschaft

Der statutarische Gesellschaftszweck der Managementgesellschaft, Konzernleitungsaufgaben zugunsten der übrigen Konzerngesellschaften zu erbringen, berechtigt - der Wirkung der Statuten gemäss - weder die Holding- bzw. Konzerngesellschaften noch verpflichtet sie die Managementgesellschaft[115]. Die Holdinggesellschaft als Aktionärin der Managementgesellschaft oder die Konzerngesellschaft als Dritte können die Durchsetzung des Gesellschaftszweckes rechtlich nicht erzwingen[116]. Der Gesellschaftszweck entfaltet lediglich Wirkungen gegenüber den Organpersonen der Managementgesellschaft. Er induziert die Gesellschaftsinteressen, nach denen sie ihr Organhandeln auszurichten haben, und schränkt ihre Vertretungsmacht ein[117]. Die Statuten der Managementgesellschaft eignen sich daher nicht als Rechtsgrundlage für eine Übertragung von Konzernleitungsaufgaben der Holding auf die Managementgesellschaft.

3. Vertragliche Abmachungen

Grundsätzlich können vertragliche Abmachungen als Rechtsgrundlage für eine Kompetenzübertragung dienen[118]. Im folgenden wird untersucht, ob den Organpersonen der Holding die Vertretungsmacht zukommt, vorbereitende und ausführende Konzernleitungsaufgaben vertraglich auf die Managementgesellschaft zu übertragen.

a. Die Vertretungsmacht der Organpersonen zum Vertragsschluss mit der Managementgesellschaft

Regelmässig sind die Vorbereitungs- und Ausführungsaufgaben, welche der Managementgesellschaft übertragen werden, die selben, wie sie die Holdinggesellschaft im Rahmen eines Arbeitsvertrages an einzelne Personen übertragen könnte[119]. Dies gilt besonders für die Wahrnehmung von Planungsaufgaben auf dem gesamten Gebiet der Unternehmensorganisation und -führung. Die in OR 718a I geregelte **Vertretungsmacht** ermöglicht den vertretungsbefugten und zuständigen Personen der Holding daher ohne weiteres, die Managementgesellschaft zur Übernahme von untergeordneten Geschäftsführungsfunktionen zu verpflichten. Diese Massnahme liegt regelmässig im Interesse der Holdinggesellschaft und ist vom Holdingzweck gedeckt, da sie organisatorischen oder finanziellen Nutzen verspricht[120].

Die in der Praxis vorkommende **Doppelvertretung** durch Organpersonen der Management- und der Holdinggesellschaft ist aufgrund des Konzernverhältnisses **zulässig**. Zwar

---

115 Vgl. FORSTMOSER, Aktienrecht § 7 N 11 und 38 ff.; oben 84, § 5.B.
116 A.M. TAPPOLET 110 und FREY 185.
117 Vgl. FORSTMOSER, Aktienrecht § 3 N 28 ff.
118 Oben 106 ff., § 7.A.II.2.c.
119 Sie könnte die Aufgaben intern mittels Organisationsreglementen übertragen und mit den jeweiligen Funktionsträgern Einzelverträge abschliessen.
120 Vgl. HANDSCHIN 126.

ist nach der Praxis des Bundesgerichts auch bei organschaftlicher Stellvertretung und möglichem Interessenkonflikt die Doppelvertretung ohne Einwilligung/Genehmigung neben- oder übergeordneter Organe grundsätzlich ausgeschlossen[121]. Bei Verträgen zwischen konzernverbundenen Gesellschaften darf jedoch bei fehlender Benachteiligungsgefahr[122], bei bewusster Personalunion in den Leitungsgremien oder bei anderen speziellen Umständen von einer stillschweigenden Genehmigung der Doppelvertretung und daher von deren Zulässigkeit ausgegangen werden[123]. Bei konzerninternen Verträgen ist die Gefahr eines Interessenkonfliktes je geringer, desto mehr die Interessen der abhängigen Konzerngesellschaft durch die Konzerninteressen bestimmt werden[124]. Im vorliegenden Falle der unbeschränkten Ausrichtung der Gesellschaftsinteressen auf die Konzerninteressen ist eine Doppelvertretung daher zulässig[125].

Da die Kompetenzordnungen in den konzernverbundenen Gesellschaften grundsätzlich als bekannt gelten, sind Überschreitungen von internen Vertretungsbefugnissen regelmässig **nicht vom Gutglaubensschutz nach OR 718a II umfasst** und entfalten keine Vertretungswirkungen[126]. Nach der hier vertretenen Auffassung stellen neben kompetenzwidrigen auch sorgfalts- und treuepflichtwidrige Handlungen von Organvertretern eine Überschreitung ihrer Vertretungsbefugnisse dar[127]. Nicht von der Vertretungsbefugnis gedeckt ist eine vertragliche Kompetenzübertragung, die im Widerspruch zu den Kompetenzordnungen im Konzern steht oder einen solchen schafft[128].

---

121 Vgl. u.a. BGE 95 II 617 E.2.a.; 106 Ib 148; 98 II 219; SCHÄRRER 139 f. Dies bedeutet eine Beschränkung der in OR 718a I umschriebenen Vertretungsmacht, ZOBL 303.

Lehre und Rechtsprechung fassen das Selbstkontrahieren und die Doppelvertretung unter dem Begriff des "Insichgeschäfts" zusammen, vgl. dazu GRAF 72 ff; SCHÄRRER 139 ff. Zulässig ist die Doppelvertretung bei ausdrücklicher oder stillschweigender Ermächtigung des Vertreters durch die Gesellschaft, bei fehlender Übervorteilungsgefahr oder nachträglicher Genehmigung seitens eines über- oder nebengeordneten Organs, vgl. ZOBL 302 f. und 309 mit Anm. 100. Zur Frage welches Organ, die Generalversammlung, der Gesamtverwaltungsrat oder ein Verwaltungsratsmitglied als Genehmigungsinstanz anzusehen ist, vgl. ZOBL 309 ff.; WATTER 159 f. und 169 f.

122 Vgl. ZR 77 Nr. 44.

123 GRAF 74 f.; HANDSCHIN 118; SCHÄRRER 142 f.; WATTER 159. Das Verbot der Doppelvertretung soll nur den Interessen der Vertretenen, d.h. hier der Aktiengesellschaften, dienen. Diese Gesellschaftsinteressen werden im Aussenverhältnis ausschliesslich von den eigenverantwortlich handelnden Organpersonen gewahrt. Eine Verletzung dieser Interessen findet denn auch nach der Konzeption des Aktienrechtes ihre Wirkung in der Haftung dieser Organpersonen. Diese Haftung schliesst m.E. jedoch die zusätzliche Einschränkung der Vertretungsmacht von Organpersonen im Falle einer Interessenkollision nicht aus. Eine grundsätzliche Zulässigkeit der Doppelvertretung im Konzernverhältnis aus der aktienrechtlichen Verantwortlichkeit der Organpersonen zu folgern, kann nicht zutreffen; so jedoch GRAF 176 f. mit den in Anm. 214 zitierten Autoren.

124 Dem konzerninternen Vertrag fehlt im Gegensatz zum Vertrag zwischen unverbundenen Gesellschaften oftmals die Ausrichtung auf die Regelung eines Interessengegensatzes.

125 Vgl. GRAF 76 f.; HANDSCHIN 118. Da die Doppelvertretung nur im Interesse der Gesellschaft verboten ist, spielt die Gefährdung von Drittinteressen für deren ausnahmsweise Zulässigkeit keine Rolle, ZOBEL 312 f.

126 Oben 53, § 3.C.III.2.

127 Oben 52 f., § 3.C.III.1.

128 Vgl. EXNER 162.

b. Zur Gültigkeit des Vertrages

Mit einer vertraglichen Kompetenzübertragung an die Managementgesellschaft im zulässigen Rahmen verstossen die handelnden Organpersonen nicht gegen zwingende organisationsrechtliche Normen des Aktienrechts. Verletzt eine Organperson durch den Vertragsschluss ihre Treue-, Sorgfalts- oder Organisationspflichten, hindert dies - die Vertretungsmacht vorausgesetzt - die Vertragswirkung grundsätzlich nicht. Aktionäre, Gläubiger oder die Gesellschaft können sich für eine Schädigung nur an die handelnden Organpersonen halten und die Gültigkeit des Vertrages nicht in Frage stellen[129].

C. AUSWIRKUNGEN DER ÜBERTRAGUNG VON VORBEREITENDEN UND AUSFÜHRENDEN KONZERNLEITUNGSAUFGABEN AUF DIE MANAGEMENTGESELLSCHAFT

I. DIE INTEGRATION DER MANAGEMENTGESELLSCHAFT UND IHRER ORGANPERSONEN IN DIE VERWALTUNGSORGANISATION DER HOLDINGGESELLSCHAFT

Werden der **Managementgesellschaft** Vorbereitungs- und Ausführungsaufgaben reglementarisch oder vertraglich zugewiesen, wird sie derart als **Hilfs- oder Zusatzgremium** in der Verwaltungsorganisation der Holdinggesellschaft verankert. Sie besitzt dort einen **gesellschaftsinternen Kompetenzbereich**. Der Kompetenzbereich bestimmt im wesentlichen die Gesellschaftstätigkeit der Managementgesellschaft. Deren Tätigkeit besteht hauptsächlich darin, die bei der Holdinggesellschaft durch Arbeitsteilung anfallenden Konzernleitungsaufgaben zu übernehmen. Zusätzlich kann die Managementgesellschaft ergänzende Dienstleistungen erbringen und in den abhängigen Konzerngesellschaften z.B. spezifische Unternehmensberatung oder Personalschulung vornehmen.

Die Managementgesellschaft handelt durch ihre **Organpersonen**. Den Organpersonen stehen die einzelnen, der Gesellschaft übertragenen Konzernleitungsbefugnisse aufgrund ihrer Organstellung direkt zu. Durch die **interne Kompetenzordnung** werden die eigentlichen Inhaber der Kompetenzen konkretisiert. Die Kompetenzinhaber können - aufgrund der an sie übertragbaren untergeordneten Entscheidungsbefugnisse - regelmässig nicht als materielle Organpersonen der Holding angesehen werden, sondern höchstens als deren Hilfspersonen[130].

II. ZUR HAFTUNGSLAGE BEI DER INTEGRATION DER MANAGEMENTGESELLSCHAFT IN DIE VERWALTUNGSORGANISATION DER HOLDINGGESELLSCHAFT (HINWEIS)

Zur Haftungslage nach OR 754 ff. bei der Übertragung von Vorbereitungs- und Ausführungsaufgaben auf die Managementgesellschaft sei auf oben verwiesen[131].

---

129 FORSTMOSER, Aktienrecht § 7 N 179; HANDSCHIN 121 m.w.N.
130 Vgl. oben 111 f., § 7.A.II.5.b.
131 Oben 110 f., § 7.A.II.5.a.

Dann ist darauf hinzuweisen, dass die Managementgesellschaft der Holdinggesellschaft nach ZGB 55 und OR 101 für Vertragsverletzungen durch ihre Organ- und Hilfspersonen haftet.

D. ZUSAMMENFASSUNG

Organpersonen der Holdinggesellschaft sind aufgrund ihrer Organisationsverantwortung berechtigt und allenfalls dazu verpflichtet, vorbereitende und ausführende Verwaltungs- und Geschäftsführungsaufgaben auf die Managementgesellschaft zu übertragen. Eine Übertragung erfordert keine statutarische Grundlage und kennt nahezu keine materiellen Schranken.

Bei rechtmässiger Übertragung von Vorbereitungs- und Ausführungsaufgaben auf die Managementgesellschaft haften die Organpersonen der Holdinggesellschaft für die sorgfältige Auswahl, Instruktion und Überwachung der Managementgesellschaft und ihrer Organpersonen. Die Holdinggesellschaft hat insbesondere dafür zu sorgen, dass:

- die Managementgesellschaft über eine genügende Organisation verfügt, um die ihr übertragenen Aufgaben bewältigen zu können,
- die Kompetenzordnungen beider Gesellschaften aufeinander abgestimmt werden und
- die Tätigkeit der Managementgesellschaft sorgfältig überwacht wird.

Die Managementgesellschaft kann in Reglementen der Holdinggesellschaft und in Verträgen zwischen beiden Gesellschaften in die Holdingorganisation integriert werden. Sie wird dadurch zum Funktionsträger in der Holdinggesellschaft und besitzt dort einen gesellschaftsinternen Kompetenzkreis. Die Kompetenzen können vorbereitende und ausführende Konzernleitungsfunktionen betreffen. Folglich kann die Managementgesellschaft mit diesen Funktionen in die Konzernleitungsorganisation integriert werden.

Die Übertragung von Vorbereitungs- und Ausführungsaufgaben ermöglicht der Managementgesellschaft keine konzernleitende Tätigkeit. Ihr kann nur die Befugnis übertragen werden, den Konzerngesellschaften untergeordnete Weisungen zu erteilen. Die Managementgesellschaft kann damit u.a. zur Informationsbeschaffung, -sichtung und -bewertung in den Konzerngesellschaften eingesetzt werden. Auch mit Aufgaben der unternehmerischen und gesellschaftsrechtlichen Kontrolle von Konzerngesellschaften kann sie betraut werden.

Ob die Stellung der Managementgesellschaft in der Konzernleitungsorganisation dadurch verstärkt werden kann, dass die Konzerngesellschaften ihr übereinstimmende Einflussrechte auf ihre Verwaltung und Geschäftsführung gewähren, wird im folgenden untersucht.

3. TEIL: DIE ÜBERTRAGUNG VON KONZERNLEITUNGSKOMPETENZEN AUF DIE MANAGEMENTGESELLSCHAFT DURCH DIE ABHÄNGIGEN KONZERNGESELLSCHAFTEN

Die Zusammenarbeit der Holding- mit der Managementgesellschaft in der Konzernleitungsorganisation hängt davon ab, inwieweit der Managementgesellschaft Konzernleitungskompetenzen von der Holding oder den abhängigen Konzerngesellschaften eingeräumt werden können[1]. Dieser Teil handelt von der Übertragung von Konzernleitungskompetenzen auf die Managementgesellschaft durch die Konzerngesellschaften.

In § 8 soll festgestellt werden, welche Konzernleitungskompetenzen die Konzerngesellschaften der Managementgesellschaft zuhalten können, wenn sie dieser Einflussrechte auf ihre Gesellschaftstätigkeit gewähren oder Entscheidungsbefugnisse übertragen.

In § 9 wird danach gefragt, welche Konzernleitungskompetenzen der Managementgesellschaft dadurch eingeräumt werden können, dass die Holdinggesellschaft die Konzerngesellschaften anweist, der Managementgesellschaft Einflussrechte zu gewähren oder Entscheidungsbefugnisse zu übertragen.

Besonders interessiert, ob die Managementgesellschaft mit solchen Konzernleitungsbefugnissen betraut werden darf, die es ihr erlauben, selbständig konzernleitend tätig zu sein. Auch auf die Haftung für konzernleitende Tätigkeit der Managementgesellschaft wird hingewiesen.

§ 8 DIE ÜBERTRAGUNG VON KONZERNLEITUNGSKOMPETENZEN DURCH DIE ABHÄNGIGEN KONZERNGESELLSCHAFTEN

Dieser Paragraph behandelt zuerst die Frage, ob die Konzerngesellschaften der Managementgesellschaft solche Weisungsbefugnisse einräumen können, welche eine selbständige Konzernleitungstätigkeit erlauben. Danach wird untersucht, welche Verwaltungs- und Geschäftsführungsaufgaben auf die Managementgesellschaft übertragen werden dürfen. Schliesslich werden die übertragbaren Konzernleitungskompetenzen aufgezeigt.

Zur Beantwortung der gestellten Fragen sind zwei Aspekte zu beachten: Erstens ist daran zu erinnern, dass die Konzerngesellschaften der Managementgesellschaft, die keine Aktionärin der Konzerngesellschaften ist, nur beschränkt Weisungsrechte bezüglich ihrer Gesellschaftstätigkeit einräumen dürfen[2]. Zweitens gelten für die Konzerngesellschaften grundsätzlich dieselben Regeln wie für die Holdinggesellschaft, wenn sie Verwaltungs-

---

1 Vgl. oben 75, § 4.A.III.
2 Oben 72 f., § 4.A.II.

und Geschäftsführungsaufgaben auf die Managementgesellschaften statutarisch übertragen, an diese delegieren oder dieser zur Vorbereitung oder Ausführung zuweisen wollen[3]. Es wird daher öfters auf die Feststellungen verwiesen werden können, die für die Kompetenzübertragungen durch die Holdinggesellschaft gemacht wurden.

A. Keine Übertragung von Weisungsbefugnissen auf die Managementgesellschaft

Die Managementgesellschaft kann nur konzernleitend tätig sein, wenn sie direkt oder indirekt Verwaltungs- und Geschäftsführungsentscheide in den abhängigen Konzerngesellschaften treffen darf[4]. Dann kann sie selbständig die Konzerninteressen durchsetzen, die einheitliche Planung in den Konzerngesellschaften verwirklichen und deren Geschäftstätigkeit koordinieren. Im folgenden wird davon ausgegangen, dass die Managementgesellschaft selbständige Verwaltungs- und Geschäftsführungsbefugnisse in den abhängigen Konzerngesellschaften mehrheitlich indirekt, mittels Weisungen wahrnimmt. Es soll daher untersucht werden, ob solche Weisungsbefugnisse auf die Managementgesellschaft übertragen werden können, welche ihr eine konzernleitende Tätigkeit erlauben.

Wie bereits erwähnt wurde, können die Konzerngesellschaften der Managementgesellschaft keine massgeblichen Weisungsrechte bezüglich ihrer Gesellschaftstätigkeit einräumen[5]: Die Managementgesellschaft besitzt keine Stimmenmacht aus einer Kapitalbeteiligung an den Konzerngesellschaften. Die Organpersonen der Konzerngesellschaften dürfen sich nicht zu einer Vertretung der Interessen der Managementgesellschaft verpflichten. In einer vertraglichen Vereinbarung mit der Konzerngesellschaft kann sich die Managementgesellschaft keine massgeblichen Weisungsrechte versprechen lassen. Regelmässig besitzt die Managementgesellschaft auch kein statutarisches Recht zur Weisungserteilung.

Die untergeordneten Weisungsbefugnisse, welche der Managementgesellschaft eingeräumt werden können, folgen aus einer einheitlichen Übertragung von Verwaltungs- und Geschäftsführungsaufgaben auf die Managementgesellschaft seitens der Konzerngesellschaften. Darauf ist im folgenden einzugehen:

B. Die Übertragung von Verwaltungs- und Geschäftsführungskompetenzen auf die Managementgesellschaft

Die Konzerngesellschaften dürfen Verwaltungs- und Geschäftsführungsaufgaben auf die Managementgesellschaft statutarisch übertragen, an diese delegieren oder dieser zur Vorbereitung und Ausführung zuweisen. Im einzelnen können der Managementgesellschaft die selben Einflussmöglichkeiten auf die Verwaltung und Geschäftsführung in den Kon-

---

3 Vgl. dazu oben §§ 5,6 und 7.
4 Vgl. oben 43, § 3.A.IV.
5 Vgl. zum folgenden oben 72 ff., § 4.A.II.

zerngesellschaften eingeräumt werden, wie sie ihr von der Holdinggesellschaft übertragen werden dürfen. Auf die diesbezüglich gemachten Feststellungen kann daher Bezug genommen werden[6].

Zunächst ist jedoch festzuhalten, dass mit einer Kompetenzübertragung nie massgebliche Weisungsbefugnisse an die Managementgesellschaft übertragen werden können, die ihr eine konzernleitende Tätigkeit erlauben:

I. KEINE WEISUNGSBEFUGNISSE AUFGRUND EINER KOMPETENZÜBERTRAGUNG

Nicht zu verwechseln ist die Kompetenzübertragung auf die Managementgesellschaft mit der Einräumung eines Weisungsrechts bezüglich der Geschäftsführung auf Dritte. Dem Verwaltungsrat der kompetenzübertragenden Gesellschaft verbleibt stets die Oberleitung mit dem Recht auf den letzten Entscheid[7]. Der Managementgesellschaft können zudem keine massgeblichen, sondern nur untergeordnete Geschäftsführungsentscheide übertragen werden[8]. Die Konzerngesellschaften behalten bei einer Kompetenzübertragung die massgeblichen Entscheidungsbefugnisse bezüglich der internen körperschaftlichen Willensbildung und -durchsetzung in dem von der Übertragung betroffenen Aufgabenbereich; so den Entscheid über die Annahme und die Verwendung des Resultats der Aufgabenerfüllung der Managementgesellschaft für die Gesellschaft. Mit einer Kompetenzübertragung können der Managementgesellschaft daher keine Weisungsbefugnisse eingeräumt werden, die es ihr erlauben würden, selbständig konzernleitend tätig zu sein.

II. ÜBERTRAGBARE VERWALTUNGS- UND GESCHÄFTSFÜHRUNGSKOMPETENZEN

Es wurde bereits für die Holdinggesellschaft beschrieben, welche Verwaltungs- und Geschäftsführungskompetenzen sie der Managementgesellschaft zuweisen darf[9]. Grundsätzlich können die einzelnen Konzerngesellschaften dieselben Kompetenzen übertragen. Dazu kann folgendes zusammengefasst werden:

1. In den **Statuten** der Konzerngesellschaft dürfen der Managementgesellschaft Teilnahmebefugnisse in der Generalversammlung[10] und an Sitzungen von Verwaltungsrat und Geschäftsführung eingeräumt werden[11]. Auch die Zuweisung von Befugnissen zur Abgabe von Stellungnahmen und Ratschlägen an Verwaltungsorgane ist zulässig. Wenn die Geschäftsführung nicht delegiert wird, darf allenfalls auch die Kontrolle der Geschäftsführung des Verwaltungsrats in den Statuten verankert werden[12]. Folglich ist es möglich, der Managementgesellschaft statutarisch beratende und kontrollierende Funktionen einzuräumen, jedoch keine Entscheidungsfunktionen.

---

6 Oben §§ 5 bis 7.
7 A. von PLANTA 19; BÜRGI OR 717 N 23.
8 Oben 98, § 6.C.I.
9 Oben 98 f., § 6.C. und 112 ff., § 7.B.
10 Vgl. dazu MAUTE 29 und oben 30 und 32, § 2.B.III.3.
11 Vgl. oben 81, § 5.A.II.2.
12 Oben 78 f., § 5.A.I.; vgl. jedoch die dort erwähnten Einschränkungen.

2. Durch eine **Kompetenzübertragung** dürfen der Managementgesellschaft untergeordnete Verwaltungs- und Geschäftsführungsaufgaben zugewiesen werden sowie die Vorbereitung und Ausführung von Organentscheiden. Mit einer solchen Aufgabenübertragung können Teilnahme-, Auskunfts-, und Antragsbefugnisse verbunden werden. Auch untergeordnete Entscheidungsbefugnisse sind übertragbar. Ebenso kann die Managementgesellschaft damit betraut werden, Ausführungshandlungen, welche keinen entscheidenden Ermessensspielraum offenlassen, im Namen der Konzerngesellschaft vorzunehmen.

Mit einer Kompetenzübertragung kann die Managementgesellschaft an Beschaffung, Sichtung und Bewertung von **Planungsgrundlagen** in den Konzerngesellschaften teilnehmen. Sie darf dort untergeordnete Entscheidungen hinsichtlich der Organisation von Rechnungswesen, Datenverarbeitung, Unternehmenskontrolle und Personaleinsatz treffen. Im Namen der Konzerngesellschaft darf sie Ausführungshandlungen auf dem Gebiet des **Konzerninformationswesens** selbständig vornehmen oder etwa Sachaufgaben an externe Hilfspersonen zur Erledigung übergeben.

3. Auf die **Konzernleitungskompetenzen**, die der Managementgesellschaft durch konzernweite, übereinstimmende Kompetenzübertragungen eingeräumt werden können, wird im folgenden eingegangen.

C. ÜBERTRAGBARE KONZERNLEITUNGSKOMPETENZEN

Bei einer Kompetenzübertragung bestimmt der Verwaltungsrat der Konzerngesellschaft weiterhin gemäss dem Gesellschaftsinteresse über die Gesellschaftspolitik und laufende Geschäftsführung. Er arbeitet mittels der Kompetenzübertragung mit der Organisation der Managementgesellschaft zusammen. Diese hat ihre Aufgaben grundsätzlich im **Interesse der Konzerngesellschaft** zu erfüllen. Der Verwaltungsrat ist zuständig, die Managementgesellschaft in das eigene Planungs-, Entscheidungs- und Informations-, kurz in das Kompetenzsystem einzugliedern[13]. Auch hat er darüber zu entscheiden, ob die Aufgabenerfüllung der Managementgesellschaft im Gesellschaftsinteresse liegt und in der Gesellschaft umgesetzt werden soll. Folglich können der Managementgesellschaft solche Konzernleitungsaufgaben übertragen werden, die nicht im Konzerninteresse zu erfüllen sind und damit nicht der einheitlichen Leitung unterliegen. Dazu gehören Beratungs- und Koordinationsaufgaben, nicht jedoch massgebliche Weisungsfunktionen:

I. BERATUNGSKOMPETENZEN

Durch eine **konzernweite Übertragung** der oben beschriebenen **Planungs- und Informationsaufgaben** an die Managementgesellschaft, kann diese die Beratungsfunktion im Konzern ausüben[14]: Bei der Beratung der Konzerngesellschaften entscheiden die Gesellschaften über Art, Umfang und Inhalt der Beratungstätigkeit[15]. Die Beratung kann z.B.

---

13 Vgl. zu den entsprechenden Sorgfaltspflichten oben 112 ff., § 7.B.I.
14 Vgl. zur Beratungsfunktion oben 41, § 3.A.II.3.b.
15 Vgl. dazu 41, § 3.A.II.3.b.

die gesamte Unternehmensplanung betreffen oder einzelne Geschäfte, Märkte, Produkte oder Spezialaufgaben zum Inhalt haben. Im Konzern erlaubt die Zusammenfassung der Beratungsfunktion eine Reduktion von Stäben und Spezialisten in den Konzerngesellschaften. Die Konzerngesellschaften tragen die Kostenverantwortung für beanspruchte Dienste, und die Funktion kann kostenoptimal im Konzern ausgeübt werden.

II. KOORDINATIONSKOMPETENZEN

Die Koordination von Konzerngesellschaften liegt nicht nur im Interesse des Konzerns[16]. Auch für die einzelnen Konzerngesellschaften kann eine Koordination ihrer Gesellschaftstätigkeiten und -bereiche von Vorteil sein. Durch eine Zentralisation von **Planungs-, Informations- sowie Kontrollaufgaben** und entsprechenden untergeordneten, **organisatorischen Weisungsrechten** bei der Managementgesellschaft kann diese gewisse Koordinationsfunktionen im Konzern wahrnehmen.

III. KEINE MASSGEBLICHEN WEISUNGSKOMPETENZEN

Weisungen dienen zur Durchsetzung der Konzerninteressen. Bei einer konzernweiten Übertragung übereinstimmender Verwaltungs- und Geschäftsführungsaufgaben aller abhängigen Konzerngesellschaften auf die Managementgesellschaft, darf diese bei der Aufgabenerfüllung die Konzerninteressen nicht bevorzugen. Auch massgebliche Entscheidungsbefugnisse dürfen ihr nicht übertragen werden. Die Managementgesellschaft kann daher die Weisungsfunktion im Konzern nicht durch die oben beschriebenen Kompetenzübertragungen wahrnehmen.

D. FAZIT

Durch eine konzernweite, einheitliche Kompetenzübertragung seitens aller Konzerngesellschaften auf die Managementgesellschaft können dieser keine massgeblichen Konzernleitungskompetenzen eingeräumt werden. Hingegen ist es möglich, so Geschäftsbereiche zu zentralisieren, welche nicht der einheitlichen Leitung zu unterstehen haben. Dazu gehören z.B. die aus Kostengründen vergemeinschafteten Funktionen, die im Interesse der Konzerngesellschaften nach deren Instruktionen erfüllt werden. Durch eine derartige Zentralisation kann die Managementgesellschaft Beratungs- und Koordinationsfunktionen im Konzern wahrnehmen. Will die Managementgesellschaft jedoch bei der Beratung oder Koordination der Konzerngesellschaften die Konzerninteressen berücksichtigen, ist sie auf Konzernleitungshandlungen der Holding in den Konzerngesellschaften angewiesen. Ob und wie die Stellung der Managementgesellschaft in der Konzernleitungsorganisation durch eine Einflussnahme der Holding auf die Konzerngesellschaften verstärkt werden kann, wird im folgenden Paragraphen behandelt.

---

16 Vgl. zur Koordinationsfunktion im Konzern oben 41, § 3.A.II.3.c.

§ 9 DIE ÜBERTRAGUNG VON KONZERNLEITUNGSKOMPETENZEN DURCH DIE ABHÄNGIGEN KONZERNGESELLSCHAFTEN AUF WEISUNG DER HOLDINGGESELLSCHAFT INSBESONDERE

Dieser Paragraph soll die Frage beantworten, ob der Managementgesellschaft Konzernleitungskompetenzen dadurch übertragen werden können, dass die Holdinggesellschaft die Konzerngesellschaften anweist, der Managementgesellschaft selbständige Entscheidungsbefugnisse in Gesellschaftsangelegenheiten einzuräumen. Dieses Zusammenwirken von Holding- und Konzerngesellschaften soll im folgenden als Zentralisation bezeichnet werden.

Zuerst wird ebenso wie in § 8 untersucht, ob der Managementgesellschaft durch eine Zentralisation von selbständigen Entscheidungsbefugnissen solche Weisungsrechte eingeräumt werden können, die ihr eine konzernleitende Tätigkeit erlauben.

Danach soll kurz aufgezeigt werden, welche Konzernleitungskompetenzen bei der Managementgesellschaft konkret zentralisiert werden dürfen oder faktisch zentralisiert werden könnten.

Schliesslich ist auf die Haftungslage bei der Zentralisation von Konzernleitungsaufgaben bei der Managementgesellschaft hinzuweisen.

A. KEINE ZENTRALISATION VON WEISUNGSBEFUGNISSEN BEI DER MANAGEMENTGESELLSCHAFT

In diesem Abschnitt wird gezeigt, dass bei der Managementgesellschaft keine Weisungsbefugnisse zentralisiert werden können, die ihr eine konzernleitende Tätigkeit erlauben.

I. DIE GRUNDLAGEN EINER ZENTRALISATION

Sowohl die Holding- wie auch die Konzerngesellschaften können Verwaltungs- und Geschäftsführungsaufgaben auf die Managementgesellschaft statutarisch übertragen, an diese delegieren oder dieser zur Vorbereitung und Ausführung zuweisen. Soweit der Managementgesellschaft übereinstimmende Aufgabenbereiche zugewiesen werden, kann sie Konzernleitungsaufgaben konzernweit ausüben[1].

Die Holdinggesellschaft ist aufgrund ihrer **Beherrschungsmöglichkeiten** in der Lage, Art und Umfang der Zentralisation bei der Managementgesellschaft zu bestimmen. Dazu folgendes:

---

1 Oben 127, § 8.D.

Die Holdinggesellschaft darf den abhängigen Konzerngesellschaften auf **statutarischer** Basis die Beschränkung oder Erweiterung des Unternehmensgegenstandes sowie die Übertragung von Unternehmensbereichen oder Teilen davon auf Dritte, insbesondere Managementgesellschaften, vorschreiben[2].

Die Konzerngesellschaft darf sich - im Rahmen des statutarischen Gesellschaftszweckes - gegenüber der Holdinggesellschaft **vertraglich** verpflichten, Unternehmenstätigkeiten oder Vorbereitungs- und Ausführungsaufgaben auf die Managementgesellschaft zu übertragen[3].

Der Konzerngesellschaft kann grundsätzlich mittels **Weisung**[4] befohlen werden, eine (zulässige) Kompetenzübertragung auf die Managementgesellschaft vorzunehmen, solange die Weisung rechtmässig ist[5].

Trotz der weitgehenden Beherrschungsmöglichkeiten der Holdinggesellschaft im Konzern kann sie - wie im folgenden gezeigt wird - **keine Weisungsbefugnisse** bei der Managementgesellschaft zentralisieren:

II. KEINE ZENTRALISATION VON WEISUNGSBEFUGNISSEN BEI DER MANAGEMENTGESELLSCHAFT

1. Keine Interessenvertretungspflicht der Organpersonen der Konzerngesellschaften

Statutenbestimmungen, vertragliche Abmachungen und Konzernweisungen müssen den Organpersonen der abhängigen Konzerngesellschaften die sorgfältige Wahrnehmung ihrer zwingenden Organpflichten ermöglichen[6]. Wie bereits erwähnt, dürfen die Organpersonen der Konzerngesellschaften wegen ihrer zwingenden Organpflichten der Managementgesellschaft nicht versprechen, deren Interessen zu vertreten[7]. Dazu können sie folglich auch nicht von der Holdinggesellschaft statutarisch oder vertraglich verpflichtet werden. Unzulässig ist deshalb auch eine Holdingweisung an die Konzerngesellschaften, Instruktionen der Managementgesellschaft pauschal als Ausdruck der Konzerninteressen aufzufassen und zu befolgen.

---

2 Oben 83 f., § 5.B.; vgl. jedoch die dort erwähnten Einschränkungen.

3 Insoweit sie diese Verpflichtung mit der Managementgesellschaft selber eingehen kann, kann sie sich zu deren Gunsten auch der Holdinggesellschaft gegenüber verpflichten, vgl. oben 125 f., § 8.B.II. und 112 ff., § 7.B. sinngemäss.

4 Zu den Voraussetzungen für gültige Weisungen oben 54 ff., § 3.C.IV.1.

5 Vgl. zu den Schranken einer Konzernweisung oben 54 ff., § 3.C.IV.1. und 2.

6 Vgl. OR 716a I und OR 717.

7 Oben 73, § 4.A.II.2.

2. Keine Weisungsbefolgungspflicht der Organpersonen der Konzerngesellschaften aufgrund einer Holdingweisung

Befolgt die Konzerngesellschaft auf die Instruktion der Holdinggesellschaft hin eine **nachteilige Weisung** der Managementgesellschaft, ist den Verantwortlichkeitsansprüchen der Holdinggesellschaft für den bei der Konzerngesellschaft entstandenen Nachteil der Boden entzogen[8]. Es liesse sich daher argumentieren, dass die Organpersonen der Konzerngesellschaften die Weisung der Managementgesellschaft befolgen dürfen, solange sie die Interessen von Minderheitsaktionären und Gläubigern wahren können und die Rechtsordnung einhalten[9].

Doch die Holdingweisung ist **unrechtmässig**, da sie der Managementgesellschaft entgegen OR 707 III selbständige Entscheidungsbefugnisse der Holdinggesellschaft einräumt und zusätzlich die Organpersonen der Holdinggesellschaft mit ihren Konzernleitungssorgfaltspflichten in Konflikt geraten lässt[10]. Denn die Überlagerung von deren Organkompetenzen mit Weisungs-, d.h. Vertretungsbefugnissen der Managementgesellschaft kann zu erheblichen organisatorischen Problemen führen. Als unrechtmässige Weisung ist sie m.E. von den Organpersonen der abhängigen Konzerngesellschaften aufgrund ihrer Sorgfaltspflichten nicht zu beachten[11].

Die Schranken für eine Bevollmächtigung der Managementgesellschaft dürfen auch nicht dadurch **umgangen** werden, dass die Holdinggesellschaft deren vollmachtloses Vertretungshandeln regelmässig nachträglich, d.h. nach Weisungsbefolgung durch die abhängige Konzerngesellschaft, genehmigt[12].

Aufgrund der soeben angestellten Überlegungen ist auch ein **Weisungsvertrag** der Holdinggesellschaft mit vollständig beherrschten Konzerngesellschaften zugunsten der

---

[8] Oben 63 f., § 3.E.I.2.a.
[9] Dazu oben 54 f., § 3.C.IV.1. und 64, § 3.E.I.2.b.
[10] Oben 92, § 6.A.IV.1.
[11] Vgl. EXNER 162.
[12] Vgl. EMMERICH/SONNENSCHEIN 157; KOPPENSTEINER § 308 Anm. 16; zu den Schranken der Bevollmächtigung oben 92, § 6.A.IV.1. und 117, § 7.B.II.2.

Aus dem Konzerntatbestand allein darf nicht auf eine Vollmacht einer Konzerngesellschaft geschlossen werden, im Namen einer anderen, sei dies die Mutter-, Tochter- oder Schwestergesellschaft, rechtsgeschäftlich tätig zu werden. Dies gilt auch für Gesellschaften, die Funktionen oder Tätigkeiten konzernweit ausüben. Ob die Managementgesellschaft bzw. die für sie handelnden Organ- oder Hilfspersonen im Namen der Holdinggesellschaft Konzernleitungsbefugnisse wahrnehmen können, gründet somit einzig auf deren Bevollmächtigung nach OR 32 ff., vgl. BOSMAN 89 f.; HANDSCHIN 225 und 229.

Bezüglich des Gutglaubensschutzes nach ZGB 3, der in den Fällen der vollmachtlosen Vertretung auch zur Vertretungswirkung führt, ist zusätzlich zu beachten, dass die Kundgabe einer externen Vollmacht vom zur Regelung der Vertretung zuständigen Organ der Holdinggesellschaft auszugehen hat; vgl. zum Begriff der Anscheinsvollmacht BGE 107 II 115; GAUCH/SCHLUEP N 1412; HANDSCHIN 225 ff.

Managementgesellschaft **unrechtmässig**, wenn der Managementgesellschaft so selbständige Geschäftsführungsbefugnisse der Holding eingeräumt werden sollen.

Folglich können keine Weisungsbefugnisse bei der Managementgesellschaft zentralisiert werden, die der Managementgesellschaft eine konzernleitende Tätigkeit erlauben würden.

B. DIE ZENTRALISATION VON BERATUNGS- UND KOORDINATIONSAUFGABEN BEI DER MANAGEMENTGESELLSCHAFT

In diesem Abschnitt wird gezeigt, wie die Holdinggesellschaft durch ihrer Beherrschungsmöglichkeiten die Beratungs- und Koordinationsfunktion der Managementgesellschaft verstärken kann.

I. DIE GRUNDLAGEN DER ZENTRALISATION VON BERATUNGS- UND KOORDINATIONSKOMPETENZEN

Wie bereits gezeigt wurde, kann die Managementgesellschaft durch eine **konzernweite Übertragung übereinstimmender Aufgabenbereiche** gerade auf dem Gebiet der konzerninternen Beratung und Koordination gewisse Konzernleitungsfunktionen übernehmen[13]:

Die **Beratungsfunktion** kann sie erfüllen, indem ihr etwa das Recht zur Teilnahme und zur Mitwirkung an Verwaltungsrats- und Geschäftsleitungssitzungen in der Holding und den Konzerngesellschaften eingeräumt wird[14].

Die **Koordinationsfunktion** kann ihr dadurch zukommen, dass ihr zum einen Teilnahme- und Mitwirkungsrechte in der Holding und den Konzerngesellschaften gewährt werden und sie zum anderen dort auch die Befugnis erhält, Ausführungshandlungen konzernweit selbständig vorzunehmen[15].

Die Managementgesellschaft kann jedoch auch bei konzernweiter Kompetenzübertragung - wegen ihrer beschränkten Einflussmöglichkeiten auf die interne Willensbildung der Konzerngesellschaften - die Konzerninteressen nicht selbständig durchsetzen. Dafür ist sie auf die Einflussnahme der Holdinggesellschaft in den Konzerngesellschaften angewiesen. Wie die Managementgesellschaft in Zusammenarbeit mit der Holding die Konzerninteressen durchsetzen kann, wird sogleich beschrieben:

---

13 Oben 126 f., § 8.C.
14 Vgl. oben 126 f., § 8.C.I.und D.
15 Vgl. oben 127, § 8.C.II.

II. DIE DURCHSETZUNG DES KONZERNINTERESSES BEI DER BERATUNG UND KOORDINATION DER KONZERNGESELLSCHAFTEN

1. Durch Holdingweisung

Es bedarf einer Weisung der Holdinggesellschaft, die einer **Genehmigung der Aufgabenerfüllung der Managementgesellschaft** gleichkommt, damit die Managementgesellschaft ihre Funktion im Konzerninteresse ausüben kann: Die Holdinggesellschaft weist ihre Vertreter in den abhängigen Konzerngesellschaften an, Entscheidungen der Managementgesellschaft als Ausdruck des Holdinginteresses entgegenzunehmen und ihre interne Willensbildung und -durchsetzung so weit rechtens danach zu richten[16].

2. Durch Doppelorgane der Holding

Die genehmigende Weisung der Holdinggesellschaft wird typischerweise von einem Doppelorgan erteilt, das in der Holding und in der Managementgesellschaft eine Organstellung einnimmt. Nimmt das Doppelorgan auch Organstellung in den betroffenen abhängigen Konzerngesellschaften ein - wie in einer dezentralen Konzernstruktur mit Sparten- oder Bereichsorganisation üblich -, entfällt oftmals eine formelle Weisung, da es in der Konzerngesellschaft direkt konzernleitenden Einfluss nehmen kann.

3. Fazit

Die Aufgabenerfüllung der Managementgesellschaft, welche die konzernweite Beratung oder Koordination der Konzerngesellschaften betrifft, kann v.a. von Doppelorganen direkt im Konzerninteresse durchgesetzt werden. Doppelorgane stellen auch das Funktionieren der Managementgesellschaft im Interesse der Holdinggesellschaft sicher. **Die Managementgesellschaft kann folglich über Zentralisation und personelle Verflechtung mit beratenden und koordinierenden Funktionen in die Konzernleitungsorganisation integriert werden.**

Die personelle Verflechtung im Konzern ermöglicht es aber auch, Konzernleitungsbefugnisse rein faktisch bei der Managementgesellschaft zu zentralisieren. Dazu ist im folgenden kurz einzugehen.

C. DIE FAKTISCHE ZENTRALISATION VON KONZERNLEITUNGSKOMPETENZEN BEI DER MANAGEMENTGESELLSCHAFT

Die Holdinggesellschaft kann der Managementgesellschaft Einflussmöglichkeiten auf die

---

16 Damit wird die Weisung der Managementgesellschaft zur Holdingweisung.

Verwaltung und Geschäftsführung der Konzerngesellschaft nur faktisch einräumen. Dies ist der Fall wenn:

- Doppelorgane von Holding und Konzerngesellschaft den konzernleitenden Weisungen der Managementgesellschaft regelmässig Folge leisten.

- Organpersonen der Konzerngesellschaft Weisungen der Managementgesellschaft befolgen, wobei deren Verhalten von der Holdinggesellschaft geduldet wird.

- Organpersonen der Managementgesellschaft als Verwaltungsratsmitglieder der Konzerngesellschaften bestellt werden, um dort unmittelbar Einfluss auf die Verwaltung und Geschäftsführung zu nehmen. Obwohl sie als Verwaltungsratsmitglieder in erster Linie ihre Organpflichten den Konzerngesellschaften gegenüber zu wahren haben, können sie faktisch den Konzerninteressen Nachdruck verschaffen.

- der Managementgesellschaft die Festlegung der Konzerngeschäftspolitik überlassen wird und die Holdinggesellschaft die notwendigen Geschäftsführungshandlungen zur Durchsetzung der Geschäftspolitik bei den Konzerngesellschaften übernimmt[17].

Die rechtmässige oder faktische Zentralisation von Konzernleitungskompetenzen bei der Managementgesellschaft bringt eine Haftung der Managementgesellschaft, ihrer Organpersonen sowie allenfalls der Holdinggesellschaft für die Beeinflussung der abhängigen Konzerngesellschaften mit sich. Darauf soll im folgenden kurz eingegangen werden.

D. ZU DEN BESONDERHEITEN DER HAFTUNG IM KONZERN BEI DER ZENTRALISATION VON KONZERNLEITUNGSKOMPETENZEN IN DER MANAGEMENTGESELLSCHAFT

Die Haftungsgrundsätze für Konzernleitungstätigkeit wurden oben schon behandelt[18]. Auch die Managementgesellschaft und ihre Funktionäre haften bei der Ausübung von Konzernaufgaben nach diesen Grundsätzen. In diesem Abschnitt wird daher nur auf die besondere Haftungslage verwiesen, die durch eine Zentralisation von Konzernleitungsaufgaben bei der Managementgesellschaft entsteht.

---

17 So kann die Holdinggesellschaft beispielsweise ihre Aktionärsrechte nach dem Antrag der Managementgesellschaft ausüben und ihre Vertreter im Verwaltungsrat der Konzerngesellschaften in derem Sinne instruieren.

18 Oben 61 ff., § 3.E.

I. ZUR HAFTUNG DER MANAGEMENTGESELLSCHAFT UND IHRER ORGANPERSONEN IN DER KONZERNGESELLSCHAFT

1. Unbestritten ist die **aktienrechtliche Verantwortlichkeit** derjenigen **Funktionäre** der Managementgesellschaft, die aufgrund ihrer Tätigkeit in der abhängigen Konzerngesellschaft dort materielle Organstellung einnehmen[19].

2. Nimmt die **Managementgesellschaft** über ihre Funktionäre direkt oder indirekt massgeblich an der Willensbildung der abhängigen Konzerngesellschaften teil und übt sie korporative Aufgaben selbständig aus, kann ihr dort materielle Organstellung zukommen. Die Managementgesellschaft kann dann für Sorgfaltspflichtsverletzungen ihrer Funktionäre bei materiellem Organhandeln nach OR 754 ff. verantwortlich werden und für unerlaubte Handlungen ihre Organpersonen der Haftung nach ZGB 55 II unterliegen[20].

3. Besonders zu beachten ist, dass die Holdinggesellschaft eine mittelbare Schädigung gegenüber dem verantwortlichen Funktionär der Managementgesellschaft allenfalls nicht geltend machen kann, wenn sie dem Entscheid des Funktionärs zugestimmt hat[21]:

Eine **Zustimmung** ist anzunehmen, wenn eine Weisung der Holdinggesellschaft an die Konzerngesellschaft vorliegt, die Verwaltungs- und Geschäftsführungsaufgaben nach dem Entscheid des Funktionärs der Managementgesellschaft zu richten[22].

Ebenso kann im Einzelfall eine Einwilligung durch **konkludentes Verhalten** denkbar sein: So, wenn eine formelle Organperson der Holdinggesellschaft in der abhängigen Konzerngesellschaft eine Organstellung einnimmt und dort die materielle Organtätigkeit des Funktionärs der Managementgesellschaft duldet. Sofern nämlich die Tätigkeit des Doppelorgans als "Ausübung geschäftlicher Verrichtung" für die Holdinggesellschaft verstanden wird, was im zentralisierten Unternehmensbereich anzunehmen ist[23], wird der Holdinggesellschaft die Duldung nach ZGB 55 II als Einwilligung zugerechnet werden müssen[24].

---

19 Oben 62 f., § 3.E.I.1.
20 Oben 64 f., § 3.E.I.3. und, 66, § 3.E.II.2.a.
21 Vgl. oben 64, § 3.E.I.2.a.
22 Dies gilt sicherlich für Genehmigungen im Einzelfall. Das muss aber auch für pauschale Weisungen gelten. Obwohl Organpersonen der abhängigen Konzerngesellschaften diese aufgrund ihrer Sorgfaltspflichten nicht beachten dürfen, kann die Holdinggesellschaft ihren Verantwortlichkeitsanspruch gemäss dem Grundsatz von "volenti non fit iniuria" wohl nicht auf eine entsprechende Pflichtverletzung stützen.
23 Oben 66 f., § 3.E.II.2.b.
24 Vgl. SIEGER 132, wonach die Duldung einer materiellen Organhandlung eine Zustimmung darstelle.

II. Zur Verantwortlichkeit der Organpersonen der Managementgesellschaft aus materieller Organstellung in der Holdinggesellschaft

Fraglich ist, ob Funktionäre der Managementgesellschaft durch ihrer Tätigkeit in den abhängigen Konzerngesellschaften auch in der Holdinggesellschaft als materielle Organpersonen aktienrechtlich verantwortlich werden können[25]. Sicherlich kommt eine Organstellung nur in Betracht, wenn die Tätigkeit der Funktionäre eine tatsächliche und massgebliche Teilnahme an der Willensbildung und -durchsetzung der Holdinggesellschaft bedeutet[26]. Dies beurteilt sich nach dem materiellen Organbegriff einerseits und dem bei der Holdinggesellschaft zentralisierten Aufgabenbereich andererseits[27].

1. Im zentralisierten Unternehmensbereich

Funktionäre der Managementgesellschaften können bei Tätigkeiten im zentralisierten Unternehmensbereich grundsätzlich eine materielle Organstellung in der Holding einnehmen, da die Funktionäre dann in den abhängigen Konzerngesellschaften Entscheidungen treffen, wie sie laut Konzernorganisation üblicher- und typischerweise einem Organ im formellen Sinn der Holdinggesellschaft vorbehalten werden. Betreffen die Entscheide der Funktionäre massgebliche Organaufgaben in den abhängigen Konzerngesellschaften, muss nach dem materiellen Organbegriff entschieden werden, ob durch die Entscheide in den Konzerngesellschaften auch eine massgebliche Teilnahme am Willensbildungsprozess der Holding bewirkt wurde[28]. Dabei ist auf objektive Kriterien abzustellen und gegebenenfalls Grösse und Bedeutung der abhängigen Konzerngesellschaften sowie der Organisationsgrad des Konzerns zu berücksichtigen. Funktionäre der Managementgesellschaft mit materieller Organstellung in der Holding sind dort für die Wahrung derselben Sorgfaltspflichten aktienrechtlich verantwortlich, wie sie einer formellen Organperson auferlegt werden[29].

2. Im dezentralisierten Unternehmensbereich

Im dezentralisierten Bereich ist die Geschäftstätigkeit der abhängigen Konzerngesellschaften nicht Gegenstand der Willensbildung in der Holdinggesellschaft. Formelle Organpersonen der abhängigen Konzerngesellschaften, welche einen Entscheid im dezentralisierten Bereich treffen, nehmen keine materielle Organstellung in der Holdinggesell-

---

25 Für die Frage, ob abhängige Verwaltungsräte der Holdinggesellschaft dort auch materielle Organstellung einnehmen, vgl. A. von PLANTA 69 Anm. 100 und BÜRGI OR 707 N 33 m.w.N.
26 Vgl. BGE 117 II 570 und oben 64, § 3.E.I.2.
27 Vgl. ALBERS-SCHÖNBERG 67.
28 Vgl. BGE 117 II 572 f.
29 Vgl. GEHRIGER 87 m.w.N. Sie haften dabei neben den nach der konkreten Konzernleitungsorganisation zur Konzernleitung verpflichteten formellen Organpersonen der Holdinggesellschaft.

schaft ein. Ebensowenig kann daher den Funktionären der Managementgesellschaft eine materielle Organstellung in der Holding zukommen, wenn sie im dezentralisierten Bereich Tätigkeiten selbständig ausüben[30].

III. ZUR GESCHÄFTSHERRENHAFTUNG DER HOLDINGGESELLSCHAFT

Wenn das Verhältnis der Management- zur Holdinggesellschaft als Subordinationsverhältnis qualifiziert werden kann, kommt die Haftung der Holding für die Managementgesellschaft nach OR 55 in Betracht[31].

a. Wenn im Einzelfall das Vorliegen eines Unterordnungsverhältnisses untersucht wird, sind folgende Merkmale der Beziehung zwischen Holding- und Managementgesellschaft generell zu berücksichtigen: Die vollständige kapitalmässige Beherrschung und die weitgehende Doppelorganschaft erlauben es der Holdinggesellschaft grundsätzlich, sich der Managementgesellschaft für die Verfolgung ihrer Zwecke zu bedienen. Sie kann die Willensdurchsetzung in der Managementgesellschaft tatsächlich bestimmen. Auch sind der Holdinggesellschaft die Geschäftsangelegenheiten der Managementgesellschaft nahezu uneingeschränkt bekannt oder müssten ihr bekannt sein, was eine umfassende Aufsicht ermöglicht[32]. Die Holdinggesellschaft ist folglich in der Lage, ein Überschreiten von Konzernleitungsbefugnissen der Managementgesellschaft zu verhindern oder diese in einer konkreten Situation von der Schadensverursachung abzuhalten[33]. Dies gilt unabhängig von der Konzernorganisation und der Tätigkeit der Managementgesellschaft im zentralisierten oder dezentralisierten Bereich. Auf der Basis dieser weitreichenden Überwachungsmöglichkeiten kann es gerechtfertigt erscheinen, dass die Holdinggesellschaft für die Schadensverursachung durch die Managementgesellschaft nach OR 55 einzustehen hat[34].

b. Wenn die Holdinggesellschaft bei der Managementgesellschaft **Konzernleitungsentscheidungen zentralisiert**, kann die Managementgesellschaft als Hilfsperson der Holding im Sinne von OR 55 angesehen werden. Zwar tritt die Managementgesellschaft diesfalls nach aussen selbständig auf, doch ist das Auftreten als Gehilfe gerade nicht Voraussetzung von OR 55[35]. Ebensowenig ist notwendig, dass ihr von der Holdinggesell-

---

30 Dieses Resultat ist nicht unbillig, haften doch Organpersonen der Managementgesellschaft bereits aus ihrer materiellen Organstellung in den abhängigen Konzerngesellschaften für den dort verursachten Schaden.
31 Oben 68 f., § 3.E.III.2.
32 Oben 114 f., § 7.B.I.2.c.
33 KAUFMANN 84.
34 Vgl. ALBERS-SCHÖNBERG 177; GEHRIGER 114; HANDSCHIN 349; PORTMANN 65; oben 69, § 3.E.III.2.
35 ALBERS-SCHÖNBERG 177.

schaft formelle Weisungen erteilt werden, bringt doch die Doppelorganschaft gerade mit sich, dass solche wegfallen können. Auch die Tätigkeit im Bereich der einheitlichen Leitung spricht dafür, dass die Managementgesellschaft mit Willen der Holdinggesellschaft für deren Zwecke und unter deren tatsächlicher Aufsicht handelt. Nach der Ratio von OR 55 ist der Holdinggesellschaft daher das durch die Managementgesellschaft realisierte Haftungsrisiko zuzurechnen[36]. Sie kann als Geschäftsherrin für die unerlaubten Handlungen der Managementgesellschaft im zentralisierten Unternehmensbereich haftbar werden.

IV. ZUM HAFTUNGSDURCHGRIFF

Der Haftungsdurchgriff durch die Management- auf die Holdinggesellschaft setzt insbesondere die Identität der wirtschaftlichen Interessen zwischen beiden Gesellschaften voraus[37]. Die kapitalmässige Abhängigkeit der Management- von der Holdinggesellschaft oder die weitgehende personelle Verflechtung zwischen beiden Gesellschaften genügen nicht für die Annahme einer Interessenidentität. Entscheidend ist die massgebliche willentliche Beeinflussung der Managementgesellschaft durch die Holding[38], d.h. die konkrete Beherrschung[39]. Nur wo die Managementgesellschaft die Interessen der Holding aufgrund deren Einflussnahme auf ihre Willensbildung verfolgt, kann es zum Durchgriff kommen.

Ein Durchgriff ist insbesondere dann zu prüfen, wenn bei der Managementgesellschaft **Konzernleitungsentscheidungen zentralisiert** werden. Dann vertritt die Managementgesellschaft offensichtlich den Willen und die Interessen der Holdinggesellschaft nach aussen. Denn die konzernleitende Tätigkeit der Managementgesellschaft im zentralisierten Bereich wird erst durch den massgeblichen Einfluss der Holdinggesellschaft auf die übrigen Konzerngesellschaften ermöglicht[40]. Ausserdem besitzt die Holdinggesellschaft die faktische Möglichkeit, die Willensbildung in der Managementgesellschaft zu beherrschen und ihre Gesellschaftstätigkeit zu bestimmen.

Zusätzliche Voraussetzungen für einen Durchgriff bleiben die bereits erörterten Verstösse gegen Treu und Glauben, insbesondere durch rechtsmissbräuchliche Verwendung der Managementgesellschaft[41]. Da ein Durchgriff nur in Ausnahmefällen nach einer objektiven Interessenabwägung vorgenommen wird, müssen auch hier Aussagen über

---

36 Zur Ratio von OR 55 vgl. oben 69, § 3.E.III.2.; HANDSCHIN 351 mit Verweis auf ALBERS-SCHÖNBERG 178.
37 Oben 35, § 2.C.II.1.; BOSMAN 63 m.w.N.; HANDSCHIN 313. Daneben wird die Insolvenz der Managementgesellschaft und die Schädigung eines Gläubigers vorausgesetzt.
38 DENNLER 49; HANDSCHIN 313 mit Verweis auf BGE 71 II 274.
39 BOSMAN 63 f.; ALBERS-SCHÖNBERG 125.
40 Dazu oben 132 f., § 9.C.
41 Oben 35, § 2.C.II.1.; HANDSCHIN 314.

dessen Möglichkeit gerade bei der Ausübung von Konzernleitungsaufgaben durch die Managementgesellschaft abstrakt bleiben. Grundsätzlich sind zwar alle in der Literatur und Praxis genannten Durchgriffstatbestände denkbar[42]. Es ist aber zu berücksichtigen, dass der Durchgriff selber nur subsidiär zu der Haftung für Konzernleitung aus aktienrechtlicher Verantwortlichkeit, unerlaubten Handlungen, Doppelorganschaft oder aus Geschäftsherrenhaftung zur Anwendung gelangt[43]. Er bietet sich demnach nur an, wenn die Managementgesellschaft Verbindlichkeiten begründet, für welche die Holdinggesellschaft nicht bereits aus den genannten Rechtsgründen einzustehen hat.

E. ZUSAMMENFASSUNG

Auch wenn die Holdinggesellschaft die abhängigen Konzerngesellschaften anweist, der Managementgesellschaft Einflussrechte zu gewähren, ist die rechtliche Einflussmöglichkeit der Managementgesellschaft auf die Verwaltung und Geschäftsführung in den Konzerngesellschaften beschränkt. Weisungsrechte, die eine konzernleitende Tätigkeit der Managementgesellschaft ermöglichen würden, können nicht bei ihr zentralisiert werden.

Durch eine konzernweite Zentralisation nicht-organschaftlicher Aufgaben bei der Managementgesellschaft ist diese in der Lage, die Konzernleitungsaufgaben der Beratung und Koordination der Konzerngesellschaften zu erfüllen. Wenn bei der Beratung und Koordination einer konzernverbundenen Gesellschaft die Konzerninteressen durchgesetzt werden sollen, muss die Holdinggesellschaft mit Weisungen und über Doppelorgane diesen Interessen (rechtmässig) Nachdruck verschaffen. Die Managementgesellschaft wird folglich über die Zentralisation und die personelle Verflechtung in die Konzernleitungsorganisation integriert.

Die Managementgesellschaft und deren Funktionäre sind für materielles Organhandeln in der Holdinggesellschaft und in den abhängigen Konzerngesellschaften nach OR 754 ff. verantwortlich. Die Holdinggesellschaft kann eine Geschäftsherrenhaftung nach OR 55 für die Entscheidungen der Managementgesellschaft v.a. im zentralisierten Unternehmensbereich treffen. Eine Durchgriffshaftung der Holdinggesellschaft ist hauptsächlich bei eigentlich konzernleitender Tätigkeit der Managementgesellschaft zu prüfen.

---

42 A. von PLANTA 140 ff. nennt beispielhaft die Gesetzesumgehung, die Vertragsumgehung sowie die fraudulöse Schädigung Dritter als Tatbestände eines möglichen Durchgriffs. DROBNIG 26 ff. führt die Missachtung gesellschaftsrechtlicher Formalitäten, die Vermögensvermischung, die ungenügende Kapitalausstattung und den verdeckten Kapitalentzug auf. FORSTMOSER, Aktienrecht § 1 N 127 ff. erwähnt zudem die Sphärenvermischung und die Fremdsteuerung.

43 Vgl. HANDSCHIN 316 m.w.N.

4. TEIL:

§ 10 ZUM VERTRAGSVERHÄLTNIS DER HOLDINGGESELLSCHAFT MIT DER MANAGEMENTGESELLSCHAFT

Dieser Paragraph handelt vom Vertragsverhältnis zwischen Holding- und Managementgesellschaft, das der Aufteilung der Konzernleitung zwischen Holding- und Managementgesellschaft zugrunde gelegt werden könnte.

Zuerst wird die wirtschaftliche Beziehung zwischen Holding- und Managementgesellschaft beleuchtet, welche die Gestaltung der vertraglichen Vereinbarungen bestimmt. Danach werden die möglichen Leistungen untersucht, zu welchen sich Holding- und Managementgesellschaft verpflichten können. Schliesslich wird auf die Rechtsnatur des Vertragsverhältnisses und dessen Abgrenzungen von anderen wirtschaftlich ähnlich motivierten Vertragsarten eingegangen.

A. VORBEMERKUNGEN ZUR WIRTSCHAFTLICHEN BEZIEHUNG VON HOLDING- UND MANAGEMENTGESELLSCHAFT

Der Verfasser durfte keine Verträge zwischen Holding- und Managementgesellschaften einsehen. Zum Teil bestanden auch gar keine vertraglichen Vereinbarungen zwischen Holding- und Managementgesellschaft, welche die Aufteilung der Konzernleitung betrafen. Dies hat folgenden Grund: In der Praxis bedarf es keiner vertraglichen Abmachung zwischen der Holding- und der Managementgesellschaft, um die Gesellschaftstätigkeit der Managementgesellschaft in der Konzernleitungsorganisation festzulegen. Denn die Managementgesellschaft ist bereits aufgrund ihrer Abhängigkeit von der Holdinggesellschaft ganz nach deren Willen tätig[1]. Es kann daher als nutzlos erscheinen, die bereits bestehenden rechtlichen Einflussmöglichkeiten der Holding- auf die Managementgesellschaft aus Kapitalbeteiligung oder personeller Verflechtung vertraglich zu fixieren.

Eine vertragliche Vereinbarung zwischen Holding- und Managementgesellschaft erweist sich aber wegen der **gegenseitigen wirtschaftlichen Beziehungen** als unerlässlich: Wie bereits erwähnt wurde, überträgt die Holdinggesellschaft Geschäftsführungsaufgaben den Organ- und Hilfspersonen der Managementgesellschaft und sichert sich somit die Arbeitsleistung einer anderen Gesellschaftsorganisation, statt die Leistungen durch natürliche Personen, z.B. auf arbeitsvertraglicher Basis, ausüben zu lassen[2]. Eine vertragliche Vereinbarung kann zusätzlich folgenden Zwecken dienen:

---

1 Vgl. oben 5 f., § 1.B.II.2.
2 Oben 12, § 1.D.I und 72, § 4.A.I.2.

- Die Holdinggesellschaft darf mit einem Vertrag **gesellschaftsinterne Kompetenzen** auf die Managementgesellschaft übertragen[3]. Die Managementgesellschaft wird ermächtigt, in beschränktem Umfang an der Willensbildung und -durchsetzung in der Holdinggesellschaft **mitzuwirken**.

- Die Managementgesellschaft kann sich zu solchen **Sach- oder Dienstleistungen** vertraglich **verpflichten**, wie sie von gesellschaftsexternen Hilfspersonen erfüllt werden könnten.

- Der Managementgesellschaft dürfen **beschränkte Einflussrechte** auf die Verwaltung und Geschäftsführung in der Holdinggesellschaft zugestanden werden[4].

- Eine Vereinbarung zwischen Holding- und Managementgesellschaft erlaubt es, das Verhältnis der Gesellschaften in der Konzernleitungsorganisation **formell auszugestalten**[5].

Im folgenden wird untersucht, welche konkreten vertraglichen Abreden der typischen wirtschaftlichen Beziehung von Holding- und Managementgesellschaft sinnvollerweise zugrunde gelegt werden können.

B. MÖGLICHE LEISTUNGSVERSPRECHEN

Auf die einzelnen Leistungen, zu deren Erbringung sich die Holding- und die Managementgesellschaft auf der Grundlage ihrer wirtschaftlichen Beziehung sinnvollerweise verpflichten können, ist im folgenden einzugehen:

I. LEISTUNGEN DER MANAGEMENTGESELLSCHAFT

1. Arbeitsleistung

Die Managementgesellschaft erbringt durch ihre Organ- oder Hilfspersonen:

- Konzernleitungsfunktionen gegenüber der Holdinggesellschaft[6] sowie
- Geschäftsführungsfunktionen zugunsten der verbundenen Konzerngesellschaft[7],

und/oder sie verspricht,

---

[3] Oben 106 ff., § 7.A.II.2.c. und 119 ff., § 7.B.III.3.

[4] Dazu sind Teilnahme-, Antrags-, und Auskunftsrechte zu zählen, welche die Willensbildung und -durchsetzung in der Holdinggesellschaft nicht entscheidend zu beeinflussen vermögen. Die Feststellungen darüber, welche vertraglichen Einflussrechte die Konzerngesellschaften der Holding- oder Managementgesellschaft gewähren dürfen, gelten hier sinngemäss, vgl. oben 32 f., § 2.B.III.4.; 74, § 4.A.II.4.; 124, § 8.A. und 131, § 9.A.II.2.

[5] Die gegenseitige Kompetenzen können festgelegt und abgestimmt werden. Die Vereinbarung kann dann als Grundlage für die Anpassung der jeweiligen innergesellschaftlichen Reglemente dienen.

[6] Verträge mit juristischen Personen über die durch ihre Gesellschaftsorganisation zu erbringenden Arbeitsleistungen enthalten als Geschäftsbesorgungsverträge Auftrags- oder auch Werkvertragelemente; vgl. dazu die Qualifikation der Betriebsführungsverträge als Geschäftsbesorgungsverträge im Sinne von BGB 675 bei EMMERICH/SONNENSCHEIN 146; KOPPENSTEINER § 292 Anm. 24.

[7] Vertrag zugunsten Dritter im Sinne von OR 112; Auslegungsfrage ist es, ob diesem ein eigenes Forderungsrecht zukommen soll, vgl. GAUCH/SCHLUEP N 4020 m.w.N.

- über ihre Organ- oder Hilfspersonen Verwaltungs- oder Geschäftsführungsfunktion in der Holdinggesellschaft und/oder den abhängigen Konzerngesellschaften mittels Verwaltungsratsmandat oder Geschäftsführervertrag wahrzunehmen[8].

2. Arbeitnehmerüberlassung

Die Managementgesellschaft überlässt der Holdinggesellschaft zeitweilig ihre Arbeitnehmer, damit diese dort Geschäftsführungsaufgaben wahrnehmen können[9].

II. MÖGLICHE LEISTUNGEN DER HOLDINGGESELLSCHAFT

1. Geldleistungen

Die Holdinggesellschaft entrichtet der Managementgesellschaft ein Entgelt für die Überlassung der Arbeitskraft ihrer Arbeitnehmer, die erbrachten Konzernleitungshilfsfunktionen und für allfällige besondere Dienst- oder Sachleistungen.

2. Versprechen zur Kompetenzdelegation

Die Holdinggesellschaft kann im Gegenzug zum Versprechen der Managementgesellschaft, bei jener Organstellungen zu besetzen, zusichern, bestimmte Geschäftsführungsbefugnisse zu delegieren[10].

3. Kompetenzübertragung

Die Kompetenzübertragung schafft gesellschaftsinterne Zuständigkeiten sowie Befugnisse und damit normähnliches Recht zwischen den Parteien[11]. Ob diese organisatorische Abrede gesellschafts- oder schuldvertraglicher Natur ist, soll hier nicht entschieden werden[12].

---

8 Verträge, mit denen die Arbeitsleistungen von Dritten oder Arbeitnehmern versprochen werden, enthalten als Dienstverschaffungsverträge Auftrags- und allenfalls Innominatelemente, vgl. REHBINDER OR 319 N 19 und 56 ff.; NEF 54 ff.

9 Innominatelement und als Arbeitnehmerüberlassungsvertrag verkehrstypisch, vgl. BÜREN 94 ff. Als Unterfall des Dienstverschaffungsvertrags wird hier nicht die Arbeitsleistung des Arbeitnehmers geschuldet, sondern dieser selber zum Zwecke der Arbeit, wobei gerade nicht die Übernahme einer Organstellung versprochen wird, NEF 58; vgl. BGE 91 II 295.

10 Auftragselement; darin liegt keine Unmöglichkeit, wenn die statutarische Delegationsermächtigung gegeben ist. Auch ist keine unzulässige vertragliche Änderung der Organisationsstruktur der Gesellschaft zu befürchten, solange die Verpflichtung dahin geht, eine Änderung in Übereinstimmung mit Gesetz und Satzung vorzunehmen und in das Ermessen des Verwaltungsrates zu stellen.

11 Dazu oben 107, § 7.A.II.2.c.

12 Zur Abgrenzung von Schuld- und Gesellschaftsverträgen vgl. MEIER R., Die Rechtsnatur des Fusionsvertrages, Diss. Zürich 1986 = Schweizer Schriften Bd. 83, 37 ff.
Es sei daran erinnert, dass jede Aufgabenübertragung sorgfältig organisiert werden muss. Hier sind daher organisatorische Abreden zu treffen, welche etwa die Fixierung der Aufgaben, Befugnisse und Berichterstattungspflichten der Managementgesellschaft beinhalten.

4. Vollmachtserteilung

Die Vollmachtserteilung an die Managementgesellschaft ist ein vom Grundverhältnis unabhängiges und diesbezüglich abstraktes Rechtsgeschäft[13].

5. Einflussrechte auf die Verwaltung und Geschäftsführung

Die Holdinggesellschaft darf der Managementgesellschaft beschränkte Einflussrechte auf ihre interne Willensbildung versprechen. Dazu sind Teilnahme-, Antrags-, und Auskunftsrechte zu zählen, welche die Organentscheidungen in der Holdinggesellschaft nicht entscheidend zu beeinflussen vermögen[14].

6. Versprechen "zulasten" Dritter

Die Holdinggesellschaft kann versprechen, dass die verbundenen Konzerngesellschaften Geschäftsführungshilfsfunktionen gegen Entgelt durch die Managementgesellschaft ausüben lassen[15].

III. MÖGLICHE WEITERE AUSGESTALTUNG

1. Weisungsabreden

Da die Managementgesellschaft zu 100 % kapitalmässig von der Holdinggesellschaft beherrscht wird, haben alle Organpersonen im Rahmen des erlaubten die Holdinginteressen zu vertreten. Zu dieser Interessenvertretung kann sie auch die Managementgesellschaft in einem Vertrag mit der Holding verpflichten. Innerhalb der rechtmässigen Interessenvertretung dürfen Weisungsabreden vereinbart werden[16]. Darin können die Kompetenzen zur Weisungserteilung, zum Weisungsempfang sowie die damit zusammenhängenden Überwachungs- und Berichterstattungspflichten geregelt werden.

2. Nebenabreden

Nebensächlich sind noch Verrechnungsabreden, Forderungsabtretungen und Inkassovollmachten denkbar: So kann sich die Managementgesellschaft etwa die Forderung der Holdinggesellschaft gegenüber den Konzerngesellschaften für erbrachte Managementleistungen ihrer Organe zahlungshalber abtreten lassen oder sich zu deren Inkasso bevollmächtigen lassen und sie anschliessend verrechnen.

---

13 OR 32 ff. und GAUCH/SCHLUEP N 1351 f.
14 Vgl. oben 32 f., § 2.B.III.4.; 74 f., § 4.A.II.4.; 124, § 8.A. und 131, § 9.A.II.2.
15 Garantievertrag, OR 111; Patronatserklärung, vgl. dazu BOSMAN 181 ff.; SCHNYDER, ganze Arbeit.
16 Zu den Schranken des Weisungsrechts vgl. oben 54 ff., § 3.C.IV.

3. Dauer und Beendigungsmöglichkeiten

Aufgrund der Abhängigkeit der Managementgesellschaft von der Holdinggesellschaft wird es regelmässig an der Vereinbarung einer bestimmten Vertragsdauer oder von Kündigungsrechten fehlen.

C. ZU EINZELNEN LEISTUNGEN

I. DIE ÜBERTRAGUNG VON KONZERNLEITUNGSAUFGABEN

1. Durch Kompetenzübertragung

Die vertragliche Übernahme von Konzernleitungsaufgaben in der Holdinggesellschaft ist zulässig, sofern die Kompetenzübertragung und eine allfällige Bevollmächtigung nicht massgebliche Geschäftsführungs- und Vertretungsbefugnisse beinhalten[17].

2. Durch Übernahme von Organfunktionen

Durch die Übernahme von Organfunktionen in einer anderen Gesellschaft mittels eigener Funktionäre können materiell Geschäftsführungsaufgaben wahrgenommen werden. Denn je nach inhaltlicher Ausgestaltung können die Funktionäre so an der Willensbildung durch (Mit)Entscheidung oder Entscheidvorbereitung teilnehmen und damit - im Rahmen des Zulässigen - Interessen der abordnenden Gesellschaft verfolgen oder mittels Kompetenzübertragung von deren Arbeitsorganisation oder besonderen fachlichen Kenntnissen profitieren. An der Vereinbarung, derart Konzernleitungsaufgaben zu übernehmen, kann nichts ausgesetzt werden[18].

II. DIE ARBEITNEHMERÜBERLASSUNG

Die unternehmerische Tätigkeit der arbeitsvertraglich gebundenen Konzernleitungspersonen wird ganz von der Konzernorganisation bestimmt. Im wirtschaftlichen Sinn sind sie "Konzernangestellte", und ihr Arbeitgeber ist der Konzern[19]. Da diesem keine Rechtspersönlichkeit zukommt, liegen formell nur Anstellungsverhältnisse mit Konzerngesellschaften vor. Das Arbeitsverhältnis und insbesondere die Arbeitgeberstellung wird in erster Linie durch vertragliche Vereinbarungen zwischen den verbundenen Gesellschaften einerseits sowie zwischen dem Arbeitnehmer und einer oder beiden Gesellschaften ande-

---

17 Andernfalls ist die Abrede nichtig, vgl. oben 92, § 6.A.IV.1 und 117, § 7.B.II.2.
18 Vgl. SCHLUEP, ZSR 394. Hingegen wäre das Versprechen der Holdinggesellschaft, bestimmte Kompetenzen vorbehaltlos nach den Weisungen der Managementgesellschaft zu delegieren und nach diesen auch die Delegationsempfänger zu bestellen, nicht mit OR 717 I bzw. OR 716a I Ziff. 4 vereinbar.
19 BOSMAN 202.

rerseits gestaltet[20]. Möglich sind ein oder mehrere[21] parallele Arbeitsverhältnisse sowie geteilte, wenn Arbeitnehmer einer Gesellschaft anderen Gesellschaften "überlassen" werden[22].

In einer Vertragskonstruktion über Arbeitnehmerüberlassung können sich die Arbeitnehmer der Managementgesellschaft ihr gegenüber verpflichten, solche Arbeitsleistungen in der Holding zu erbringen, die in der Ausübung einer Organtätigkeit bestehen[23]. Mit der Holdinggesellschaft verbindet sie in diesem Fall kein Arbeitsverhältnis[24]. Dies gilt entgegen der Auffassung, wonach untergeordnete Organpersonen, welche Geschäftsführungsfunktionen ausüben, arbeitsvertraglich an die Gesellschaft gebunden sind[25]. Denn die Arbeitnehmer der Managementgesellschaft nehmen ihre Organstellung in der Holdinggesellschaft lediglich als Folge der Arbeitnehmerüberlassung ein. Sie begründen - mangels entsprechenden Willens - keine arbeitsvertragliche Bindung zur Holding[26]. Der Arbeitnehmer ist folglich aufgrund seiner Organstellung gesellschaftsrechtlich an die Holdinggesellschaft gebunden. Der Managementgesellschaft gegenüber ist er arbeitsvertraglich verpflichtet. Damit verbleibt der Managementgesellschaft u.a. die volle Lohnzahlungspflicht.

Der Personaleinsatz kann zwischen der Management- und der Holdinggesellschaft flexibel gestaltet werden, so dass er vom zu leistenden Arbeitsaufwand oder von den Weisungen der Holdinggesellschaft abhängig wird[27]. Die zu überlassenden Personen können namentlich festgelegt werden, oder es werden abstrakte Funktionsträger in der Verwaltungsorganisation der Holdinggesellschaft bezeichnet, die zu besetzen sind. Die Holdinggesellschaft hat ihrerseits der Managementgesellschaft die Arbeitsleistung der überlassenen Arbeitnehmer sowie einen Verwaltungs- und Unkostenanteil zu entgelten.

---

20 So können auch Geheimhaltungspflichten, die Regelung des konzernweiten Direktionsrechtes sowie allenfalls Versetzungsrechte in andere Konzerngesellschaften, die für den Arbeitnehmer gelten sollen, vereinbart werden; dazu BOSMAN 202 ff.

21 Bestehen zu mehreren Konzerngesellschaften Anstellungsverhältnisse, so können diese wegen des Konzernverhältnisses allenfalls als Einheit gegenüber dem jeweilig angesprochenen Arbeitgeber zusammengefasst und der Konzerntatbestand auch für die Auslegung des Arbeitsvertrages herangezogen werden, BOSMAN 202 mit Verweisen auf auf DALLEVES 617.

22 Zu letzteren führen Vereinbarungen sui generis zwischen den Gesellschaften mit Einwilligung des Arbeitnehmers, die als Arbeitnehmerüberlassungsverträge verkehrstypisch sind, vgl. NEF 58 ff.; BÜREN 94 ff.; VISCHER, SPR 315 ff.

23 Vgl. NEF 44 allgemein zu diesem Vertragsverhältnis zwischen Arbeitnehmer und Gesellschaft.

24 Lediglich gewisse Arbeitgeberfunktionen werden - mit Einverständnis des Arbeitnehmers - von der Managementgesellschaft vertraglich auf die Holdinggesellschaft übertragen, BÜREN 99 ff.; NEF 64 ff.

25 Dazu WYSS 44; BÜRGI OR 717 N 27.
Das Rechtsverhältnis dieser untergeordneten Organpersonen zur Gesellschaft kann zwar durchaus noch als einheitliches qualifiziert werden. Es bestimmt sich aber durch die der Organbestellung folgenden, gesellschaftsrechtlichen Kompetenzen und typisch arbeitsrechtlichen Einzelabreden sowie durch anderes, analog anzuwendendes Vertragstypenrecht, HUTTERLI 40 f.

26 OR 1; NEF 63.

27 Dadurch können Doppelorgane sich selber "einsetzen".

III. ENTGELTLICHKEIT

Die Vergütung an die Managementgesellschaft kann als fester Betrag gezahlt werden. Es ist möglich, den Betrag von bestimmten Grössen wie Umsatz oder Aufwand abhängig zu machen und/oder an gewisse betriebswirtschaftliche Kriterien zu knüpfen. Die Bestimmung eines marktkonformen Preises ist im allgemeinen nicht durchführbar, da für die konzernspezifischen Leistungen der Managementgesellschaft regelmässig kein Markt existiert. Auf keinen Fall sollte auf einen Vergleich mit den Kosten abgestellt werden, welche der Holdinggesellschaft beim Aufbau einer eigenen Management-Organisation entstehen, da diesfalls der Rationalisierungseffekt hinsichtlich der Leitungsgemeinkosten nicht an die Holdinggesellschaft weitergegeben würde[28].

Aufgrund der Komplexität des gegenseitigen Leistungsverhältnisses wird für konzerninterne Managementleistungen zumeist eine **Pauschalentschädigung** vereinbart. Diese wird dabei oftmals mit Blick auf die Konzerninteressen festgelegt. Im Verhältnis der Holding- zur Managementgesellschaft wird ein Vorteil wegen der besonderen steuerrechtlichen Situation regelmässig der Holdinggesellschaft gewährt. Dieser werden Dienstleistungen zu untersetzten Preisen erbracht[29]. Der freien Preisgestaltung erwachsen aber Schranken durch die Statuten der Managementgesellschaft und das Verbot der verdeckten Gewinnausschüttung. Darauf soll kurz eingegangen werden:

Ohne statutarische Preisgabe der **Gewinnstrebigkeit** darf aber die Managementgesellschaft nicht auf die Erzielung von Gewinnen verzichten. Die Vertretungsmacht ihrer Organpersonen umfasst keine Rechtsgeschäfte, die nicht der Gewinnerzielung - im Sinne der Existenzsicherung für die Managementgesellschaft auf lange Sicht - dienen[30]. Zwar gehören dazu grundsätzlich Vereinbarungen über kostenlose Leistungen und solche zu Selbstkosten[31], doch ist diese Abmachung hier im Zusammenhang mit dem gesamten Leistungsverhältnis zu sehen: Andere Vorteile können kostenlose Leistungen aufwiegen und den Vertragsschluss als vom Endzweck der Managementgesellschaft gedeckt erscheinen lassen[32].

Stehen Leistung und Entgelt betriebswirtschaftlich gesehen in einem Missverhältnis, kann eine **verdeckte Vorteilszuwendung** vorliegen. Als solche gelten bewusste Zuwendungen von geschäftsmässig nicht begründeten, geldwerten Vorteilen an Personen, zu denen

---

28 Vgl. VEELKEN 56; zu der Umlagemöglichkeit von Konzernleitungskosten vgl. unten 9 f., § 1 C.I.4.
29 Sei es, dass Leistungen nur zu Selbstkosten oder dass sie gar nicht verrechnet werden. Die Managementgesellschaft hält sich dafür gegenüber den übrigen Konzerngesellschaften schadlos.
30 GRAF 146. SCHÄRRER 73 f. erwähnt dazu Schenkungen, die nicht den Interessen der Gesellschaft dienen oder nicht in Erwartung einer Gegenleistung erbracht werden. GRAF 152 führt Leistungen an, welche in der freiwilligen Veräusserung des Gesellschaftsvermögens bestehen und die Erreichung künftiger Gewinne durch geschäftliche Tätigkeit beeinträchtigen. A. von PLANTA 40 erwähnt Abmachungen, die das wohlerworbene Dividendenrecht des Aktionärs verletzen.
31 TAPPOLET 116.
32 Vgl. GRAF 148, der dazu indirekte Gegenleistungen oder Aussicht auf künftige Gewinnerzielung zählt.

unmittelbar oder mittelbar "beteiligungsrechtliche Beziehungen"[33] bestehen. Die Zuwendung erfolgt dabei nicht offen, sondern in dem Sinne verdeckt, als sie buchmässig nicht in Erscheinung tritt. Da die Zuwendung regelmässig an die Holdinggesellschaft als Gesellschafter fliesst, wird von verdeckter Gewinnausschüttung durch Verzicht auf Gewinn gesprochen[34].

Verdeckte Gewinnausschüttungen sind **handelsrechtswidrig**[35]. Sie widersprechen den Vorschriften des Bilanz- und Buchführungsrechts[36] und der aktienrechtlichen Kompetenzordnung, welche der Generalversammlung vorbehält, über die Gewinnverwendung mittels Gewinnausschüttungs- oder Kapitalrückzahlungsbeschlüssen zu entscheiden. Verdeckte Gewinnausschüttungen können ebenfalls die Gefahr unerlaubter Kapitalrückzahlungen und der Verletzung von Reservebildungspflichten bergen[37]. Die handelnden Organpersonen verletzen durch verdeckte Gewinnausschüttungen zum einen ihre Verpflichtung zu gesetzmässigem Handeln. Zum anderen können sie ihre Sorgfalts- und Treuepflichten missachten, wenn sie statt der Interessen der Gesellschaft an Gewinnerzielung diejenigen des Vorteilsempfängers wahren. Auch verstossen sie allenfalls gegen das Gebot der Gleichbehandlung von Aktionären. Verwaltungsratsbeschlüsse über verdeckte Gewinnausschüttungen sind grundsätzlich nichtig und können eine aktienrechtliche Verantwortlichkeit der Organpersonen bewirken[38].

Im Verhältnis der Holding zur Managementgesellschaft wird regelmässig kein Rückerstattungsanspruch geltend gemacht. Dazu ist der Verwaltungsrat der Managementgesellschaft auch kaum verpflichtet[39]. Seine Sorgfaltspflichten sind weitgehend auf die Interessen der Holdinggesellschaft ausgerichtet, und die verdeckte Gewinnausschüttung wird von der Holding spätestens mit dem Vertragsschluss oder der Rechnungsstellung genehmigt, was eine entsprechende aktienrechtliche Verantwortlichkeit gegenüber der Holding ausschliesst[40].

Demgegenüber kann aus handelsrechtlicher Sicht gegen die Holdinggesellschaft als Empfängerin des Vorteils in der Regel nichts eingewendet werden. Der Zuwendung steht der

---

33 REICH, ASA 54 612.
34 Vgl. REICH, ASA 54 614 f., der bezüglich verdeckter Vorteilszuwendungen - je nach Leistungsempfänger - zwischen verdeckter Gewinnauschüttung und Kapitaleinlage und - je nach buchmässiger Erscheinung - zwischen solchen durch überhöhte Kosten und Verzicht auf Gewinn unterscheidet.
35 REICH, ASA 54 619; LOCHER 204 ff.; PROBST 46 ff., 89 ff., 107 ff.
36 Vgl. PROBST 48, wonach Unterpreisleistungen nach einer Buchung der Gewinnausschüttungen verlangen würde.
37 LOCHER 208.
38 Zu den Rechtsfolgen vgl. PROBST 121 ff.
39 Insbesondere nicht durch die Gläubiger ausserhalb eines Konkurses. Ihnen steht auch kein Anspruch auf Rückerstattung an die Gesellschaft zu.
40 Nicht jedoch gegenüber den Gläubigern der Managementgesellschaft im Konkurs der Gesellschaft, OR 757.

Minderwert der Beteiligung gegenüber, und der Erfolg wird buchmässig richtig, wenn auch nicht als Beteiligungsertrag, ausgewiesen[41].

D. RECHTSNATUR UND RECHTSANWENDUNG

Zur Rechtsnatur eines möglichen Vertragsverhältnisses zwischen Holding- und Managementgesellschaft sei soviel erwähnt, dass zwar aufgrund der Verpflichtung zu Dienst- und Geldleistungen ein Element von Schuld- und Austauschverhältnissen gegeben ist, regelmässig aber der - diesen Verhältnissen eigene - Interessengegensatz zwischen den Parteien fehlt, da insbesondere die Managementgesellschaft allein dem Konzerninteresse verpflichtet ist[42]. Es kann auch kein Interessengemeinschaftsverhältnis angenommen werden, fehlt es der Managementgesellschaft doch wegen ihrer vollständigen Abhängigkeit am eigenen Willen zur gemeinsamen Zweckverfolgung[43]. Zwar werden auch organisatorische Abreden getroffen, die gesellschaftsinterne Zuständigkeiten und Befugnisse in der Holdinggesellschaft schaffen. Es wird damit aber kein organisationsvertragliches Verhältnis mit normsetzender Wirkung begründet, sind doch keine im Gesetz normierten, körperschaftlichen und mitgliedschaftlichen Rechte betroffen[44].

Die im Rahmen der Privatautonomie zwischen konzernverbundenen Gesellschaften geschlossenen Verträge unterliegen grundsätzlich den gleichen Rechtsregeln wie Verträge zwischen unverbundenen Gesellschaften. Dies gilt für Fragen des Zustandekommens, der Gültigkeit, der Wirkung und der Sanktionen bei Vertragsstörungen. Nur wo die konzerninterne Interessenlage aufgrund der anwendbaren allgemeinen Rechtsregeln Beachtung findet, ergeben sich Abweichungen aus der Konzernverbundenheit[45].

Das Finden der für ein konkretes Vertragsverhältnis passenden Rechtsfolgeordnung hängt von dessen Qualifikation ab[46]. Nach der heute wohl vorherrschenden typologischen Betrachtungsweise[47] ist zunächst mittels wertender Zuordnung festzustellen, ob ein Vertrag unter einen gesetzlich geregelten Vertragstypus und damit unter dessen Folgerecht fällt. Verdichten sich gegenseitige Leistungskomponenten eines gesetzlich nicht geregelten Vertrages zu einem eigenständigen, sog. Verkehrstypus, so muss das Folgerecht vom Richter nach ZGB 1 II und III geschaffen werden. Alle anderen Verträge müssen "im Sinne der ergänzenden Vertragsauslegung nach dem Vertrauensprinzip und einem der

---

41 REICH, ASA 54 620.
42 Zu den Merkmalen von Schuld- und Austauschverträgen vgl. GAUCH/SCHLUEP N 245 ff; MEIER-HAYOZ/FORSTMOSER § 1 N 44 ff.
43 Zu Interessengemeinschaftsverhältnissen allgemein MEIER-HAYOZ/FORSTMOSER § 1 N 38 ff.; REHBINDER OR 319 N 55.
44 Zu der Rechtsnatur von Organisationsverträgen vgl. WÜRDINGER § 291 Anm. 6 und 11-16; ders., 322 f.; EMMERICH/SONNENSCHEIN 145.
45 Die Konzerninteressenlage wird z.B. bei der nach den Grundsätzen von Treu und Glauben zu erfolgenden Vertragsauslegung und insbesondere bei der Vertretungsmacht der Organpersonen berücksichtigt.
46 HIRZEL 15 m.w.N.
47 SCHLUEP, SPR 790 ff.

Lückenfüllung nach ZGB 4 analogen Verfahren ergänzt werden"[48]. Die Ermittlung eines Verkehrstypus stützt sich auf reale Erscheinungsformen des zu qualifizierenden Vertrages, dessen wirtschaftliche Funktionen und allgemeinen Aufbau[49].

Vorliegend liegt der Schluss nahe, dass sich wegen der vielfältigen und verschieden kombinierbaren Leistungsinhalte einer vertraglichen Vereinbarung zwischen Management- und Holdinggesellschaft keine einheitlichen Typenmerkmale finden lassen. Die rechtliche Erfassung kann daher nicht durch Aussagen über Rechtsnatur und Rechtsanwendung bei derartigen Verträgen im allgemeinen erfolgen, sondern nur über die konkret vereinbarten Leistungen, wie z.b. die Erbringung von Konzernleitungsaufgaben.

Vereinbarungen über den "Einkauf von Managementleistungen" sind in Deutschland als Betriebsführungsverträge bekannt[50]. Sie werden als Geschäftsbesorgungsvertrag mit Dienstvertragscharakter qualifiziert[51]. Auch in der Schweiz wird wohl ein Auftragsverhältnis anzunehmen sein[52], allenfalls mit Mischelementen[53].

Werden die oben beschriebenen Leistungen kombiniert, so liegt ein Innominatkontrakt vor, wenn die Leistungen verschiedenen Vertragstypen angehören[54] oder gesetzlich nicht geregelt sind[55]. Die Leistungsinhalte ermöglichen über die darin enthaltenen Elemente von gesetzlich geregelten Verträgen oder Innominatverträgen Aussagen über die Rechtsanwendung.

E. HINWEIS AUF ANDERE WIRTSCHAFTLICH MOTIVIERTE ÜBERTRAGUNGEN VON GESCHÄFTSFÜHRUNGSAUFGABEN[56]

I. INTERESSENGEMEINSCHAFTEN

Im Interessengemeinschaftsvertrag verpflichten sich die Parteien, zur Förderung eines **gemeinsamen Zweckes** zusammenzuwirken und dafür allenfalls Arbeitsleistungen zu erbringen, die eine Harmonisierung der beiderseitigen Geschäftsführung bedingen[57]. Dies tun sie jedoch als **gleichgeordnete Subjekte**[58].

---

48 HIRZEL 17 mit Verweis auf SCHLUEP, SPR 814.
49 Vgl. dazu HIRZEL 58.
50 EMMERICH/SONNENSCHEIN 189 ff.
51 EMMERICH/SONNENSCHEIN 190.
52 MEIER-HAYOZ/FORSTMOSER § 5 N 275.
53 Vgl. dazu SCHLUEP, ZSR 476 zum Geschäftsführungsauftrag an die Organgesellschaft in einer Doppelgesellschaft. Da OR 394 II die Qualifikation von Verträgen über Arbeitsleistungen als Innominatkontrakte nicht ausschliesst (BGE 109 II 462 ff.; 110 II 380; 114 II 53), ist auch die analoge Anwendung von Arbeitsvertragsrecht nicht ausgeschlossen.
54 Gemischter Vertrag, SCHLUEP, SPR 772 ff.
55 Vertrag sui generis, SCHLUEP, SPR 776.
56 Abgrenzungsmerkmale zu vorliegendem Vertragsverhältnis sind fett gedruckt.
57 Vgl. WÜRDINGER 297; A. von PLANTA 31 f.
58 REHBINDER OR 319 N 55; OESCH F.P. 157; dazu ist die Managementgesellschaft als vollständig abhängige juristische Person im Verhältnis zur Holdinggesellschaft nicht zu zählen.

II. BETRIEBSFÜHRUNG

Mit einem Betriebsführungsvertrag wird ein Unternehmen von einem anderen mit der entgeltlichen Führung des gesamthaft oder teilweise übertragenen Unternehmens, in eigenem oder fremdem Namen, für Rechnung des Auftraggebers betraut[59].

Hauptleistung des Betriebsführers ist **die Übernahme aller wesentlichen unternehmerischen Aufgaben mit den dazugehörenden Entscheidungsbefugnissen** im übertragenen Bereich. Neben diese Geschäftsführung kann auch die Pflicht treten zur Vermittlung von Spezialwissen, zur Personalausbildung sowie zur Informationsbeschaffung und -überlassung[60]. Er kann sich aber auch nur **zur zeitlich begrenzten** Übernahme von Geschäftsführungs- und Ausbildungsaufgaben beim Vertragspartner verpflichten. Die Leistung besteht dabei v.a. in der **Ausbildung des Personals, um es durch Vermittlung von Fachkentnissen oder Spezialwissen in die Lage zu versetzen, die Unternehmensführung später selbst zu übernehmen**[61].

Der Betriebsführungsvertrag findet hauptsächlich Anwendung in Konzernverhältnissen als Mittel der Konzernleitung[62], in Kooperationsbeziehungen als Instrument zur Regelung der Marktbeziehungen sowie zwischen unverbundenen Unternehmen zur qualitativen Verbesserung der Betriebsführung[63]. Letzternfalls ist dessen Anwendungsbereich auch als internationales Kooperationsinstrument zu sehen[64]. Auf seiten des Managementgebers ist dabei vor allem die faktische Beherrschungsmöglichkeit des Vertragspartners ohne Beteiligung an dessen Risikokapital und das damit erfolgsunabhängig erzielbare Einkommen für den Abschluss massgebend[65].

III. UNTERNEHMENSBERATUNG

Durch Unternehmensberatungsverträge sichert sich das Unternehmen eine entgeltliche, geistige Dienstleistung eines **aussenstehenden** Beraters, die in der Problemanalyse und Problemlösung bezüglich unternehmerischer Aufgaben besteht[66]. Die Hauptleistung liegt regelmässig in einer kreativen Arbeitsleistung und deren Darstellung in einer wahrnehmbaren Form[67]. Daneben können auch die Durchführung organisatorischer Massnahmen

---

59 VEELKEN 15 und 17 f. Die Folge bei der Betriebsführung im eigenen Namen ist, dass der Betriebsführer bestehende Arbeitsverträge übernimmt und neue für sich selber schliesst; dies soll das Hauptmotiv zum Abschluss solcher Vereinbarungen sein, HUBER 155.
60 SCHLÜTER 23
61 SCHLÜTER 32.
62 Z.B. zwischen herrschendem und abhängigem Unternehmen, vgl. HUBER 148 ff.
63 VEELKEN 31 ff.; SCHLÜTER 24 ff.
64 SCHLÜTER 32 f.
65 SCHLÜTER 33.
66 HIRZEL 4; dies im Gegensatz zur internen Beratung durch - allenfalls sogar rechtlich verselbständigte - Stabsstellen.
67 Es geht dabei weniger um Vermittlung von Spezial- oder Erfahrungswissen durch den Berater, wie allenfalls beim Know-How Vertrag, sondern um dessen "Anwendung", SCHLÜTER 15.

oder die Übernahme von Verwaltungs- und Geschäftsführungsfunktionen vereinbart werden[68]. Dem Informationscharakter der Beratungsleistung entsprechend findet die Unternehmensberatung da ihre **Anwendung, wo die Steigerung der unternehmerischen Effizienz, die Anpassung an neue Entwicklungen oder die Ergänzung des Know-How in Teilbereichen angestrebt wird**[69].

F. ZUSAMMENFASSUNG

Im Zentrum einer vertraglichen Vereinbarung zwischen der Holding- und der Managementgesellschaft steht das Versprechen der Managementgesellschaft zur entgeltlichen Arbeitsleistung oder Arbeitnehmerüberlassung zugunsten der Holdinggesellschaft. Die Managementgesellschaft kann sich auch zur Erfüllung von Sach- und Dienstleistungen im gesamten Bereich der Konzernleitung verpflichten.

Mittels Kompetenzübertragungen und Bevollmächtigungen darf die Managementgesellschaft in die Verwaltungsorganisation der Holdinggesellschaft eingegliedert werden. Der Managementgesellschaft kommt dort ein gesellschaftsinterner Kompetenzbereich zu. Die Stellung der Managementgesellschaft in der Verwaltungsorganisation kann dadurch verstärkt werden, dass ihr über vertragliche Teilnahme- und Mitwirkungsrechte beschränkte Einflussmöglichkeiten auf die Willensbildung und -durchsetzung in der Holdinggesellschaft eingeräumt werden.

Je nach Ausgestaltung der Leistungsversprechen ist der Vertrag zwischen Holding- und Managementgesellschaft als Auftragsverhältnis - allenfalls mit Mischelementen - oder als Innominatkontrakt zu qualifizieren. Weil die Managementgesellschaft vollständig von der Holding abhängig ist, lässt sich das Vertragsverhältnis regelmässig von Interessengemeinschafts- und Unternehmensberatungsverträgen abgrenzen. Von Betriebsführungsverträgen unterscheiden sich Abmachungen von Holding- und Managementgesellschaft dadurch, dass der Managementgesellschaft vertraglich keine konzernleitende Tätigkeit eingeräumt werden kann.

---

68 HIRZEL 81.
69 SCHLÜTER 13.

5. TEIL:

§ 11 ZUSAMMENFASSUNG UND FAZIT

In dieser Arbeit wurde danach gefragt, wie die Konzernleitung zwischen Holding- und Managementgesellschaft aufgeteilt werden kann und welches die Auswirkungen dieser Aufteilung auf die Kompetenz- und Haftungsordnung in beiden Gesellschaften sind. In diesem Paragraphen werden zunächst die wichtigsten Resultate zusammengefasst. Danach wird ein kurzes Fazit gezogen.

A. ZUSAMMENFASSUNG[1]

I. MANAGEMENTGESELLSCHAFTEN. In der Vergangenheit haben zahlreiche Schweizer Aktiengesellschafts-Konzerne Managementgesellschaften gegründet und diese mit Konzernleitungsaufgaben betraut. Ausschlaggebend waren vor allem steuerliche, aber auch organisatorische und führungstechnische Gründe. Aus steuerlicher Sicht erweist sich die Ausgliederung spezifischer Konzernleitungsaufgaben in die Managementgesellschaft dann als vorteilhaft, wenn die beteiligungsfremden Holdingerträge eingeschränkt werden können und die Managementgesellschaft hinsichtlich ihrer Einkünfte aus Management-Gebühren - v.a. im internationalen Verhältnis - vernünftig besteuert wird. In organisatorischer Hinsicht können die in der Managementgesellschaft tätigen Spezialisten u.a. Funktionen in den Bereichen "Finanzen", "Controlling" oder "Marketing" konzernweit und kostenoptimal ausüben.

II./III. KONZERN UND KONZERNLEITUNG. In der Schweiz wird der **Konzern** von der Holdingstruktur geprägt. Die Holdinggesellschaft vereinigt die Konzernleitung. Sie entscheidet, ob der Konzern zentral oder dezentral geführt wird. Gerade im dezentral geführten Konzern wird die Kombination von einer konzernleitenden Holding mit einer Managementgesellschaft als Grundfigur der Zukunft beurteilt.

Die **Konzernleitung durch die Holdinggesellschaft** wird im Aktienrecht anerkannt, aber nicht geregelt. Es ist nach allgemeinen Rechtsregeln zu entscheiden, wie die Holdinggesellschaft die Interessen des Konzerns in den Konzerngesellschaften durchsetzen kann, welche Entscheidung der Verwaltungsrat der Konzerngesellschaft bei einem Interessenkonflikt zu treffen hat und wer für die Konzernleitungstätigkeit haftet:

Bei der **Interessenabwägung in den Konzerngesellschaften** dürfen die Konzerninteressen berücksichtigt werden. Organpersonen der Konzerngesellschaften können sich dazu verpflichten, die Konzerninteressen zu vertreten, wenn sie dazu einen Ermessensspielraum besitzen. Die Interessenvertretung muss den Organpersonen erlauben, ihre unentziehbaren organschaftlichen Hauptaufgaben gemäss ihren Sorgfalts-, Treue- und Gleich-

---

[1] Die römischen Ziffern bezeichnen die entsprechenden Paragraphen dieser Arbeit.

behandlungspflichten selbständig wahrzunehmen. Die Organpflichten gebieten insbesondere, dass die Konzernweisungen auf ihre Vereinbarkeit mit der zwingenden Rechtsordnung sowie mit den Konzern- und Gläubigerinteressen überprüft werden. Nie kann die Interessenvertretung die Pflicht beinhalten, im Bereich der zwingenden Organaufgaben vorbehaltlos Weisungen zu befolgen. Dies gilt auch für Doppelorgane, gehen doch ihre Organpflichten der Konzerngesellschaft gegenüber ihren Konzernleitungspflichten vor. Die mögliche Interessenvertretungspflicht kann in den Statuten der Konzerngesellschaft oder in einem Vertrag zwischen Konzern- und Holdinggesellschaft verankert werden, wenn die Konzerngesellschaft zu hundert Prozent beherrscht wird oder ihr Gesellschaftszweck statutarisch auf die Konzerninteressen ausgerichtet ist. Selbst rechtmässige Weisungen kann die Holdinggesellschaft nicht gerichtlich durchsetzen. Die Leitungsmacht fehlt im schweizerischen Recht.

Für die Konzernleitungstätigkeit können die Holdinggesellschaft, ihre Konzernleiter sowie die Organpersonen der betroffenen Konzerngesellschaften **aktienrechtlich verantwortlich** werden. Nehmen die Konzernleiter Organstellung in den Konzerngesellschaften ein, ist eine Haftung der Holdinggesellschaft für die Konzernleiter aus Doppelorganschaft nach ZGB 55/OR 722 in Betracht zu ziehen. Möglich ist, dass die Holding als Geschäftsherrin nach OR 55 für die in den Verwaltungsrat der Konzerngesellschaften delegierten Hilfspersonen sowie für die Konzerngesellschaften selber zur Haftung gezogen werden kann. Wenn die Holdinggesellschaft eine Konzerngesellschaft beherrscht und rechtsmissbräuchlich verwendet, kann es schliesslich zur Durchgriffshaftung kommen.

IV. PROBLEMATIK. Die Aufteilung der Konzernleitung zwischen Holding und Managementgesellschaft wirft organisatorische Probleme auf. Der Managementgesellschaft stehen aus der Konzernverbundenheit keine Befugnisse zu, selbständig massgebliche Verwaltungs- und Geschäftsführungsaufgaben in den Konzerngesellschaften wahrzunehmen. Die Aufteilung der Konzernleitung zwischen Holding- und Managementgesellschaft hängt folglich davon ab, welche Konzernleitungskompetenzen der Managementgesellschaft von der Holding oder den Konzerngesellschaften übertragen werden dürfen. Insbesondere fragt sich, ob solche Entscheidungsbefugnisse übertragbar sind, welche der Managementgesellschaft eine selbständige Konzernleitungstätigkeit erlauben.

V. HOLDINGSTATUTEN. Die Aktionäre der Holdinggesellschaft dürfen der Managementgesellschaft in den Holdingstatuten weder organschaftliche Geschäftsführungsaufgaben noch deren Vorbereitung oder Ausführung übertragen. Dies verhindert die aktienrechtliche Zuständigkeitsordnung, welche insbesondere dem Verwaltungsrat der konzernleitenden Holding die Aufgabe der "Konzernleitung" und deren Organisation unentziehbar zuweist. Nur solche beratenden oder kontrollierenden Funktionen dürfen der Managementgesellschaft statutarisch zugewiesen werden, welche keinen entscheidenden Einfluss auf die Organtätigkeit in der Holdinggesellschaft ermöglichen. Damit kann die Managementgesellschaft grundsätzlich als Funktionsträgerin in die Holdingorganisation eingegliedert werden, jedoch nicht mit konzernleitender Funktion. Da der Verwaltungsrat auch über die Vorbereitung und Ausführung seiner Konzernleitungsentscheide zu befinden hat, ist die Aufteilung der Konzernleitung zwischen Holding- und Managementgesellschaft in seine Hände gelegt. Ihm steht dazu die Kompetenzübertragung zur Verfügung.

VI. KOMPETENZDELEGATION. **Der Verwaltungsrat der Holdinggesellschaft darf keine organschaftlichen Konzernleitungsaufgaben an die Managementgesellschaft delegieren.** Zu den undelegierbaren organschaftlichen Aufgaben sind alle massgeblichen Konzernleitungsentscheidungen zu zählen. Diese beinhalten zum einen Organentscheide, welche die Konzerngeschäftspolitik und die Konzerninteressen betreffen oder die Willensbildung und -durchsetzung in den Konzerngesellschaften entscheidend zu beeinflussen vermögen. Zum andern gehört die Durchsetzung der Organentscheide in den Konzerngesellschaften zum undelegierbaren Bereich, wenn damit selbständige Vertretungsbefugnisse, d.h. wesentliche Entscheidungsfreiheiten, verbunden sind. An die Managementgesellschaft dürfen folglich keine massgeblichen Weisungsrechte delegiert werden, die ihr eine konzernleitende Tätigkeit erlauben könnten. Durch eine Kompetenzdelegation kann sie nicht mit konzernleitender Funktion in die Konzernleitungsorganisation integriert werden.

Bei einer **ungültigen Delegation** von Konzernleitungsbefugnissen an die Managementgesellschaft bleibt der Verwaltungsrat der Holding und die ihm unterstellten Organpersonen für die konzernleitende Tätigkeit der Managementgesellschaft aktienrechtlich verantwortlich. Wenn Funktionäre der Managementgesellschaft ungültig delegierte Konzernleitungsbefugnisse ausüben, nehmen sie allenfalls materielle Organstellung in der Holding und den Konzerngesellschaften ein. Die materielle Organstellung kann zu einer aktienrechtlichen Verantwortlichkeit für Sorgfaltspflichtverletzungen führen.

VII. KOMPETENZÜBERTRAGUNG. **Der Verwaltungsrat der Holdinggesellschaft oder andere Organpersonen dürfen vorbereitende und ausführende Konzernleitungsaufgaben auf die Managementgesellschaft übertragen.** Die Aufgabenübertragung basiert auf der Organisationsverantwortung von Verwaltungsrat und Organpersonen. Eine Übertragung erfordert keine statutarische Grundlage und kennt nahezu keine materiellen Schranken. Sie kann in Reglementen der Holdinggesellschaft oder in vertraglichen Vereinbarungen zwischen Holding- und Managementgesellschaft verankert werden.

Die Übertragung von Vorbereitungs- und Ausführungsaufgaben erlaubt der Managementgesellschaft keine konzernleitende Tätigkeit. Immerhin kann sie mit der Informationsbeschaffung, -sichtung und -bewertung im Konzern und mit der unternehmerischen und gesellschaftsrechtlichen Kontrolle von Konzerngesellschaften betraut werden. Damit ist es der Managementgesellschaft möglich, **beratende und koordinierende Funktionen** in der Konzernleitungsorganisation wahrzunehmen.

Bei rechtmässiger Übertragung von Vorbereitungs- und Ausführungsaufgaben auf die Managementgesellschaft sind die übertragenden Organpersonen der Holdinggesellschaft für die sorgfältige **Auswahl, Instruktion** und **Überwachung** der Managementgesell-

schaft und ihrer Organpersonen verantwortlich. Die Managementgesellschaft muss deshalb in das Planungs-, Informations- und Kontrollsystem des Konzerns eingegliedert werden. Insbesondere ist dafür zu sorgen, dass:
- die Managementgesellschaft über eine genügende Organisation verfügt, um die ihr übertragenen Aufgaben bewältigen zu können,
- die Kompetenzordnungen beider Gesellschaften aufeinander abgestimmt werden und
- die Tätigkeit der Managementgesellschaft sorgfältig überwacht wird.

Die Managementgesellschaft erfüllt ihre Aufgaben zugunsten der Gesellschaft und haftet dieser für die korrekte Aufgabenerfüllung regelmässig auf vertraglicher Grundlage.

VIII. KONZERNGESELLSCHAFTEN. **Die Konzerngesellschaften dürfen der Managementgesellschaft weder wesentliche Einflussrechte auf ihre Gesellschaftstätigkeit einräumen noch dieser massgebliche Geschäftsführungskompetenzen übertragen.** Die Managementgesellschaft besitzt keine Kapitalbeteiligung an den Konzerngesellschaften, welche ihr Einflussrechte auf deren Tätigkeit gewähren würde. Die zwingenden Organpflichten in den Konzerngesellschaften erlauben deren Organpersonen keine wirksame Vertretung von Interessen der Managementgesellschaft. Eine Delegation massgeblicher Organentscheidungen an die Managementgesellschaft ist unzulässig. Falls nichtorganschaftliche Aufgaben an die Managementgesellschaft übertragen werden, verbleiben die massgeblichen Entscheidungsbefugnisse bei der Konzerngesellschaft. Folglich können der Managementgesellschaft keine konzernleitenden Befugnisse eingeräumt werden, auch wenn alle Konzerngesellschaften ihr einheitliche, nicht-organschaftliche Verwaltungs- und Geschäftsführungsaufgaben übertragen. Durch die einheitliche Übertragung von konzerngesellschaftlichen Verwaltungs- und Geschäftsführungsaufgaben kann immerhin die Beratungs- und Koordinationsfunktion der Managementgesellschaft im Konzern verstärkt werden. Will die Managementgesellschaft die Beratung und Koordination der Konzerngesellschaften im Konzerninteressen wahrnehmen, ist sie auf Konzernleitungshandeln der Holding angewiesen.

IX. ZENTRALISATION. **Die Holdinggesellschaft kann der Managementgesellschaft keine selbständige Konzernleitungstätigkeit dadurch ermöglichen, dass sie die Konzerngesellschaften anweist, der Managementgesellschaft weitreichende Einflussrechte zu gewähren oder massgebliche Entscheidungsbefugnisse zu übertragen.** Eine derartige Holdingweisung ist unrechtmässig. Sie ermöglicht der Managementgesellschaft einerseits, solche Entscheidungen zu treffen und in den Konzerngesellschaften durchzusetzen, wie sie von Organpersonen der Holding als Konzernleitungsentscheide zu fällen und durchzusetzen wären. Andererseits verstösst die Weisung gegen die zwingende Kompetenzordnung in den Konzerngesellschaften, welche dem Verwaltungsrat vorbehält, massgebliche Entscheidungen selber zu fällen oder an natürliche Personen zu delegieren. Auch die regelmässige und ungeprüfte Genehmigung von Weisungen der Managementgesellschaft durch die Holding ist als Umgehung zwingender Normen unzulässig.

Die Holdinggesellschaft kann über Weisungen und personelle Verflechtungen sicherstellen, dass die Managementgesellschaft die Beratungs- und Koordinationsfunktion im Konzerninteresse ausüben darf. Insbesondere Doppelorgane, die zusätzlich Organpersonen bei der Konzerngesellschaft sind, können dort direkt auf die Geschäftsführung im Sinne von Holding- und Managementgesellschaft einwirken. Konzernweite Kompetenzübertragungen auf die Managementgesellschaft und die personelle Verflechtung im Konzern sorgen für die Integration der Managementgesellschaft in die Konzernleitungsorganisation mit Beratungs- und Koordinationsfunktionen.

Die Managementgesellschaft und ihre Funktionäre können für ihre Tätigkeiten in der Holding und den Konzerngesellschaften, dort nach Massgabe des funktionellen Organbegriffes allenfalls **aktienrechtlich verantwortlich** werden. Die **Geschäftsherrenhaftung** der Holding für die Managementgesellschaft nach OR 55 ist v.a. zu prüfen, wenn die Managementgesellschaft im zentralisierten Unternehmensbereich tätig wird. Dann rechtfertigen die weitreichende Überwachungsmöglichkeiten der Holding, dass dieser das durch die Managementgesellschaft realisierte Haftungsrisiko zuzurechnen ist. Bei eigentlich konzernleitender Tätigkeit der Managementgesellschaft kommt neben der Geschäftsherrenhaftung der Holding auch der **Durchgriff** als Haftungsgrundlage in Frage.

X. VERTRAGSVERHÄLTNIS. Der Aufteilung der Konzernleitung zwischen Holding- und Managementgesellschaft sollte ein Vertrag zwischen beiden Gesellschaften zugrunde gelegt werden. Der Vertrag kann das Versprechen der Managementgesellschaft beinhalten, gegen Entgelt Arbeitsleistungen in der Holdinggesellschaft zu erbringen oder dieser ihre Arbeitnehmer zu überlassen. Auch bestimmte Dienst- oder Sachleistungen der Managementgesellschaft sind vertraglich fixierbar. Die Holdinggesellschaft kann sich u.a. verpflichten, der Managementgesellschaft Kompetenzen zu übertragen und ihr beschränkte Einflussmöglichkeiten auf die Verwaltung und Geschäftsführung in der Holdinggesellschaft zu gewähren. Vertragliche Abmachungen eignen sich schliesslich auch dazu, das Verhältnis von Holding und Managementgesellschaft in der Konzernleitungsorganisation formell auszugestalten.

B. FAZIT

Es soll ein kurzes Fazit zur Aufteilung der Konzernleitung zwischen Holding und Managementgesellschaft und zu ihren besonderen Auswirkungen auf die Kompetenz- und Haftungsordnung in beiden Gesellschaften gezogen werden:

I. Es ist möglich, die Konzernleitung zwischen Holding- und Managementgesellschaft aufzuteilen. Die Managementgesellschaft darf mit Beratungs- und Koordinationsfunktionen in die Konzernleitungsorganisation integriert werden, nicht jedoch mit Weisungsfunktionen. Die Managementgesellschaft kann folglich nicht konzernleitend tätig sein.

II. Wie die Konzernleitung zwischen Holding- und Managementgesellschaft aufgeteilt wird, unterliegt letztlich dem Entscheid des Verwaltungsrates der Holdinggesellschaft.

Ihm gebietet seine Oberleitungspflicht, die Organisation der Konzernleitung festzulegen. Der Verwaltungsrat ist in letzter Instanz dafür verantwortlich, die Managementgesellschaft in die Verwaltungsorganisation der Holdinggesellschaft und damit in die Konzernleitungsorganisation einzugliedern.

III. Bei der Integration der Managementgesellschaft in die Konzernleitungsorganisation haben der Verwaltungsrat und die übrigen Organpersonen der Holdinggesellschaft die Managementgesellschaft in das Planungs-, Informations- und Kontrollsystem des Konzerns einzugliedern. Sie trifft die Verantwortung für organisatorische Defizite in diesem Bereich.

IV. Ist die Integration der Managementgesellschaft in die Konzernleitungsorganisation organisatorisch gerechtfertigt und wird sie sorgfältig durchgeführt, haften diejenigen Organpersonen der Holdinggesellschaft, welche der Managementgesellschaft einzelne Aufgaben übertragen, nur für die sorgfältige Auswahl, Instruktion und Überwachung der Gesellschaft sowie ihrer Funktionäre.

V. Die Aufteilung der Konzernleitung sollte mittels Vertrag geregelt werden. Er eignet sich dazu, die Arbeitsleistung oder die Arbeitnehmerüberlassung der Managementgesellschaft formell auszugestalten, der Managementgesellschaft holdinginterne Kompetenzen zu übertragen und die Managementgesellschaft zur entgeltlichen Besorgung von Sach- oder Dienstleistungen zu verpflichten.

VI. Bei der Aufteilung der Konzernleitung werden Organpersonen der Managementgesellschaft, welche Konzernleitungsaufgaben übertragen erhalten, in der Holding, in der Managementgesellschaft sowie allenfalls in den Konzerngesellschaften nach dem funktionellen Organbegriff qualifiziert und möglicherweise als materielle Organe für ihre Tätigkeiten aktienrechtlich verantwortlich.

VII. Bei der Aufteilung der Konzernleitung kann die Holdinggesellschaft für unerlaubte Handlungen der Managementgesellschaft - v.a. im zentralisierten Bereich - als Geschäftsherrin nach OR 55 haftbar werden.

VIII. Wenn die Holdinggesellschaft zulässt, dass die Managementgesellschaft konzernleitend tätig wird, besteht die Gefahr des Durchgriffs auf die Holding. Aufgrund der Abhängigkeitslage und der gegenseitigen Interessenidentität kann der Holdinggesellschaft v.a. das von der Managementgesellschaft durch deren Tätigkeit verwirklichte Haftungsrisiko zugerechnet werden.

C. Schlussbemerkungen

Die Konzernrechtsproblematik soll in einer nächsten Revision des Aktienrechts angegangen werden[2]. Es wird dann geklärt werden müssen, wie die einheitliche Leitung des Konzerns in den Konzerngesellschaften durchgesetzt werden kann. Dazu müssen m.E. auch organisatorische Aspekte der Konzernleitungsorganisation behandelt werden. Zu fragen ist insbesondere, welche Konzernleitungsaufgaben zwingend dem Verwaltungsrat der Holdinggesellschaft obliegen, und ob die Delegation von massgeblichen Konzernleitungsbefugnissen an eine Konzernführungsgesellschaft zugelassen werden sollte. Wird die letzte Frage bejaht, muss die Haftung für die Delegation selbst und für die Konzernleitung durch die Konzernführungsgesellschaft festgelegt werden. Dabei wird m.E. an der letzten Verantwortung von Holdinggesellschaft **und** ihren Organpersonen für die Tätigkeit der Konzernführungsgesellschaft festzuhalten sein.

---

2 BOTSCHAFT 5.